瑞砚民似考

藉士澍敬题

陈羽 著

文物出版社

责任编辑:崔　陟　赵　磊
责任印制:王少华　张　丽
封面设计:周小玮　朱国标
版式设计:王　超

图书在版编目(CIP)数据

端砚民俗考 / 陈羽著. —北京:文物出版社,
2010.5
　ISBN 978-7-5010-2963-1
　Ⅰ.①端… Ⅱ.①陈… Ⅲ.①石砚-研究-肇庆市
Ⅳ.①K875.44

　中国版本图书馆CIP数据核字(2010)第077944号

端 砚 民 俗 考

陈 羽 著

文物出版社出版发行
北京东直门内北小街2号楼
http://www.wenwu.com
E-mail:web@wenwu.com
河北华艺彩印厂制版印刷
新华书店经销
787×1092　1/16　印张:21.25
2010年5月第1版第1次印刷
ISBN 978-7-5010-2963-1
定价:180.00元

序

一

中国文房四宝——纸、笔、墨、砚是中华民族灿烂文化的重要组成部分，是中华民族文化精神的体现。文房四宝历史悠久，是中国人智慧的结晶。文房四宝对传播和发扬中华文化起着重要的作用。

端砚位列四大名砚之首。一千三百多年历史进程所衍生的端砚文化为后人留下极为丰富的文化遗产，而端砚民俗就是其中一个组成部分。历代文人学者多注重于端砚砚坑、石品、形制、刻制等的研究鉴评，而极少涉及端砚生产者世代相习的乡土风俗，这无疑是端砚文化研究上的一个缺憾。

陈羽先生的《端砚民俗考》一书，正好填补了这一空白。陈羽先生花了五年多的时间，深入砚乡，走访采砚石工，制砚老艺人，广集资料，精心整理。在调查研究的基础上，通过通俗、朴实、感性的语言，记录了端砚故乡富有特色的民俗现象，涉及到端砚民俗的特征，形成和发展的状况；端石开采、制作、家族组织和技艺传承的习俗；端砚艺人的自然崇拜、祖师崇拜、行会行规、节庆风俗以及歌谣、故事传奇等等。其内容丰富，多姿多彩，为我们描绘了一幅砚乡传承千年的文化长卷，展现了端砚丰厚的历史文化底蕴，是用文字记录下来的、由历代端砚艺人所创造、享用和传承的生活文化。

端砚民俗凝聚着砚乡人在长期的繁衍和发展过程中对自然、社会及生命的理性认知和现实感受，积淀着他们深层的思想、观念和精神追求。一千多年来,端砚民俗能够绵延不断,生生不息,充分证明了其本身所具有的顽强生命力。随着社会快速发展,人们观念意识和生存方式、生活环境的改变,使砚乡的乡土民俗受到前所未有的冲击,许多文化事象在不断嬗变,特别是一些口耳相传的非物质文化,随着老艺人的辞世而逐渐消失。陈羽先生以一位文博工作者的责任感,对端砚民俗进行抢救性挖掘、整理,作了大量的基础性工作,搜集、积累和整理大量珍贵的第一手资料,实为难能可贵。我认为,该书的出版有着深远的历史意义和现实意义。

己丑夏日刘演良

（端砚理论专家、中国文房四宝制砚艺术大师）

序
二

关于端砚文化的研究著作数不胜数，历史上说砚、论砚、砚谱类著述林林总总，但是，从民俗学这个视角，从制作者这个角度来考察端砚的产生、发展、繁荣与演进的著作，却十分鲜见。可以说，这是端砚文化研究中的缺失。本人对端砚少研究，有几方友人送的砚台，也不会鉴赏，经行家指点，才认得石眼、老坑石等一些术语；但见北京人民大会堂西门入口处就供着一方巨大的端砚，玻璃柜罩着，还有许多著名的博物馆都有专门展示，方知它的高贵。我一直在想，肇庆何以使端砚工艺在此生根开花，衍以为俗，致有今日的辉煌？看了陈羽的《端砚民俗考》书稿才略知一二。

一种民俗事象的形成，与当地的自然环境，特别是历史人文环境密切相关。经过长期的历史沉淀，民众生活的陶冶，才能衍以为俗。从书中记述的传奇故事、节日风情以及信仰崇拜活动看，肇庆人对自己家乡的砚石有一种特殊的感情，甚至敬以为神，虔诚礼拜，专为行业祖师的五丁，致有节庆，独树一帜。节庆之日，男女老少穿上节日盛装，各显风采，舞狮、宴客热闹非凡。纯朴而独特的民俗风情、美好的传说和地方掌故，寄托着砚乡人民对真善美的憧憬和追求，使端砚文化融入了社会，融入了群众的生活。"砚坑的传说"、"贡砚的由来"、"拦街递品"、"双凤石和鸲鹆鸟"、"包公掷砚"、"麻子坑的由来"等，不但反映了端砚起源、砚坑来历、砚工精湛技艺和砚工争取权益的斗争生活，更有一些故事，已幻化为当地的风物，永存于肇庆的青山绿水之中（至今西江河中尚有一片沙洲，名为"砚洲"，就是依据"包公掷砚"的传说附会的）。这些传说故事，早已家喻户晓，成为肇庆历史文化的佐证。

本书之可贵，不仅因为它记述了以上事象，还在于它从民俗学的角度，系统阐述了有关端砚的民俗内涵，包括生产民俗、信仰民俗、语言民俗、商业民俗、节日民俗、行会民俗、口传民俗，诸如传说、故事、歌谣等，正好涵盖了民俗事象的三大门类，即有形文化、口头文艺和心意现象，用现在的行话来说，就是物质的和非物质的。特别是其中的非物质遗产部分，如一些凭言传身教流传的传统工艺，凭经验鉴别石质的秘诀，一些行业背语和咒语，只有少数老艺人才知晓的，如不及时抢救，难免人亡艺绝，人去歌息，这方面的教训太多了。本书作者在调查中以高龄老艺人为重点访谈对象，通过录音、录像等手段真实记录了原生态的民俗事象，使端砚相关的非物质文化遗产得到抢救性保护，这也是本书价值的重要方面。更难能可贵的是作者还收录了一批民俗图片资料，有采石制砚、行会行规、商业广告、端砚祖师神牌等，使该书内容更为翔实，图文并茂。

若能从民俗学理论上对这些现象作进一步的分析研究，不仅仅停留在民俗描写（那怕立体描写）上，如在采石、制砚过程中的一些禁忌，拜岩口、拜砚坑神等行为，仅仅是民俗心理积淀使然，还是有过什么经验教训，使之不敢越雷池一步？在科学昌明的今天，当事人怎么看？本书若能在这方面再下点功夫，将会进一步提高它的学术品位，这可能是读者的一种苛求了。

叶春生

（中山大学教授、广东省民间文化遗产抢救专家委员会主任）

目 录

端 砚 民 俗 考

开篇的话——

一

端砚是什么时候产生的,现今比较统一的说法,包括许多专家学者的专著,都认为"端砚,始自唐武德之世,至今已有1300余年历史"。这一论断的来源,又都始自于清朝嘉庆时期砚学专家计楠的一句话:"东坡云端溪石始出于唐武德之世"。但是,历来也存在着不同的观点看法。比较早提出不同说法的是清朝乾隆皇帝钦定的《西清砚谱》,在卷七的石砚篇首即赫然载有两方"质理紫润绝类端石"的晋砚,并明确说明"端溪岩石,虽自唐著名,晋魏前必已有取为砚材者"。(图1)谢明的著作《一路辉煌古端砚》说,《西清砚谱》提到的那两方砚石,"此其中一方实物现存我国台湾故宫博物院。古人还记载了有端石之疑的晋代书圣王羲之的凤池紫石砚,记载了明确定为端石的唐初许敬宗遗砚等"。

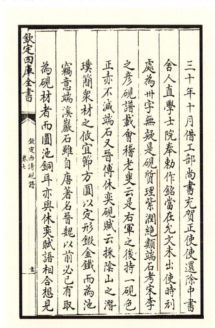

图1 《西清砚谱》书影

"端砚,始自唐武德之世"的论断常听到质疑之声。

文史工作者李护暖《关于端砚历史几个问题的考证》指出"东坡云端溪石始出于唐武德之世"并非苏轼的原话,而是计楠误解了黄钦阿所著的《端溪砚史汇参》。《汇参》中说:'东坡集云:杜元叔藏许敬宗砚(以下是引录苏轼关于许敬宗砚的记述,接着说),观东坡集云,则端溪始出于武德之世。''观……,则……'的句式,所表达的原意是'阅读东坡集所记许敬宗砚,就可以知道:端溪(砚)从武德之世就开始有了。'此事见《砚笺》引《东坡杂说》。而计楠忽视上文,又略去了最关键的两个字,变成了'东坡云端溪石始出于唐武德之世。'把黄钦阿的话变成了苏轼的话,造成了很大的误会。许敬宗(592~672),生于隋开皇十二年,身历唐武德、贞观两朝,故黄钦阿有此推论。他还特地加上按语,说'此是端溪之最古者',可以印证。"

李护暖考证认为:"按《端溪砚史汇参》的原意,唐初武德年间(618~626),端砚已著名于世,而不是起始。那时候端砚已经是宫廷高官的珍物(许敬宗为唐初秦王府十八学士之一,历任中书舍人、礼部尚书、侍中等职,据苏轼所记,砚匣上镌有许敬宗的名字,可见其重视程度)。《西清砚谱》载晋璧水暖砚,指出它'质理紫润,绝类端石',并明确指出:'端溪岩石,虽自唐著名,魏晋以前,必已有取为砚材者。'把端砚的发端,推至魏晋以前。这个推断,是合乎情理的。"

肇庆学院教授陈大同在《端样——最早著录的砚种制式》从另一角度支持了李护暖的推断:"宋代称说歙砚者凡三家。"即《歙州砚谱》、《歙砚说》和《辨歙砚说》,前两书都说及"端样"。其中《歙州砚谱》在《名状》中开列"样制古雅者"40种,为首者就是端样,只是不加说明。《歙砚说》在书末对端样专门作一段论述:"砚之形制不一,古人有以蚌为之者,取其适用而已。旧有古端样,并世传晋右军将军王逸少端样,皆外方内若峻坂然,使墨下入水中,写字时更不费研磨之工,今之端样盖其遗法也。"陈大同教授说:这里不但提示了端样,而且细分为古端样、王羲之端样和今端样,并扼要地指出端样的特征,以及与之相关的功能、作用,又从中加以评点。其中的"外方内若峻坂然",即砚体外形是方的,躯内凿成像陡坡那样,这可以视为端样的特征核心。

歙砚三家书所述端样的重要节点,已由《古今图书集成·理学编·字学典》摘引,《四库全书》更全文收录并加提要。《歙砚说》和《辨歙砚说》在《中国古代美术史丛书》的目录上虽然署"阙名",但印出全书时先出示《四库提要》。而《四库提要》认定歙砚三家书都由曾任翰林学士、宰相,特长于金石文字,编有《隶释》《隶续》的洪适刻印;曾任国史馆编修翰林学士、端明殿学士,著有《容斋随笔》《夷坚志》的洪迈又为《歙州砚谱》题跋。因此,陈大同教授认为:洪家两兄弟(洪适、洪迈)以拥有的学术背景推介歙砚三家书,对当中的端样的认定自有其严肃的审视。对端样的标举、对古端样、王羲之端样、今端样的细分,不但显示了端砚自身的演进,而且折射出端砚与其他砚种存在着相互影响,它曾经是主要的影响源。而王羲之端样又提出端砚曾经牵涉王羲之,对端砚史提供了佐证。

也有学者认为,端砚应产生于晚唐之后,而不会产生于晚唐之前。广州市文物考古研究所副研究员全洪在《唐代端溪石砚的几个问题》一文中认为,端石开采的时间是初唐不太可信,"因为既缺乏历代文献的记载,又缺乏考古材料的支持。"

全洪副研究员指出,《钦定四库全书·端溪砚谱提要》说"考端砚始见李贺诗"。这里所指的当系李贺(790~816)的《杨生青花紫石砚歌》,其诗有"端州石工巧如神,踏天磨刀割紫云"之句。此外,李肇(?~881)、皮日休(834~883)等人也曾为文做诗称赞端砚。以上几位文人主要的活动时间都在中唐和晚唐,盛唐以前则从未见诸文字。韩愈(768~824)《瘗砚铭》说的也只是陶砚。由此可见端砚出现的时间不会在中唐以前,更不会早到初唐的武德年间。据宋人的记述,与端砚齐名的歙砚是开元中开采的。《歙砚说》:"唐开元中,叶氏得其地,尝取石为砚,不见称于世,故无闻焉。"《西清砚谱》从其说:"考歙溪龙尾石唐开元中始采为砚。"另一种名砚

开篇的话

青州红丝石,较大规模的开采也是晚唐的事。宋人唐彦猷于嘉祐(1056~1063)年间在青州红丝砚洞口见"唐中和年(881~885)采石"的字样。此外有一篇据说是唐代书法家柳公权(778~865)所写的《砚论》,其中有云:"蓄砚以青州第一,绛州次之,后始重端、歙、临洮。"从其排序中也可看出端砚是在青州砚和绛州砚之后出现的。马承源先生认为"流传了千年不衰的歙石端石的发现和开采,大约是唐中期以后的事"是非常有见地的。

以上种种论说,各有理据。但是,无论是认为"端溪石始出于唐武德之世",或是"把端砚的发端,推至魏晋以前",或是"端石的发现和开采,大约是唐中期以后的事",都是上层文人(使用者)之说。我们试从制作者的角度,从事物发展的一般过程作一分析。总的来说,端砚的出名,不会是一朝一夕突然发生的,从用端石制砚到著称于世,要经过一个漫长的时期。

二

五岭之南,边陲蛮荒,与中原的沟通极不方便,进入中原甚为艰辛。虽有秦兵下岭南,赵佗归大汉,以及历朝历代的犯官流放,政策移民,岭南的汉人还是不多,自汉元鼎六年(前111)汉武帝设高要县,至北宋时期仍然以"俚僚"(苗瑶为多数的少数民族)为主。他们有自己世代承传的民风民俗,也不断地吸纳来自中原地域的先进文化,逐渐地、缓慢地改变落后的生活习惯。因为生产和生活的需要,有了打制石磨、石臼、磨刀石等等用品的工匠,逐渐地形成凿石行业。

在西江南岸斧柯山一带,森林茂密,盛产一种可以制作祭祀香枝的香料树,当地土著俚僚用石磨磨碎,研成粉末,用以交换生活必需品。香料的加工制作,衍生了制作工具的凿石行业,他们打造石臼、石磨等工具供香农使用,自称"凿石佬",奉伍丁为祖师,伍丁是古蜀国"五丁开道,石牛粪金"传说中的五位力士,可见最早进入高要的有古蜀国的移民,他们将凿石制作工具的技术传播到岭南高要并定居下来。如今在端溪(端砚的产地)还留有很多石磨的残件,这里正是采集和制作香料的主产地。乡民们靠山吃山,据乡民回忆,靠制作香粉不能维持生计的时候,先辈们便伐薪烧炭,烧炭也不能维持生计,又转为剥桂树皮(制造桂油、药材用)。山民转产,石制工具需求量少,也直接影响凿石业的生存,另谋出路也在所必然。入唐之后,端砚的需求量增,以凿石为生的工匠也就逐渐地转为制作墨砚了。而"凿石行"的祖师伍丁也成为以后端砚行业的祖师。直到今天,端砚行业仍然称自己属"凿石行"。端砚的产生使"凿石行"也得到生存和发展。

千万年流淌的端溪,山上的岩石被暴雨山洪冲刷下来,积集在溪流中。古代石匠,为了描画简单的图案,以便按规矩制作产品,需要研磨、盛墨的器皿,便在溪中捡回雨水冲刷下来的卵石(原石),随便打凿出可以研磨、盛墨的凹槽,第一块端溪石打制的石砚(研磨、储墨器)就问世了。第一个在岭南使用石砚的人,既是制作者也是使用者。

在秦汉魏晋时期,岭南未发现有制作陶砚的窑口,当时文人墨客使用的陶制砚台也比较昂贵,下层知识分子一般也难买得起。

不知是哪一位穷秀才读书郎,偶然间看见了打石工匠使用的石头"砚"(研磨器),便讨了回去或是请那工匠也给他打凿一个,这位秀才便成为岭南第一个使用石砚的人。由于交通闭塞,地处蛮荒的岭南人"尝取石为砚,不见称于世,故无闻焉"(《歙砚说》)很合乎当时的社会环境和生活状况。人世间很多偶然的现象就这样发生了,发生得很自然,没有名人砚谱给他们作记述,不等到歙砚、红丝石砚的问世而提早出现在人间,也不等到陶砚被淘汰之后才开始使用。就如广州市文物考古研究所副研究员全洪在《唐代端溪石砚的几个问题》一文中指出的:"……端砚的流行不是由上而下,而是由下而上的。"

2008 年 11 月,广东省砚文化研究基地、肇庆历史文化名城与旅游发

开篇的话

展研究会联合组织了名为"紫云谷砚坑凭古"的沙龙活动，有肇庆学院教授、地质学家、端砚制作名师、文史学者、收藏家、鉴赏家共同参与。"紫云谷"就是端溪流经的山谷，众多砚坑荟萃于此，著名的老坑洞口就在谷口西江边上，"紫云谷"是现今因应旅游开发而命名。端溪清浅，垒积着千余年风吹雨洗冲积下来的大小卵石，当地人说，许多坑口的端石都可以在这乱石滩中找到。

制砚老艺人说，最早的端砚石不是在砚坑中开采出来的，是从端溪水中捡来的石块雕凿的。有第一个使用就有第二第三个人使用，使用的人多了，溪流冲积下来的石头也就越来越少，于是，便拿着在溪流中得到的好石，"按图索骥"到山上寻找石源。制作端砚的石材，不是一般的制作生产和生活器具的石头，据地质学家的鉴定，水云母的含量愈高，端砚的质量就愈好，石英的含量愈多，端砚的质量就愈次。在没有科学探测设备和技术的时候，只能够凭实践，凭经验，凭使用者与制作者的沟通与交流，通过长时间的摸索、探寻和比较，才能有所发现，才能优胜劣汰，有所取舍。杜绾《云林石谱》说："龙岩乃唐初取砚处，后得下岩，龙岩遂不复取。"从魏晋至唐初，探寻开挖的不会就是一个龙岩，只是龙岩的开掘量大，使用者多，流传较广，而被记录下来。与龙岩同时期开挖的砚坑不知多少，只因为石材不宜制砚而荒废。据学者考证，老坑（水岩）约采于中唐。从初唐至中唐，又是漫长岁月的推移，那么，由此我们可以推算，从端溪中得石制砚，到寻找龙岩，开采龙岩所经历了多么漫长的时间！在寻找到龙岩之前，采石制砚的工匠们，又历经多少次的寻觅、开采、失败，也就是说，采（寻）石制砚的时间，早在魏晋之前就开始了，只有这样，晋王右军的"端样"出现才较为合理，否则就成为"无源之水，无本之木"了。

通过从民间的调查和到端石产地的考察，结合历朝历代文人士大夫对端砚的论述，我们试着勾画出一个端砚产生与发展的流变过程：魏晋以前，说不准是哪一个具体的年月，远道迁徙到高要一带的古蜀国移民（凿石匠），与聚居于此的"俚僚"先民（苗瑶少数民族）杂居，他们为土著人制

图2 散落在砚坑附近的石磨

作加工香料的工具(图2),为了工作的方便,从溪中捡来石块,雕凿出可以研磨盛墨的凹槽,方便打制石磨、石臼等生产生活器具时描形画线。这种最早期的储墨器、研磨器,偶然间被一位家境贫寒的读书人发现,向制作者讨要或是在端溪中找来石块,请制作者给他制作,以代替价值昂贵的陶砚。用这条溪中的石头制作出来的墨砚,就在下层知识分子之间悄无声息的使用起来了。

从端溪中取石制砚的时间有多长,以石为砚在端州(高要)民间的时间有多长,没有文字的记录,直到《西清砚谱》记载晋璧水暖砚,说它"质理紫润,绝类端石",并明确指出"端溪岩石,虽白唐著名,魏晋以前,必已有取为砚材者"才见诸文字。端砚有幸,在下层知识分子中传用良久之后,落入了晋右军王羲之的眼中,这位大书法家按照自己的喜好,画出了样式,请人给以制作,而形成了他特有的端砚制式。

晋代端溪石头制作的砚台(端溪石是隋唐以来的名称,晋代如何称

开篇的话

呼,今无可考,故一律以现名称之),已经从岭南下层知识分子传递到了如王羲之这样的高层文人士大夫的手中。也由于又因香粉业的式微,石磨、石臼需求量少,而石砚台的需求量增,"凿石行"便更多的投入到制作端砚的队伍中来。由于需求日增,仅靠在端溪中寻找石头制砚已经是供不应求,寻找砚石的目光也就从水中转移到了山上,问石寻源,开坑挖掘。经过不断的开挖,无数次失败,直至初唐,才找到了龙岩。杜绾《云林石谱》说的"龙岩乃唐初取砚处"已经是采石砚工们历经多少汗血才得到的收获了。

端州流传着一个民间传说:初唐时,有一位举人上京赶考,时值隆冬,诸考生的砚台墨汁都冻结了,唯独端州举子使用的砚台没有冻结,呵气润笔,完成答卷,端砚因此得以扬名。虽然民间传说都是你传我说,难以为据,但是,当历史积淀而成为传奇的时候,这些民间传说也就不可避免地打上了其时代的烙印。许敬宗经历隋唐两代,为唐初秦王府十八学士之一,历任中书舍人,礼部尚书,侍中等职,唐高宗永徽年间(650~655)他的女儿嫁给岭南豪族冯盎之子冯玳,得冯所赠端砚,加上其他礼品,被视为当时最奢华的嫁妆,惊动朝廷派御史调查。初唐大书法家褚遂良得一端砚,(图3)刻上砚铭:"润比德、式以方……"可见那时候的端砚已经开始成为宫廷高官难得的珍物。

古时候寻找"可以制砚的石头",都是从山上去寻找的,唐初发现的龙岩也是在高山上(称为上岩)。中唐诗人李贺《杨生青花紫石砚歌》也才有"端州石工巧如神,踏天磨刀割紫云"的名句。没想到绝好的端砚石岩脉不在山上而在山下,到了距今1200余年的中唐时期,才在山脚下发现了水云母含量极高的水岩(下岩,现称老坑)。下岩处于端溪汇入西江的出口处,又在山脚,因此也就没有落石积聚在端溪中,是采砚石的工匠们在斧柯山下,端溪水旁偶然之间发现而开采的。《端溪砚谱》说:"今世所有岩砚,唐五季、国初时物也。"杜绾《云林石谱》云:"……后得下岩,龙岩遂不复取。"端溪砚石历代寻找、开采的演变过程,于此可见一斑。

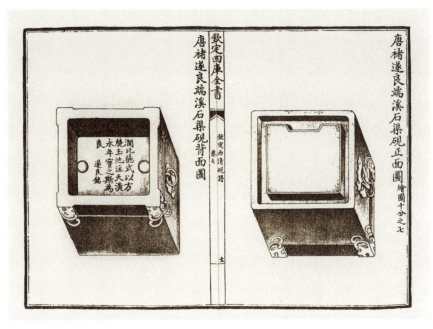

图3 《西清砚谱》录唐褚遂良石渠砚书影

三

端砚使用的石材十分特殊,非一般制作生活用具的石材能够替代。这种特殊石材的产生,没有科学技术鉴证的时期,只能由使用者经过长期实践的总结,到认定这一石材"发墨不损毫",得出结论给制作者,制作者才能根据使用者的指示,寻找这种特殊的石头。采石和制砚的工匠们在艰难寻找的过程中不断总结经验,通过眼看、耳听(敲击辨声)、手触(抚摸)确定石脉,开采和制作,也从中摸索出一套辨识石材的经验。又经过使用者与制作者不断的、长期的交流互动,才分出不同坑洞不同石材的优劣,这一认知的经过又是一个颇为漫长的过程。入唐之后,经历长期的实践、探寻,对制作端砚的特殊石材不断进行优胜劣汰的筛选,对取石的砚坑已经有了优劣的区分和选择。

开
篇
的
话

　　端砚的石质,主要是使用者通过长期的使用实践去总结认定的;石品,则是制作者长期观察的结果。这才有了冰纹、火捺、蕉叶白、鱼脑冻、五彩钉、鸲鹆眼等等十分土俗,而又恰当、贴切的名称,也逐渐得到使用者的赞许与认同。经如今科学鉴证,这些石品花纹与砚石的石质并不完全一致,有些石品花纹甚至影响到质理,实际上是"美玉之瑕"(例如"石眼"、"黄龙纹")。但是,这"美玉之瑕"原是制作者用以区分出不同坑洞的石材种类,鉴别出不同砚坑的不同特征,更重要的、令制砚者意想不到的是,这丰富多彩的石品花纹,成为端砚与众不同的特色,成为端砚自己特有的个性。这都是经历漫长岁月实践与观察的结果,不是一朝一夕形成的。从唐初大书法家褚遂良题端砚铭"润比德,式以方……",到唐中时大诗人李贺咏"佣刓抱水含满唇,暗洒苌弘冷血痕。纱帷昼暖墨花春,轻沤漂沫松麝薰……",许多文化名人对端砚石质、石品的赞美,也说明了端砚经历了漫长的实践过程,入唐时已经得到了使用者的充分肯定。

　　自魏晋至隋唐,石砚逐渐取代了瓦、瓷、铜、陶等不同材质的砚台,这种"逐渐取代"也是经历了漫长岁月的,直至宋代也还有瓷砚的制作和使用,例如吉州窑就烧制各种不同样式的瓷砚。澄泥砚也是"土人取烂石研澄其末",烧制而成的陶砚。有学者认为,是因为墨块坚致了,才出现了适应坚致了的墨块的石砚。我却认为应该颠倒过来,因为产生了石砚,才使得墨块逐渐的坚致起来。这似乎是有鸡才有蛋,还是有蛋才有鸡的问题。然而,促使事物的变化与革新,是需要有一定的基础的,若没有石砚台的出现,给予了墨条墨块改革的条件,墨条墨块的制作也就不敢轻举妄动,惹得瓷砚、铜砚的不喜欢。由于石砚的受宠,墨条墨块便也就不得不进行改良。从端砚产生的漫长过程,就可以说明,石砚被文人墨客普遍使用之后,到了唐朝末期,墨条墨块为适应使用者的要求而进行了改革。

　　在五岭之北,中原各地出现石制各种砚台,这些石砚逐渐受到文人墨客赏识之时,端砚还在默默无闻地走着自己的发展之路。处在蛮荒之地的岭南,"独处深闺无人识",不如地处黄河流域、江淮平原这些接近中原,经济发达,文化繁荣的地方生产的石砚,容易被使用者特别是文人士大夫们发现与赏识。由于五岭的阻隔,交通闭塞,岭南与中原文化的交流迟滞,也就使得开发早,使用早的端砚,比之岭北、中原所产的石砚流通迟缓,经历漫长岁月才得到中原士大夫、文人墨客的关注。虽然移民、被贬谪、流放到岭南的官员和文化人以及本地的知识分子很早就使用端砚,端砚还要走过艰辛而又漫长的路程,攀梅关,经江西,过湘楚,才能到达中原,被诸如褚遂良这样,既是达官显贵,又是大书法家的名人重视,被视为贵重的礼物。是明珠就会发光,端溪石砚尽管远在岭外,但以它色美、质优、发墨、细腻诸多品德,使它终于从"独处深闺无人识",到"端州紫石砚天下无贵贱通用之","被视为贵重的礼物"。到了北宋,文运兴盛,大家辈出,端砚进入宫廷,成为贡品。北宋仁宗时期(1023~1063),名臣包拯知端州军州事,就明令"端砚只征贡数",有"岁满不持一砚归"的美誉,也留下"掷砚成洲"的美丽传奇。

端砚是什么时候成为"四大名砚"之首的?李护暖在《关于端砚历史几个问题的考证》中有过专门描述,在此摘录如下:

端砚并非从一开始就列为名砚之首。毫无疑问,它在唐代就受到很高的赞誉。但何者为第一,何者为第二,唐及宋代前期,却是众说纷纭。唐柳公权以青州石末砚为第一(见苏易简《文房四谱·砚谱》),宋唐询以红丝石为第一(见其《砚录》),欧阳修则说"龙尾(砚)远出端溪之上"(见其《砚谱》),米芾推方城石为冠(见其《砚史》),他们都有各有的理由,但都莫衷一是。南宋人胡仔《苕溪渔隐丛话》、叶梦得《避暑录话》都不同意欧阳修"龙尾远出端溪之上"的说法。胡仔认为这个说法"太过",叶梦得说欧阳修只见过"歙石之良,端石之不良者",才以为龙尾石为第一。

详细论述和肯定端砚为第一的,最关键的人是南宋人张邦基,在其《墨庄漫录》中,有一篇《砚石评》的专文。文章一开始就指出,以前的人评价砚石,是出于一己的好恶,并不公平。接着断定:"砚之美者,无出于端溪之石(没有什么能超过端溪石)。"随后指出前人"不公"之处,他说红丝砚文采更壮丽,但"殊不发墨",唐询因为此石是自己"首发其秘",所以"品题为第一,盖自奇其事也"。又说方城石"极锉墨,不数磨已盈砚,殊可爱也","然多损笔墨,故士人谓之笔墨刽子,可与端州后历石相抗,焉得居上岩、下岩二石之上也"。自张邦基之后,端砚为众砚之首的地位,获得普遍认同,没有什么人能够撼动了。

故此可以说,端砚居首的评价,确定于南宋。

四

凿石制砚的工匠们,大都有技艺而少文化,没有著书立说的能力,而有著书立说能力的文人士大夫,由于身份的不同,阶级的差异,也很少关注他们。虽然在一些著述中凤毛麟角地提及制作者的人事,也只是如李贺《杨生青花紫石砚歌》 "端州石工巧如神,踏天磨刀割紫云"的赞美和苏东坡在《砚铭》中"千夫挽绠,百夫运斤,篝火下锤,以出斯珍"的感叹。

一个一向被文人学者忽略了的重要事实,就是端砚制作行业和端砚民俗文化的形成。端砚的制作是从个体到家庭,发展到家族,随着使用者愈多,需求量愈大而逐渐形成行业的。到了唐代末期,端砚已经开始形成行业,宋代达到了行业的逐步完善,端砚民俗也已经开始形成。行业的形成,是团结、规范,约束的需要;而民俗文化,则是一种具有传承性的、模式化的生活文化,体现群体(家族组织或行业组织)的愿望、欲求、理想以及情感等等,通过民俗仪式与民俗象征表达出来。自古至今,某种生活用品的需求量大了,需要许多人专职制造,组成了一个专门生产的群体,便形成了行业。行业规模扩大,从业人员增多,行业分工精细,便有了行规,有了行俗。端砚的传播与繁荣,是与端砚业的形成与发展同步的。端砚行业在唐代已经形成,并有了自己的民俗文化,说明端砚已经渡过了青春期,开始进入了成熟期,成为石砚大家族中一个不可忽视的成员。

本书结合民间调查和实地勘察考证,以及史籍志书的记载,推演出端砚产生、发展的过程,作为开篇,也算是一家之言吧。

魏晋至唐,经历400年,端砚在这个时期产生,并缓慢地发展,由于需求有限,制作不多,石质与石品正在实践中探寻、总结。

隋唐、五代至宋,经历344年上下,端砚从发展走向成熟,自盛唐、中唐时期,已扬名天下。唐李肇《唐国史补》记载:"端州紫石砚天下无贵贱通用之。"至宋代,端砚的石质、石品从制作者到使用者,都有了基本的确定,在形制上也逐渐摆脱了效仿,形成自己的特色,产生了端砚行业,开始形成端砚特有的民俗文化。

北宋,经历168年,端砚走向繁盛,使用者将端砚与各种石砚比较,孰优孰劣,仍然争议之中。

南宋,经历153年,经过争议与比较,端砚成为诸砚之首,极少异议,享誉至今。

端砚

民俗考

一　端砚发源地

——端州黄岗镇

　　黄岗镇,古称黄冈村,位于广东省肇庆市端州区东郊,距端州区3.4公里(今属端州城区)(图4、5),南临西江,西临羚羊峡斧柯山,北枕北岭山。这一带延绵数十里的山脉,蕴藏着丰富的砚石资源。古代黄岗村民凭借地理优势,发挥聪明才智,以石为生,采石制砚,成为端砚的发源地。据文献记载,汉元鼎六年(前111),汉武帝设高要县,辖今高要、肇庆市区、高明和三水西部、云浮东部等地,属苍梧郡。县名得自境内的高要

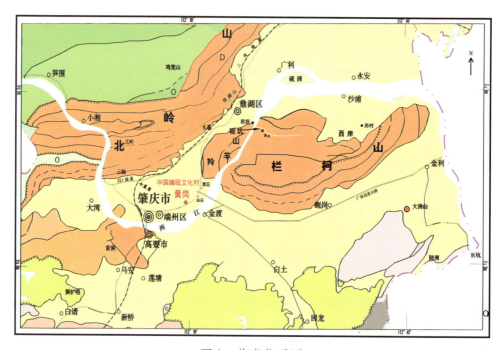

图4　黄岗位置图

图5 清代吴兰修《端溪砚史》总图中的黄冈村

峡,高要峡则因峡山高峻、峡水如腰而得名。隋唐置端州,北宋重和元年(1118)因宋徽宗即位前曾封为端王,将端州升格为肇庆府,喻"开始带来吉庆"。元至元十六年(1279)改为肇庆路。明洪武元年(1368)复置肇庆府。明代两广总督府驻肇庆,肇庆成为两广政治、经济、文化中心,直至1746年迁往广州,历时182年。

据宣统《高要县志·地理篇·沿革》考证,汉唐高要县治,当在今黄岗镇之西郊的渡头村附近,唐代端州州治亦位于此,黄岗留下"坊",是唐代的建置。"唐代州、县城郭内有坊,城郊有村。今渡头村留下金津坊,其西留下来紫坊,其东留下上七坊、下三坊。"上七坊包括利民、东禺陈、东禺梁、惠福、应日、文星、人德,下三坊包括宾日、泰宁、阜通,即古代黄冈村(今下黄岗一村、下黄岗二村)的范围。宋代推行保甲制,至道年间(公元995~997年)陈尧叟知端州,在任期间,始筑西江堤(基围)以防洪,又排除沥水,淤成耕地,发展生产,并设黄冈都。据泰宁村民董衍璇祖传文献记载:"黄冈墟者地税十三亩六分,黄冈都十甲九姓祖业也。由宋至今,在村为

一 端砚发源地

市,鸠居邻卜,共笃宗盟。" 当时黄岗有九姓人家杂居,划为十甲管理。

明代黄冈都改为黄江都,上七坊、下七坊范围称黄江沙,此时村民已有500余户,几乎都是从事采石制砚手工业。明代崇祯年间的肇庆知府陆鳌曾在《黄冈即事》诗的自注中写道:"黄冈在羚羊峡西,村人以采岩石为业,凡五百余家,琢紫石者半,白石者半。紫石以水岩所产色似羊肝带血,有蕉叶白、火捺、青花者为贵。"人口增多和手工业的发展使这一带日益兴旺,政府设置专门的交易市场——"黄冈圩"。

清初,黄江都改为黄冈都。这时的黄岗采石制砚已是一派繁荣景象,清初文人屈大均作《黄冈》诗描绘了当年村民采石制砚的情景:"村小当高峡,家家拥石林。琢磨儿女刀,挥洒圣贤心。""此地耕桑少,人人割紫云。双缣天际至,一片水坑分。"

民国时期黄岗先后属高要县东屯乡、东文乡、双东乡管辖。(图6、7)1949年11月20日,建立肇庆市,黄岗属肇庆市东文乡管辖。1954年10月,高要县三区成立农业生产合作社,本地为下黄岗一社。1961年,属双东公社所辖,包括东禺、白石(惠福、应日、文星、大德)、宾日和下黄岗(泰宁,阜通)等29个生产队。1974年,设下黄岗大队,管辖自然村下黄岗、东禺、白石、宾日。1987年,建立黄岗镇,设下黄岗村委会,下辖黄岗一村、下黄岗二村。东禺、白石属下黄岗一村。宾日(图8)、泰宁、阜通属下黄岗二村。据村民族谱记载和村里的老人所说,他们的祖先均为宋明后从外地迁入本地,居民为杂姓聚居,有罗、蔡、程、郭、梁、李、陈、黄、潘、夏、伦、张、杨、朱、林、岑、欧、董、赵、冯、俞、黎等姓氏。其中制砚核心区白石村(惠福、应日、文星、大德)现有村民4100多人。(图9)

古往今来,黄岗既是端砚的发源地,也是端砚生产的核心地。建国前,端砚生产都集中在这一地域,是著名的"端砚村"。今天,端砚业发展迅速,厂家林立,其生产范围辐射到鼎湖区、高要市区和金渡镇等地,但是黄岗仍然是端砚生产的核心区。因此,本文重点考察的是古时黄冈村,即现下黄冈一村和二村(下文简称黄岗)有关端砚的民俗事象。

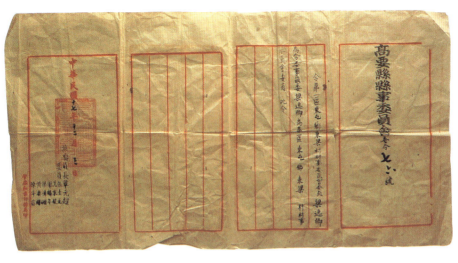

图6 中华民国十七年高要县县事委员会委令

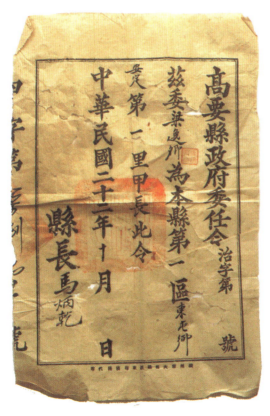

图7 中华民国二十二年高要县政府委任令

端
砚

民
俗
考

图8　宾日村景

　　端砚民俗是历代端州砚工在生产生活中形成的，经过一千多年的历史演变和发展逐渐成为一个社会群体在语言、行为和心理上的集体习惯，世代相传，相沿成俗。

　　端砚民俗事象非常纷繁，渗透在人们生活的各个方面，包括生产生活方式、精神信仰和各种口传文学，诸如故事、符咒、歌谣以及节日典礼等。作为社会文化的表现手段之一，端砚民俗是研究端砚历史文化的一个重要方面。

图9　白石村景

二 端砚民俗的形成和发展

端砚民俗随着端砚的产生而产生,随着端砚的发展而发展。促成这种民俗的形成原因很多,包括地域的、经济的、社会的、政治的、文化的、宗教的、心理的、语言的等等。概括起来,主要是以下这些因素:

1、地理自然环境因素

唐代以前中原文化传播通过西江、灵渠,沟通长江水系。黄岗村形成以中原文化为核心,又融合南越文化、荆楚文化、吴越文化、巴蜀文化的地域民俗文化。

同时,黄岗村靠近砚石的产地。邻近羚羊峡斧柯山、羚山和北郊的北岭山、七星岩一带盛产紫色、绿色、白色石材,村民世代以采石、加工石材、雕刻端砚为生。清代屈大均云:"黄岗村民衣食于石,得山岩之利,自宋至今数百年矣。"他还写下许多关于黄岗村的诗篇:

> 黄冈村最好,斜对水岩开。
>
> 紫石家家琢,青花一一载。
>
>
> 蕉心乘雨出,榕影逐风来。
>
> 向夕兰舟泊,微闻猿啸哀。
>
>
> 端州多巧匠,生长此山边。
>
> 活眼开鸲谷,真花养水泉。

峡中探黑穴,岩里踏青天。

最是东西洞,能消十万钱。

村民就地取材用紫色石材制作端砚,用白色石材制作石碑、屏风、盆壶等各种有地方特色的产品。羚山的硬木是端砚制作工具——木锤的好材料。端砚的产地斧柯山山麓还产一种用来打磨砚石的石材,叫鱼坑石,质地细滑,砚工用来打磨端砚,称为"滑石"。西江河边沙滩(称为河坦)下层的黄沙泥也是打磨端砚必不可少的材料,黄沙泥比河沙更细并带泥土,用它和滑石一起磨砚,会令砚更滑润,手感更好。蕴藏丰富的石材资源优势,形成黄岗村民延续千年以石为业,以砚为田的生存方式,独有的民俗也因此形成。

此外,气候因素形成了砚石开采的季节性习俗。肇庆地处中亚热带,林木茂密,山脉绵延。加上地形影响,兼具有寒带、温带、热带的垂直地带性特点,在生产力低下的古代,"瘴疬病毒"易于流行。人们与大自然进行斗争,逐渐认识自然规律,创造了适应现状的生活、生产民俗。

端砚石的产地斧柯山、羚山和北郊的北岭山、七星岩一带,地处北纬22°~24°之间,属亚热带季风性气候,年平均气温为21.5℃,一年中最低月(一月份)平均气温11.2℃,最高月(七月份)平均气温28℃~28.8℃。年平均降雨量1620毫米,常年温暖,阳光充足,雨量充沛。羚羊峡斧柯山、北岭山在春夏雨季淫雨绵绵,有时连续半月不停。此时多数砚坑均被水所浸,尤以老坑为甚。由于老坑洞口低于西江正常水位,每年雨季,西江洪水暴涨,洞口就被淹没,无法开采。只有到了秋冬季节,西江水位下降才能开采,故形成秋冬季节采石的习俗。石工为了适应坑洞内潮湿的环境,形成赤身裸体进洞采石的习俗。

2、社会发展和经济条件的因素

封建社会生产滞后,采石制砚主要依靠人力手工劳动。从汉初起,铁器在手工业中较为普遍地使用。锤、凿等铁质工具的运用,使采石开岩技术有了很大的提高,之后铁质雕刻工具为钢质工具所代替。铁锤、钢凿工具在古代是稀缺的生产资料,石工将之称为"家私",极为珍惜,不少石工自己锻造得心应手的工具,其锻造的技艺秘不传人。他们尊称这些赖以为生的工具为祖师"五丁",形成了工具锻制和使用的禁忌习俗。

砚工生活窘迫,为了生存,他们必须到各地售卖端砚,在家庭或家族中挑选精明能干,有商业经营头脑的人异地求售,形成"跑江湖"习俗。明清时期商业经济得到迅速发展,前店后作式的经营端砚和相关工艺品的店铺出现,亦工亦商,工商兼顾,形成砚乡特有的商业习俗。技艺传承的保密,商品经济的竞争,使他们借用和发明了特有的行业语汇,方便与自己人、行内人的交流,形成了说"背语"的习俗,同时,也逐渐形成了行会、行规和拜祭祖师等等习俗,这也是社会经济发展的产物。

3、文化因素

岭南土著文化主体是南越文化,代表了岭南文化在上古发展的成就和水平。但比起中原汉文化,它毕竟是落后的。秦汉进军岭南,拉开有组织移民的序幕。这不仅增加了开发岭南所需的劳动力和生产技术,而且大大地改善了岭南文化环境。他们与土著越人和睦相处,从事艰苦劳作,成为开发岭南的先驱,同时,也为发展岭南农业耕作和手工技术,以及兴教办学等提供各种人才。这些汉人的不断南迁促进了岭南文化的发展。

此后,历经东晋、唐末、元初、清初前后多次大移民,肇庆人口民族成分发生巨变,汉人成为当地居民主体,带来了先进的文化,书法艺术逐渐推广,砚台、砚滴等文房用具开始使用。肇庆城区东晋墓出土有三足瓷砚(图10),2001年在城郊大路田村坪石岗东晋墓出土有狮型水注(图11),这是当时文化生态的缩影。

至唐代本地居民为俚、僚族土著,称为"夷俚"、"夷僚"。天宝十三载(754),唐皇朝颁布赦令,赦岭南五府实行科举制度,推动中原文化的传

图10　肇庆宋城西路晋墓出土青瓷三足砚

图11　东晋墓出土青瓷狮形水注

播。唐代贬官到西江各县者有宋璟，魏元忠等，被流放经过西江各县的有张论、沈佺期等，其中宰相级就有15人。这些被贬官吏和文人到达西江各县，兴文办学，对发展西江流域文化有一定的推动作用。他们许多人在七星岩留下了精美的摩崖石刻、秀丽诗篇，并经文人们的传颂，而名扬京师。同时唐朝一改南朝统治时禁止俚僚获得铁器的政策,铁器得以广泛使用,推动端砚采石制作的发展。

北宋末,金人南侵,汉人南逃广东避难,从北宋至南宋末300多年间,中原及江南移民不断迁往广东,至南宋末,元人入侵时达到空前规模,形成第三次中原移民高潮,两宋移民人数多,素质高,时间长,分布广,对广东社会经济文化发展产生着积极而深远的影响。

唐宋是社会文化发展的兴盛期。肇庆的文化遗存十分丰富。唐宋时期的李邕、李绅、杨衡、宋之问、包拯、郭祥正,明清时期的俞大猷、陈献章、汤显祖、屈大均、袁枚、张之洞、黄遵宪等历代名人都曾驻留肇庆,兴利除弊,开设学堂,赋诗作文,勒石题记,在七星岩、鼎湖山、羚羊峡清风阁、德庆三洲岩、高要神符岩、怀集花石峰等地留下有900余题的石刻(图12),数量众多,内容丰富。其中唐代李邕的《端州石室记》属国内石刻中的珍品。此外有唐初智常禅师"正法眼藏、涅槃妙心"石刻和宋代包拯的题名石刻。

中原移民自成社区,聚族而居,尽可能保持自己的固有文化,但又不能割断与环境及土著文化的联系,形成兼具两者特色的混合型文化。同时吸收中原文化以外的其他文化养分,例如巴蜀文化、荆楚文化、吴越文化,这些

图12　七星岩摩崖石刻

对肇庆区域文化影响甚大,对砚村独特民俗也有直接或间接的影响。

(1) 中原文化

中原与肇庆的文化交往由来已久,春秋战国青铜器等中原乐器的出土,表明肇庆已受中原礼乐文化的影响。伴随秦军进入岭南的除大批掌握各种技能的"亡人"、"罪人"、"赘婿"、"贾人"以外,秦始皇还应龙川县令赵佗请求,御批15000中原未婚女子到岭南"以为士卒衣补"。他们把中原生产技术、祀乐教乐、风俗习惯、生产方式等带了进来。汉晋、唐宋时期移民带来雕刻技术和中原传统文化也直接影响了端砚的造型和纹饰设计。

(2) 荆楚文化

肇庆七星岩与五羊的传说象征着楚人五个支系,他们将稻作文化传入岭南。肇庆出土的青铜器除了具有中原风格以外,也有江淮楚地风格。肇庆战国墓出土的编钟,与湖北随县出土的基本一致;出土的铜罍(图13)、壶、豆、盘以及部分戈、矛、镞等兵器来自楚地或受其影响。这些器物大部分发现在西江流域,少数在北江流域,这些地域正是楚越交通必经之道。无论从器物风格还是地缘上看,都显示肇庆青铜文化是在荆楚文化影响下产生和发展起来的。端砚纹饰中常见的螭龙、夔龙、鸟纹、雷

图13 松山战国墓错金银罍

云纹等应为仿青铜器纹饰雕刻,一定程度上受荆楚文化的影响。

(3)吴越文化

肇庆主要土著居民是骆瓯越,属百越族的一支,其文化特征与百越族其他支系有所相似。其中江浙的吴越文化是南越文化形成发展的重要因素。

春秋时期吴国和越国都成为强国,形成共融的地域文化。但由于吴、越北方各国"习俗不同,语言不同",故吴越文化只能向南传播,特别是楚灭越以后,部分越人流入岭南,传进吴越文化的成分更多。其中吴越语言在广东、在肇庆保留甚多。《广东新语·文语》曰:"广州语多与吴相趋近。如须同苏,逃同徒,豪同涂,酒同走,毛同无,早同祖,皆有字无音。"黄岗语"凿石佬"的"佬",有人以为同广州方言"佬"字,系从吴越传来。广州方言,其实是源于封开、肇庆而后传至广州。现今黄岗一带流传的黄岗语和行业背语中应有吴越语言的遗韵,但这有待语言学者作进一步的探究。

(4)巴蜀文化

于先秦崛起的我国西南巴蜀文化也影响到肇庆。据史记载,山东程郑经营冶铁业,将铁器卖给越人。这发生在赵佗时代。转入岭南的铁器有一部分由四川经西江运来。元鼎五年(前112),汉武帝派大军大举进攻南越,并令罪人及巴蜀、江淮10万人移居南越,与"土人杂居"。巴蜀地区先进的稻作文化及五丁开山传说随这些入居者带入岭南,完全是顺理成章的事情。这就形成了采石制砚艺人尊巴蜀神人五丁为行业祖师,举办"贺五丁"祖师宝诞节日的习俗。

4、宗教因素

由于古代生产力发展水平低下,人们对各种自然现象(日月星辰、风雨雷电、生老病死等),既不可抗拒也不能理解,于是产生了对自然力的形象化和崇拜,由此产生了原始的宗教和原始的民俗。砚村民俗继承这种原始性,并由对自然力的崇拜发展到对土地神与祖先的崇拜,巫术咒语等的使用也由对自然力而逐渐扩大到人,并出现了禁忌与祈祷。石工采石的艰难与危险,环境的恶劣与封闭,使古代石工不得不求助于自然力量的保护。他们认为万物有灵,因此而产生鬼神信仰习俗。他们上山采石,视山是衣食父母,认为有砚坑神、岩口神、栏门神等许多不可见的神灵在守护着这片土地。所有石工进洞采石均要带来祭品供奉在洞口烧香叩头,称"拜岩口",祈求出入平安,采石顺利。

石工在采石时不能提及已经死去石工的名字,认为这样会叫醒死者的鬼魂,招来灾祸。石工对洞内发生的一些声音,特别是仿佛间听到类似有人在洞内打锤和搬石等怪异声响,不能作出科学的判断与解释,心中十分畏惧,久而久之,就形成每天吃饭都要先用筷子挑饭撒向空中,口念祷词,以示对众神灵的敬重,以礼相待,祈求平安。这种影响遗留下来的某些仪式,口传身授,一代一代传承下来,便形成了独特的民俗事象。

三　端砚民俗的特征

端砚文化内涵及历史演变,初步可归纳为以下几个鲜明特征:

1、地域性特征

地域性也称作地理性特征或乡土特征。端砚的产地古称南蛮。在漫长的历史进程中,岭南土著文化和中原文化、巴蜀文化、荆楚文化、吴越文化相互交融,形成富有地方特色的广府文化、客家文化和潮汕文化。肇庆是广府文化的发祥地之一。黄岗村民的性格、气质、感情观念、社会习俗、生活方式、行为方式、行为模式、民间信仰、思维方式和心理习惯等,都打上深深的地域的印迹。

端砚和我国其他地方所产砚台的雕刻风格有明显不同。即便同样是雕刻端砚,也会因地域的不同而风格各异,有京工、苏作和广作之别。在精神信仰上,端州砚业供奉的砚神和行业祖师神与其他砚台产地比较,也是独有的,一年一度的"五丁祖师节"就是富有地方特色的民俗活动。

端砚的地域性特征还体现在制作群体的范围上。黄岗村具有靠近砚石产地资源的优势,并掌握采石制砚的技艺,为了生存的需要,他们"技不外传"、"技必保密",千百年来以石为生,与周边村落的生产、生活方式迥异,到民国时期它的生产仅限于黄岗村这个"十里石乡"范围。直到今天,黄岗仍然是端砚生产的中心。

2、稳定性和变异性特征

民俗是社会生活发展中长期流传、经久相沿而形成的,它都是以相对稳固的形态被继承和传习。例如端砚业的七月十四"鬼仔节"、四月初八"五丁祖师节"、年初八响锤开工等等皆是传承千百年的岁时习俗。虽然在朝代更迭中有所变异,但是标志该节日的重要内容和形式却始终被承袭下来。

端砚民俗的稳定性还表现在村民的思想意识上。家族观念,技不外传的保密观念等,使端砚技艺传承范围具有局限性,不入端砚行不能学艺,而行内人多是父子兄弟或族人。

某些民俗异常稳定,它们成为行业的象征。例如,砚工使用的锤和凿,这种用于雕刻的工具、行为方式在一些机械工具日益推广的今天仍然在普遍使用,逐渐成为一种民俗传统。另一些民俗在一定的时空内较为稳定,一旦离开这个特殊的环境,就会发生根本的变化。比如,家族技艺传承是古代采石技艺传承的主要方式。新中国成立后国营、集体端砚厂的兴起,人们思想理念的巨变,老艺人到厂里担任雕刻师傅,带徒授艺,使家族传承的稳定性发生了动摇,艺不外传的观念也随之淡薄甚至消失。

3、传承性特征

端砚习俗与中华传统文化的时代精神是一脉相承的,具有强烈的历时性。砚乡人无意去询问哪个习俗从何时开始缘起,只知道是"祖先传下来的"就足够了,但他们对习俗的保留与崇拜却实实在在。人人传习成俗,并自觉地代代相传,集体无意识性相当突出。端砚雕刻技艺的传承性极为显著,祖祖辈辈言传身教,邻里亲友相授,在相传相授的过程中,既继承又创新。端砚雕刻技艺传承主要是以家庭式、家族式为核心的工艺传承。

端砚组织形式中有一类是家庭作坊式,其组织形式保持着以家庭为核心的结构,技巧的传授权和组织权仍由家长所把握。

端砚技艺的传承与发展,千百年来一直没有摆脱家庭式的组织结构。主要传承方式是"言传身教"。民间端砚艺人基本上没有受过正规学校教育,只能将所接受的及在实践中积累的操作技艺、规律、经验,通过言传及示范传给接受者。一般都是父传子、师传徒,绝对"技不外传"、"艺必保密"。再加上严格的家长制度,手工技艺便局限在家庭范围内,成为"世袭"。

这种家庭式的技艺传承,一方面因其人际和谐的优势,可以充分解放人的智慧和本能力量,更易创造出富有个性和品格特征的作品。另一方面,则因其技不外传,缺乏与外界技艺的交流与沟通,也影响到端砚技艺的发展和传播,这是端砚技艺在一定时期内没有大的突破的重要原因。端砚技艺的传承主要通过两种形式:一是口传身授,二是砚谱实物的传承。

(1)口传身授

端砚艺人对自己制砚经验的归纳总结,没有具体文字记载,靠口头形式进行传播。例如,技法上,雕刻人物要从人脸部五官的鼻子下刀;刻龙则要"神龙见首见尾不见中",龙首忌正面;刻植物自下往上。砚形制不能作立体雕刻,砚堂要开阔并突出最佳的石品。还包括制作过程的工艺程序和选材等内容。此外还有强调审美和实用功能的内容。技艺传授光说还不行,学徒初学雕花,师傅往往先在素面砚璞上画好纹样作示范,学徒在旁细心观看用刀技法、力度,线条刚柔、凹凸等,然后在师傅的指点下进行练习。

(2)砚谱实物

砚谱,这里是指端砚实物的拓片,它可以把端砚的造型纹样真实的保留下来,把端砚创作样式、风格传给后代(图14)。古时端砚生产者是为了生活而制砚,制作好就售卖出去,一般家里不会藏有太多的端砚成品,特别是刻工精良的雕花砚更是如此。在没有照相机的时代,用拓片的形式保存砚台的造型纹样是砚工传承技艺最直接有效的选择。制砚艺人一方面可以直接将端砚造型、纹饰保留下来,并运用于自己的创作中。一方面,按照祖传的砚谱,或他人传拓的砚谱,机械地摹仿,或临摹再创作,以获得口传所不及的直观信息。古时几乎每家都存有砚谱,而且都视为传家之宝,不轻易示人。因为雕刻技艺,包括造型纹样是砚工生存的技能和

端硯

民
俗
考

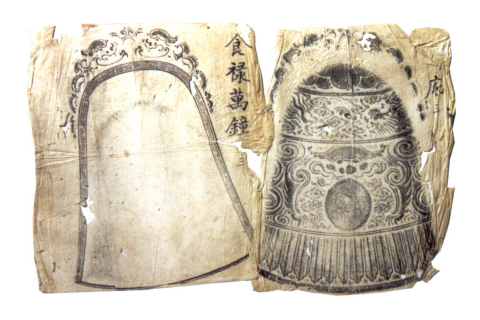

图14　黄冈白石村惠福坊罗家传人罗伟雄珍藏的古砚谱

市场竞争的本钱，他们往往靠一二款的砚谱，重复模仿生产就能在业内立足，养家糊口。所以，非近亲族人或得意门徒难以得到。可惜这些砚谱大多毁于"文革"时期。我在白石村的调查中发现应日坊的郭家，也就是相传为宫廷制作贡砚的家族至今保留祖上的砚谱300多张，年代最早的可以上溯到明代（图15）。据郭家后人说"文革"前他们家的砚谱有几大箱，超过一千张，是他们的祖先一代一代传下来的。

图15　应日坊郭家传人郭成辉在整理家族砚谱

砚谱凝聚着不知多少代制砚艺人的心血和经验，可跨越家庭、家族、地域和时代的界限，将艺术样式、艺术技法、民俗事物流传上百年乃至更久远。民间端砚造型及纹饰能够程式化，保留着远古的遗韵，原因就在这里。

4、民艺性特征

端砚是产生于民间的艺术，它的内容和形式大多受民俗活动或民俗心理的制约，它所包含的工艺、技艺和思想、观念、情趣等，离不开民俗这个大的范畴。

端砚艺人在创作的过程中，始终包含着对石材的开发和充分的利用，既要突出端砚的实用功能，又要体现砚石自身的肌理、花纹、硬度、色彩、光泽等自然形态特征。端砚适应实用功能同时满足人们精神上的需要，带来心理上的愉悦和美的享受，这就构成了端砚民艺性的最主要特征：实用性和审美性的结合。

（1）实用性

"器以用为功"。端砚是为了研墨书写而产生的文房用具。古文献中描述端砚独步砚林的实用功能可归纳为下墨、发墨、不耗水、不结冰、不朽、护毫。

下墨。即磨墨时间短，很快就能达到书写浓度。清代陈恭尹说"以他研并之，水之分数同、墨同、手同，而为研之数，水岩常少于他砚十之三四"。意思是说，同样的水量、同一块墨条、同一只手磨墨，与其他砚相比，用端溪老坑砚石制作而成的砚，磨墨出墨要少磨30%至40%回次。清代景日昣将此现象形容为"下墨如风"。这是由于用端砚石磨墨时既不打滑却又"相恋"。通过扫描电镜观察端砚表面发现，石英凸起在磨墨砚堂的表面，且分布较均匀，而水云母、绢云母、赤铁矿等矿物则下凹，类似锉刀的表面构造。因此，端砚易下墨，而且磨出的墨汁很幼嫩。

发墨。即磨出的墨汁浓、亮、艳，如油泛光。明代张应文说："端砚极能发墨，磨不滑，停墨良久，墨汁发光，如油如漆，明亮照人。此非墨能如是，乃砚使之然也，故砚以发墨为上。"清代景日昣说：研出的墨汁"幼滑细腻、油润，停墨浮艳"。

不耗水。即墨水留池内许久都不干涸。

不结冰。即磨出来的墨汁不易结冰。清代陈恭尹说："研槽之水，隆冬极寒，他砚常冰，而水岩独否。"这是由于端砚富含3%水（包括矿物的结构水和吸附水），有着很低的显孔隙率，使得其饱和吸水率低，故砚堂能常润、墨水能不干，并有保温作用。

不朽。一是说，端砚磨出的墨汁不臭，并能防蛀；二是说，用端砚记载的文字可流传百世，万古千秋永不会腐烂。这是由于组成端砚石的矿物属硅酸盐类，富铝、钾、铁，贫钙，不含腐蚀性酸、碱成分。铁离子进入墨汁后能保墨汁不退色、防虫蛀，没有异味。

护毫。有两种含义，一是说砚堂面不粗糙，有保护毛笔的作用；二是指墨汁无腐蚀性，亦即端砚石没有腐蚀性物质渗入墨汁内，有保护毛笔不受损的功能。[①]

端砚实用性特点表现在：一、突出研磨功能，砚面最主要的是留出墨堂，用于磨墨，留有墨池盛墨。人们总是把砚材中石质最纯的部位制作成砚堂，就是为了达到最好的使用效果和最佳的观赏性；二、便于提携，体积以4－16寸为宜。端砚是文房用品，放在书桌或案台上，不宜占太大地方。砚底要凹进，要尽量减轻砚台的体重，便于提携移动。

（2）审美性

端砚是一种手工的造型艺术，它既追求实用性，也重视审美性。端砚的审美包括自然美和工艺美。

①自然美

端砚的自然美，是由端砚石材的自然属性决定的。主要在于得天独厚的石质、石色和石品花纹。

石质。

组成紫端石的矿物主要是黏土类矿物水云母以及由水云母变质而成的绢云母等。水云母是白云母的水化产物，即水化了的层状结构矿物，颗粒非常细，含有结构水和吸附水，是富水矿物。这些特性导致端砚石含水，石质细腻、娇嫩、滋润。因此，端砚石中水云母含量的多少决定了砚石质量的优劣。据凌井生工程师介绍，水云母含量达到60%以上的石材就是好砚材，老坑优质砚石的水云母含量达到98%，是我国所有砚石中的最高值，这也是端砚成为四大名砚之首的重要原因。

石色。

端石的颜色主要有紫色、绿色、白色。紫色的叫紫端石，古人曾用多种赞美词形容它，如紫石英、紫玉英、紫云、紫泥等。紫端石的致色矿物为铁矿物，因为铁矿物分布不均匀，组合比例不同，导致砚石颜色深浅不一，浓淡有别，有的显蓝，有的呈青，有的色灰，有的色如猪肝。因

①　《中国端砚——石质与鉴赏》，凌井生著，地质出版社，2003年8月北京第1版，第29-30页。

环境条件不同,粗面和光面之石色又有差别,致使紫端石的颜色在紫的基调上千变万化。

绿端石。宋代米芾的《砚史》说:"绿石带黄色,亦为砚,多以为器材,甚美。而得墨快,少光彩。"绿端石主要由白云石组成,次为水云母、石英碎屑、磁铁矿、方解石等矿物。绿端石氧化后常形成木纹、同心纹以及黄红色石皮,有很强的观赏性。

石品。

即是砚石的天然纹理,由白、青、蓝、红、褐、绿等颜色组成色彩斑斓的花纹,其大小、形状各异,给人以无限的想象空间和审美愉悦:如鱼脑冻像棉絮,冰纹像藕丝,蕉叶白像鲜嫩的蕉叶初展,天青像秋雨乍晴、蔚蓝无际的天空。有的如胭脂、如猪肝、如火焰青,有的如飞舞的彩带、飘逸的马尾。青花的品种更为丰富,有的如萍藻、雨淋墙、青蛙肚皮、冬瓜瓤、鹅毛绒,如列队游弋的小鱼。这些神奇的石品花纹有的单独出现,有的交织共生,组成一幅幅天然图画。(图16)最为奇妙的是石眼,活灵活现,晶莹可爱。古人说"惟人至灵乃生双瞳,石亦有眼巧出天工"。石眼有圆形、椭圆形,黄绿色相间,中间瞳子呈黑色,其颜色和形态与动物眼相类似,有鸲鹆眼、鹦鹉眼、鸡翁眼、麻雀眼、鹅眼、猫眼、象牙眼、珊瑚岛眼、鸦眼等,以鸲鹆眼、鹦鹉眼、鸡翁眼最形象,最具观赏性。石眼的分布组合千奇百态,有时单独出现如朗月当空,有时成双出现如日月争辉,有时数十上百颗布满砚面,恍如天上闪烁的星辰,令人遐想无限。

对于质地优良的端石,端砚艺人往往以扬端石之美为目的,采取不加雕饰,稍微修整、磨平即成砚台的手法,以尽量保留其自然美。如长方素砚,使人不能不赞叹大自然完美的赐予。对于这些不加雕饰的平板砚来说,主要已不是用来研墨,而更多的是专供鉴赏、品评的艺术品了。

②工艺美

端砚的工艺美包括造型美和纹饰美。历代端砚,按其风格可以分为"宫廷砚"、"文人砚"和"民间砚"。"宫廷砚"是指按宫廷官府式样制作,专

图16　现代《九龙太平砚》

供王室贵族使用的端砚；"文人砚"是指文人士大夫亲自雕刻或自己绘图参与设计，请砚工制作的端砚；"民间砚"即是民间艺人创作的端砚。如果说宫廷砚端庄、厚重，文人砚清雅细腻，那么民间砚则体现纯真质朴之美。

民间端砚是能工巧匠们创作出来的，充分利用了端石自然美的属性，吸取了传统的技法，不拘泥于旧制，在传承传统的基础上，融汇了自己所处时代的审美特点和艺术风格，具有浓郁的民间乡土味，也流露出质朴自然的艺术风格。

造型。

端砚的造型千姿百态，总的可归纳为几何形（规矩形）、仿物形、随形三大类。

几何形有圆形（单打砚、走水砚）、椭圆形（蛋形砚）、正方形、长方形（淌池砚、石渠砚、太史砚）、棱砚（六棱、八棱）和平板砚等；仿物形，有仿生物的和仿器物的。如龟形、鱼形、鹅形、蝉形、莲叶形、竹节形和琴形、古钟形、箕形、鼓形、瓦形、圭砚、斧砚等；随形，即人工依石的形态随意制作而成形，没有固定的模式，砚式多种多样。

三　端砚民俗的特征

不同造型有着不同的美,几何形端庄规整,仿物形真切典雅,随形抽象浪漫,体现端砚艺人对自然事物的感悟,表达审美的情趣。

纹饰。

纹饰就是砚面、砚底、砚侧上雕刻的图案,具有很强的装饰美化作用。端砚的纹饰多为池头及砚缘雕花,题材包罗万象,丰富多样,可归纳为对称式、连续式、适合式、独立式和组合式。

对称式,有龙、凤、夔龙,这些图案一般刻在砚额下面的边沿。长方形、正方形、椭圆形、圆形多用之;连续式,以两方连续为主,有回纹、丁字纹,万字纹、云纹等;适合式,可用于砚面,有的将砚堂墨池的形式溶于适合图案之中,或同时将适合图案以浅雕或阴刻的手法布置于砚背,如古钟砚,鼓形砚、琴砚、太平有象砚等;独立式整体感强,仿物造型皆属此类,如荷叶砚、鱼砚、鹅砚、蝉砚等;组合式多用于随形砚,图案中的物体形象十分丰富,有山水人物、日月星云、飞禽走兽、楼台亭阁、古树怪石、龙凤神仙等。

民间端砚首先是在自然美的基础上体现工艺美。端砚石得天独厚的石质和绚丽多姿的石品花纹为艺人提供了无限的创作空间,他们往往把砚材石质最好或石品最丰富的部位留为砚堂,围绕这一原则进行创作。因材施艺,去粗取精,或深雕或浅雕或阴刻,使端石的自然美得到强化和提高,形成端砚的特色,达到自然美和人工美的统一。常见的有掩石之瑕,就是把砚台中石色、石质较差部分的砚材刻上瓜果藤蔓、山石云海等,或者把石疵部分的砚材雕成波浪、山崖、砚池等,使之产生化腐朽为神奇的艺术效果。通过线和面、局部与整体关系的处理,注意雕刻题材中情与景的结合,使反映的内容更加充实,更富感染力,相互映衬,浑然一体。(图17)

其次民间端砚是在实用的基础上追求工艺美。唐代以简练、实用为特点;宋代的砚形、砚式趋向多样化,重视纹样和石眼的装饰作用,并把端砚的实用与观赏方面的功能结合起来;明清时期,特别是清代则出

图17　梁焕明作品《荷塘月色砚》

现了细腻、精致的雕刻工艺,砚形、砚式、装饰图案及反映的题材内容则包罗万象。

砚乡人的社会生活,审美观念,宗教信仰,无不在端砚方寸之间留下痕迹,无不衬托着他们对生命的追求和对美好生活的向往,令人在使用把玩时总会引起心灵和情感上的共鸣,精神上的愉悦,获得美的享受。

四　端砚的生产民俗

　　端砚石主要产于羚羊峡的斧柯山和北岭山一带,两座山脉壑深谷幽、峭壁挺耸、峰峦叠嶂,延绵百余里,陡坡险峻、山路崎岖。(图18)据文献记载,唐代最早开采的砚坑是位于斧柯山坑仔岩背山的龙岩,后来发现下岩(老坑)砚石比龙岩更好,龙岩就荒废不再开采了。据地质专家凌井生考察,今龙岩遗址尚存,砚坑岩壁上留有摩崖石刻。

　　中唐以前采石的端州石工多是居住于西江流域的俚僚土著居民,被称为"夷俚"、"夷僚"。当时从中原迁到岭南的人还是少数,他们在生活习惯、衣着配饰等方面还需"夷化",入乡随俗以融入土著社会。在与土著居

图18　航拍羚羊峡

民共同生产生活的过程中,他们带来的先进文化和生产技术促进了生产力的发展,地位和势力迅速扩展,并逐渐发展成为拥有土地和大量财富的豪强地主。晚唐时期,许多土著居民成为豪强地主控制下的"洞丁"。由于社会经济文化的繁荣发展,端砚的需求大增,许多洞丁以开岩采石作为谋生方式。这些洞丁是最早记载的端州采石制砚的先民。

唐宣宗大中三年(849)江苏丹阳人许浑任监察御史期间出巡南海郡,在他所题诗《岁暮自广江至新兴往复中题峡山寺》提到:"密树分苍壁,长溪抱碧岑。海风闻鹤远,潭日见鱼深。松盖环清韵,榕根架绿阴。洞丁多斫石,蛮女半淘金。"诗的前段是描写峡山(羚山)的风光。峡内连山夹江,长溪碧水,削壁层林,松荫覆盖,榕根盘架,潭深见鱼,景物清幽。诗中所题的峡山寺就在峡山之上,居高临下,风光绮丽,早在一千多年前已很闻名。"洞丁多斫石,蛮女半淘金"句,是许浑对当时风物的写照。当时的含洭(广东英德)地方,很多少数民族妇女,在连江河中淘金谋生,而端州则有很多少数民族的壮丁在山上开采端砚石。这是一千多年前实地记述端州人民取端石制砚的情况。

宋淳化年间(990~994),端州知州冯拯推行"括丁法",把"洞丁"变为朝廷户籍下的丁口,被称为"土人"[①]。南宋以后,中原汉人大量经南雄珠玑巷迁居肇庆,强化了肇庆土人中的中原汉族文化成分。同时许多汉族人落籍端州近郊黄岗,逐渐加入采石制砚行业。他们有些人拥有石雕、木雕或其他手工技艺,对采石制砚工具和技艺进行改良和发展,促进了端砚业的发展。宋代是社会经济文化的繁荣发展朝代,作为文房珍品的端砚需求猛增,端砚石的开采出现第一个高峰,端砚生产从零星制作到批量生产,逐渐形成以黄岗为中心的手工业村落。

至明代,端砚生产规模继续扩大,从业人数增多,技艺专门化,出现了技艺分工,有的采石制砚,有的采石制作器物、工艺品。明代崇祯年间

---

① 土人,最早见于北宋神宗时魏泰《端溪砚》一文。

的肇庆知府陆鳌所作诗文"黄冈即事"的注解中写道："黄冈在羚羊峡西，村人以采岩石为业，凡五百余家，琢紫石者半，白石者半。"紫石以制砚，白石以作屏风、几案、盘盂诸物。

千百年来，黄岗村民以石为生的谋生方式没有太大改变。他们以技艺传承为纽带聚居繁衍，使端砚生产技艺得以薪火相传。新中国成立前，采石工主要集中在今宾日村一带，雕刻端砚的砚工主要集中在今白石村、东禹村一带。由于采石和制砚所处地理环境和生产条件的不同，技艺要求也不一样，因而形成的习俗各有特点。

（一）端砚石开采习俗

端砚石的开采分为民间开采和官府开采两种。民间开采是石工自发的行为，以个人和小群体为单位进行。砚石的发现、开采始于民间石工，至宋代端砚成为朝廷贡品，砚石的开采受到严格控制，一些出产优质砚石的名坑，如水岩（老坑）、坑仔岩等为官府所垄断，派专员守坑，甚至太监亲临监督开坑。在坑仔岩外的石壁上有宋代石刻："宋治平四年差太监魏封重开。"[1]元代"旧制把总一员，专辖守坑，律令盗坑石比窃盗论。"[2]

明代，设守坑官一员，规定民间不得私取砚石。坑仔岩要奉诏开采，并立碑为记。据《端溪砚坑考》，碑文上书："万历二十八年，差督理珠池市舶内官监太监李凤，开坑封坑月日。"

砚石由官府统一组织石工开采，以满足进贡为量，满贡便封坑，石材采竭，再另开一坑。民间不得私采，否则按盗窃罪论处。

官府对端砚名坑的垄断，促使优质端砚产量稀少，日显珍贵。清施闰章在《砚林拾遗》作古砚歌云："端州旧贡官监严，老坑尺寸人争羡。"

---

① 清代李兆洛《端溪砚坑记》。
② 清代吴兰修《端溪砚史》。

特别是"自宋徽宗,穷全盛物力,采贡以进,除内府所藏,自亲王大珰,及两府侍从以下,俱得沾赐。"①端砚成为皇帝赏赐群臣的珍品,于是端砚也就成为地方官员权贵的敲门砖,所以,朝廷虽有禁采之令,却是禁而不止,不少官员组织私采,中饱私囊。地方官甚至以数十倍于贡砚的数量征收端砚,使砚工苦不堪言。

北宋仁宗时,包拯知端州军州事,就针对时弊下了"端砚只征贡数"的照令,减轻了砚农的负担,维护了砚农的利益。

明代以后,砚坑禁令逐渐松弛。清嘉庆年间,除了老坑和麻子坑的开采需报请官府批准外,其他砚坑民间均可自行开采:"凡坑,但砚肆有力者,即可募工开采,不请于官。老坑则必制府抚军主之乃开。麻子坑则知县得主之。"②

自清初官府解除所有砚坑禁令,其中贡砚专坑——老坑也解封。允许民间开采,砚坑开采出现最为鼎盛的局面,许多优质砚石频频面世。但由于老坑、麻子坑等砚坑开采艰难,需要花费大量的人力物力,非一般村民能力所及。特别是老坑"近今例禁久弛,石宜易得,但患水深,费桔槔之金甚巨,得石数枚,难必俱佳。虽好之者,亦惮焉莫采,故不禁而禁。"③

道光以后,曾再度禁采老坑。光绪十五年(1889),两广总督张之洞解禁。现黄岗白石村有清代"两广总督部堂兼署两广部院张为开采砚石以备贡品事"碑刻(图19)。1984年11月,肇庆市人民政府公布为文物保护单位。碑文记述两广总督兼广东巡抚张之洞平息了以有碍风水为名,不准开采砚石的争讼,解除封禁,核准石匠开采砚石以备贡品及修改工匠采石章程,明令各级官吏衙役不得敲诈勒索私受一砚一钱等条例。张之洞亲自批准和支持当地砚工重新开采老坑砚石,这是最后一次记载有计划、有组织规模的老坑采石。时称张之洞开水岩老坑为张坑。

---

① 清代吴兰修《端溪砚史》。

② 清代李兆洛《端溪砚坑记》。

③ 清代吴兰修《端溪砚史》。

图19 清张之洞为开采砚石以备贡品事碑（拓片）。该碑呈长方形，端石制作，高1.32米、宽0.84米，碑文从右至左竖书25行，每行4至54字不等，共1172字，阴刻，楷体，清光绪十五年（1889）立。

据该碑所记"除札委通判启寿前往肇庆，会同府县查照，札行事理"，"启寿"其人，人名典籍不传。据广东省博物馆藏道光十七年（1837）版《端溪砚史》的扉页上，钤有"邱启寿庚寅年亲到水岩采石制研"和"研务官"朱文长方印，（图20）可见"研务官"之设，始于张之洞，邱启寿就是第一位专职砚务官。

《紫石凝英》①收录一方张坑大西洞太平有象端砚（18.9×12.1×2.4厘米）平板式，背四边出框，内浅浮雕太平有象图。端溪老坑大西洞石制成，左侧隶书铭曰："光绪己丑贡余第十五襄平启寿制"。

据此砚可知邱启寿其籍贯，襄平为辽阳，满清发祥地，清季属满洲。亦为不可多得之张坑贡砚事实物资料。"两广总督部堂兼署两广部院张为开采砚石以备贡品事"碑原文：

两广总督部堂兼署广东巡抚部院张，为开采砚石以备贡品事，案据广

---

① 《紫石凝英》，广东省博物馆与香港中文大学文物馆联合出版。李遇春《重论水岩与下岩》。

图20　研务官邱启寿印鉴

东善后局详称：现奉督宪饬发匠人梁念忠禀称，缘匠人等，奉宪台面谕于本年秋冬间，预早开采老坑岩石，拣选上等纯净佳品，以备贡材而免迟缓。查该岩前有土人崔角，禀称有碍风水，曾经请示封禁在案，皆系各怀私意起见。兹幸宪台关心民瘼，因勘基围，曾亲到该坑岩履勘，备悉一切，皆系砌词争讼，实与风水无伤，理合据实禀明，乞恩札饬高要县先行出示晓谕，延请公正绅士勷办，并派委员照料，发给匠人谕帖，俾得遵办，并乞恩准照张委员荣前所禀立案，饬县给示勒石，永远遵守，以息争端而断讼藤。俾每年办贡得以照常取石，毋庸再派委员弹压、照料，实为恩便等情，并章程清摺一扣，奉批饬局核议禀覆等因到局。奉此，本司道等伏查，该匠人所拟章程第三条：采出石料分作十二股，官三股，全行裁免，严饬查禁。原定十二股，今改为绅商各半，共作十成，绅得其五，商得其五。绅得之五成，拨充端溪书院经费，加给膏奖。商得之五成，凡采砚之股东及匠人津贴、匠头津贴，均在其内。自应遵照办理，即由该商自行秉公分派，不得稍有偏枯。又第五条所称：绅得之石，汇存山厂，收工之日，交给宾兴局收领，以充修围经费一节。查绅得五成，已奉督宪核定，拨充端溪书院加给膏奖。则此项石料，自应改为拨交端溪监院收领发售。每届得石若干，售钱若干，即行据实具报，不准丝毫隐混，听候督宪酌加膏奖，以培士气。又第六条每次出岩之石，酌酬绅董劳勋一节，自应定为每百斤十斤，以示体恤，所请由绅董备资给匠每月取石两日，事难平允，必起争端，应请毋庸置议。其余六条，均系该商自办之事，尚属妥协，似可照准，理合详请批示饬遵等由，并核议章程一册，到本兼署部院。据此，查高要砚坑，近年请禁、请开，缠讼不休。其请封禁者，多言开凿山岩致伤风水，且有谓损坏险要，有碍围基及纤路者。本兼署部院，前因查看围基，便路勘视羚羊峡一带，所谓砚坑者，乃在峡内小涌之旁，地极幽僻，皆系荒山茺确，且坑口甚属狭小，十步之外，即不能见羚峡，连山叠嶂，绵延百余里，高逾数百丈。区区数坑，其于全峡中仅如九牛之一毛，微渺已极，实于风水无关，更于围基、纤路无涉。查肇庆人文素称极盛，嘉庆、道光间，科第蝉联，才杰辈出。其时端溪老坑砚石，流播四方，最为出名，乃近年封禁以来，肇郡科名转形寥落，固属会逢其适，可见开采端石，本无关于得失之数，可不必封禁。每年例备贡品，自应采用佳石，尤属不当封禁。兹据匠人梁念忠，赴辕呈请开采，当经饬局核议，所拟章程均尚妥协，其向章缴官之三股，经本兼署部院全行裁免，改作十成，绅商各半。绅得之五成，拨充端溪书院经费，为诸生加给膏奖。以地方之出产，为地方之公用。此外，大小衙门，如有规费，一概革除。各官不得私受一砚，吏胥不准需索一钱，有益于绅民，无损于地方。每年限定日期，暂行开采，尚无妨碍，应即遴选干员，前往会同肇庆府高要县出示晓谕，延致公正绅士，妥为试行开办，以应要需。除札委通判启寿前往肇庆，会同府县查照，札行事理，暨粘抄章程出示晓谕暂行开采，延致公正绅士妥为办理，文武衙门各员役，如有私受一砚及需索分文规费者，一经发觉，定行严办，决不姑宽。其有未尽事宜，并即会商妥议禀办外，合就札饬，札到该县，即便遵照，会同委员出示晓谕，暂行开采，妥为办理，切切此札。

图21　端溪水

端砚石的开采是端州石工世世代代相传的谋生技艺,形成的习俗独具特色。

一、采石工序

1、找石源

石工称为"揾(找)石口"。砚石主要产于羚羊峡斧柯山和北岭山一带,分布范围约215平方公里。距黄岗的最短距离约5公里,最远的水平距离约30公里。砚工为了找到砚材,要背上干粮、锤凿和行囊跋山涉水、披荆斩棘,仔细寻觅。花费的时间少则几天,多则半月,数次来回往往一无所获。甚至一年半载,也难以寻到优质的砚材。

寻找砚石完全是靠祖辈传下来的经验。先到山麓的小溪寻找"石种"。"石种"是指原来深藏在高山里裸露的岩石,随着沧桑变迁,风雨侵蚀,崩裂滚落到山涧中,经亿万年溪水冲刷,原本有棱有角的石块变成滚圆的砾石。(图21、22)捡到"石种",通过观察纹理结构,如果可作砚材,就判断砚石的出处,然后溯流而上,涉水爬山找到"石种"的源头。砚石的蕴藏由于地质结构原因呈现多样化分布,有的在山麓,有的在山腰,有的裸露在岩壁表面,有的为土所掩盖,要凭丰富的经验"看穿山"(精确的判断

四　端砚的生产民俗

图22　端溪水中的卵石多为从山岩冲刷下来的砚石

能力），才能发现优质砚材。

　　找到石源后要"睇（看）岩路"，看清岩石的结构和石层走向，根据经验估计其蕴藏量和开采的难度。石工大体把岩石结构分二类，一类称为顺落石层（即纵向结构，也称插山石），一类为横落石层（即横向结构，也称叠山石）。如果是顺落石层，石料开采艰难，而且石块体积不大，易裂，浪费人工，砚工遇到这种石层时都放弃开采。如果是横落石层，岩石结构结实，蕴藏量较多，就可以"落脚"，安营扎寨组织开采了。

　　石源一般是谁发现归谁所有，成为俗规。旧时有的石工为防止他人发现自己所开的砚坑，设法用树枝、茅草把洞口隐藏起来，采出来的砚石则搬运到距离岩洞数百米外的山麓堆放，即便他人发现了砚石痕迹，也不容易觅到砚坑。

　　砚石的蕴藏量多少不一，如果砚坑的石源枯竭，就要另开坑口，因此，在山上留下许多坑坑洞洞。宋代苏易简《文房四谱·研谱》记录了石工采石的智慧："端州石砚匠，识山石之文理乃凿之。五七里有一窟，自然有圆石青紫色，……窟虽在五十里外，亦识之。"

　　古代石工把这些"窟"也称岩或坑，统称砚坑。历代所开砚坑不计其数，为便于识别，石工对每个砚坑都加以命名。（图23）

麻子坑
朝天岩
绿端
古塔岩

坑仔岩

老坑

图23　航拍砚坑图

一是用发现者或开采者的姓氏、名号命名。民间传说老坑是黄岗石工杨阿水发现，就叫"水岩"（老坑）；宋公坑，为明代太监宋某所开，故名；明代崇祯末年，两广总督熊文灿私采砚石，称其坑为"熊坑"；清乾隆时吴淞岩、杨景素二人开坑采石，时人称吴公坑、杨公坑；清光绪十五年，两广总督张之洞奉诏开采老坑，后人称为"张坑"；黄岗村的陈麻子发现的砚坑称"麻子坑"；石工朝敬发现的砚坑叫"朝敬岩"。

二是用发现地的名称命名，如半边山、屏风背（岩）、大坑头、将军坑、盘古坑、蕉园坑、文殊坑、古塔岩、唐窦岩、蒲田坑等。半边山位于斧柯山东麓，含大秋风、小秋风、兽头、狮子、桃花、河头、新坑、黄坑等砚坑。

三是以坑洞的特点、位置命名，如朝天岩，因洞口朝天，故名；还有下岩、中岩、上岩，东洞、正洞、西洞等。

四是以砚石特征命名，如绿端、梅花坑、有冻岩、白线岩、结白岩、锦云坑、软石泽岩、硬石泽岩、青点岩、菱角肉岩、龙尾青岩、果盒络岩、黄蚓矢岩、白蚁窝岩、藤菜花岩、砂皮洞岩、黄竹根、梨花根、龙爪岩、虎尾坑等。

五是用发现的年代命名，如宋坑、永乐坑、成化坑、万历坑、宣德岩等。

六是以瑞兽、动物名称命名：如龙岩、蚌岩、蟾蜍坑、老鼠岩、飞鼠岩。飞鼠岩是飞鼠（蝙蝠）的巢穴，石工进洞，无数蝙蝠扑人头面，故名。

还有的用开采相关事象命名。如亩萝蕉坑，据说是砚工发现该坑后，用嵌萝（一种农具）运砚石回家，故名；打木棉蕉岩，因位于峭壁，开采很危险，就像爬在树上打木棉花，故名。

2、备工具

石工准备的工具有采石工具和辅助工具两类。其中采石工具主要有锤和凿。锤有四种：

敲　锤：铁质圆木柄，长20～25厘米，锤头为四方形，重约3斤，入岩采石的必备工具，用于打击采石专用的大凿。石工称为"五丁"。

摘　锤：铁质圆木柄，长20～25厘米，锤为长方形，重2～2.5斤，在坑外凿石璞用。石工把岩洞内的砚石搬出洞外，然后用摘锤打击除去砚石的废料,修整成为方形、蛋形或随形的石璞,以减轻砚石的重量,便于运输。

整　锤:铁质圆木柄,长20~25厘米,锤为长方形,重1~1.5斤,用于打击扁凿,修正石璞的底面。

榄核锤:铁质圆木柄,长20~25厘米,锤为棱形(橄榄核形),重1~1.5斤,用于打制修理采石凿子。凿子撞击坚硬的岩石较易出现损卷现象,所以,石工每次收工后都要检查凿子,隔三五日就要进行一次修理。由于凿子体积小,故需用这种两端撞击面小的棱形铁锤。(图24)

凿子有四种:

大　凿:钢质,短而粗,长10~25厘米,直径14~16毫米,进山采石的必备工具。采石时,在所需石材的四周用大凿分别凿出深槽,然后用大凿插入上槽或下槽,将其撬离岩壁。如果所需石材体积较大,要两凿同时使用,凿尖相贴,两凿的尾端呈"V"字形,同时插进其中一条槽,用敲锤打击,利用杆杠原理,使石材根部折断而脱离岩壁。

摘　凿:钢质,长约25厘米,直径8毫米,尖口。用于铲去砚石表面凹凸不平的石皮和烂石,使石材成为所需的形状,减轻砚石的重

图24　采石用的敲锤和榄核锤

图25　采石大凿

图26　采石钢凿一组

量。俗话叫做"摘"，这类专用的凿子叫"摘凿"。

半　肠：钢质，长度约30～50厘米，直径8毫米，尖口。因其大小长度像一段肠子，故俗称"半肠"。用于插石，即撬去砚石层上下的烂石层，所以也叫插隔。

扁　凿：钢质，长约20~25厘米，直径8毫米，扁口。用于修整平正砚璞表面，石工称为"扁平"。(图25、26)

采石所用的凿子都是石工自己锻制的。俗语云："工欲善其事，必先利其器"。石工到黄岗墟或肇庆城打铁店铺买回粗细不等的钢条回家自行打制。打制关键在于掌握"淬火"技术，俗称"近水"或"近花"。把钢条放在炭炉里烧红，打制成扁尖形的钢凿，然后把尖端再烧红并快速插入水中，又马上取出，观察凿尖的颜色变化，呈现黄白颜色(俗称黄白花)时，硬软程度最合适，马上掷进水中冷却。"近水"靠经验，凿尖近呈蓝色为适合，否则太硬易崩断，或太软易卷口。一支钢凿要要根据它的粗细和用途来掌握"近水"的温度和速度，一次或多次"近水"，软硬适中才能使用。

还有一个工序是把凿子的顶端打成倒扣的茶杯形状，从凿顶四周向上微收，中间打一个凹孔，称为"茶杯笃"。(图27)如果没有，采石时锤与凿相碰时就会"扇"(即滑位)，不稳定，甚至伤手脚。也要经"近水"处理，使其硬度超过铁锤。石工说，锻制工具的技术，特别是"茶杯笃"的处理是世代相传的秘诀，不传外人。这也是千百年来只有黄岗一带村民采石制砚的原因之一。

古时钢材是稀有物资，不容易得到，故采石

图27　石工打制采石工具的窍门——凿子顶端要有"茶杯笃"

端砚

民俗考

工具显得十分贵重。石工将之统称为"家私"。为防止自己的工具和别人的混淆，一些石工还在工具上面刻上名字或记号。

砚石质地坚硬，工具较易磨损变钝，为不影响采石进度，石工一般要带数十支工具上山，以交替使用。所带工具的数量按上山的时间来决定，半个月以上要带40～50支，其中大凿10多支，摘凿20～30支，半肠8～10支，扁凿1～2支。如果是早出晚归，一天工夫，所带工具减半。每天收工后都要检查并打磨修理，以确保工具顺手，提高工效。

采石最重要的是铁锤，凿山开岩，采石制砚，以"锤"为先。会不会用锤是石工技艺的重要检验标准，故赋予了非凡的含义，把铁锤称为"五丁"。"五丁"是黄岗采石砚工供奉的祖师爷。这个称谓包含着石工期望借助祖师神力，保证采石顺利的愿望。

辅助工具一般有以下几种：

风　箱：古时用碗口粗的竹筒或树木制作，20世纪80～90年代用铁皮焊制。直径15～20厘米，长约70厘米。这是上山采石必备的器具，用途是鼓风烧炭，修理凿子。采石时经常碰到凿尖折断或卷口现象，要就地修整。一般用石块砌成炉状装入木炭，点火后用风箱鼓气，把凿尖烧红，进行"近水"，用榄核锤修整。（图28、29）

油　灯：采石照明的器具。一般是就地取材，把平底砚石的中间凿成

图28　20世纪40~60年代用的竹筒风箱

图29　20世纪80~90年代使用的铁皮风箱和泥炉

图30 石工在坑洞里采石
时用的石制油灯

图31 汲水陶罐

图32 竹箩

凹状,或用小磁盘盛猪油,点燃灯心草或以布条作灯芯作为照明之用,油盏直径10～15厘米不等。(图30)

陶罐:汲水器具,可容水五升。小口大腹,水不容易溢出;陶器耐磨,不会生锈,不怕腐蚀,不怕受潮,且体积与容量适中,石工最为常用。1972年,老坑重开,当时端溪名砚厂的工人在坑道里发现了个别完好的陶罐和大量陶罐碎片。完好的陶罐有三个现存于肇庆市博物馆,其余由当年的工人所珍藏。(图31)

竹箩:既是用来装运砚石的器具,也是衡器,可以装6块12寸的石璞。(图32)

戽(hu)斗:用柳条或竹、木制成的汲水灌田农具,形状像斗,两边有绳,两人引绳,提斗汲水。古时石工用陶罐汲水到洞口的低洼处,然后用戽斗戽水至洞外。

水车:广东人称之为"龙骨水车",将木质叶片串连起来,如履带状,以手摇或脚踏驱动,循环往复,将水汲上送到目的地。古时开采老坑时使用,用陶罐把洞内积水引到洞口的低洼处,然后用戽斗戽水至水车脚,再引水至洞外小溪。

3、雇工

古人云："凡采石者,先雇工,搭蓬厂,储粮食,备水罐,蓄油火。"[1]民间开采有的是石工自己零星采取,有的砚坑距离村子较近,砚材易采,早出晚归,一天就可以采到砚石回家制砚,谓"朝砍树,晚界板"。清钱以垲《岭海见闻》也有记载："石工采琢无时,朝操锤,入暮可携石而归。"但是由于采石极为艰辛,大多需要协同劳动,互相照应。民间采石人数较少,一般是三五人,多是兄弟、亲戚,也有的雇请村民参加。如果技艺相当就各自开采,否则由一、二个师傅主要凿石,其他石工配合并兼及时清理碎石、搬运石料或干砍柴、挑水煮饭等杂活。加上古时北岭山、斧柯山一带常有老虎猛兽出没,所以石工一般雇工结伴上山。采石的人数视开采的难度而定。如果坑洞较浅,或露天开采,则3~5人为一组,坑洞越深需人数越多。老坑开采到清代,其坑道长达100多米,洞内左右两侧又有若干支洞,分正洞、东洞、西洞,所需石工从几十人到二百多人不等。最多人数是《端溪砚史》记载的清代乾隆庚子岁(四十五年)孙廉使春岩公监司肇罗道,开采老坑西洞,每日集汲水工达二百名,厚给工价,昼夜更汲,也要二、三个月才能汲干洞内积水。

进洞的采石工数量和汲水工大体相当。洞内分段安排石工人数,每约1米坐1人。天津艺术馆藏的一方《端溪研坑图砚》记载,当时老坑采石约需150人。其中"四人位至庙尾,七人位至东洞口,十三人位至梅花桩,廿一人位至门楼仔,廿八人位至洞仔,其水流出大水湖。五十三人至大水湖,湖广七八尺许,深如之,湖后高一级至拱篷,拱篷长一丈,可起立不坐人,过此又坐。廿人至大、小西洞,洞内可坐十余人。"

4、搭蓬厂

厂,是指石工在山上搭建的简易房子,也叫山厂、蓬厂,就地取材,用坑洞附近的竹子、木材、树皮、茅草搭建。割草晒干,铺作床。石工自编歌

---

[1] 清李兆洛《端溪砚坑记》。

谣形象记录了蓬厂情景：“竹仔做床茅做瓦，手搓藤仔做门环。”草棚地面离地3～5尺，防避蛇虫和湿气。有时在山腰发现砚石，就在洞旁搭棚，睡的时候，头向着岩壁，脚离悬崖峭壁只有咫尺之遥，稍有不慎就会葬身谷底，麻子坑旧洞口就是此情形。有的在天然洞穴里安身。古时在坑仔岩的东边有一个岩洞，像一间屋那样开阔，是旧时石工的栖息之所，石工叫做"栖安洞"。（图33）

5、储粮油

石工上山当天，一般每人只带米1升至1.5升（旧制：1斗等于10斤，1升为3斤）够3天吃用。3天后就要派人回去挑粮或家里人送粮上山。同时要带上足够的猪油，猪油不是用来食用，而是作照明用途。砚坑里面漆黑一片，没光线，不通风，要靠油灯照明。其他煤油、松油或火把等燃烧后会产生浓烟，令人看不清东西，用猪油灯不会产生有毒浓烟，可减少对眼睛的刺激和空气污染。

此外还要带油盐、衣服、被褥之类，以及祭品。古时凡开采砚石必要

图33　石工在麻子坑洞前搭建的简陋住所，旁边就是悬崖峭壁。（2004年，上麻子坑途中所拍）

祭拜山上神灵。官府"必祭以中牢",也就是要准备猪羊等祭品。民间当然不可能那么铺张,但元宝、香烛是必不可少的。其中所带蜡烛一定要用带脚的。旧时制蜡烛,为保持蜡烛形状,中间的竹枝底端都要开口,夹一枝较短的竹枝,用宣纸绳捆绑成"V"形钩脚,蜡烛倒模成形后,倒挂在竹篙上晾干,一般家庭用都会拆去烛脚,方便插稳固定。但石工要"留脚",最忌拆去烛脚,是寓意砚坑要留支撑的石柱,保障出入平安。

6、汲水

肇庆属于亚热带气候,夏秋之间,淫雨连日,西江河水暴涨,且为羚羊峡所束,郊原皆溢,甚则漂屋冲人。斧柯山一带有时风雨交加,有时连续二十多天淫雨霏霏,正所谓"近河多风,近山多雨"。

砚坑由于长年累月的采掘,深浅不一,洞深从几米到100多米不等,随石层走向,一般是斜向下方延伸,有的砚坑洞口与洞底高差达20多米。每逢雨季,雨水灌进,便无法开采,所以一般选择在少雨水的冬季汲水采石。坑道越深积水越多,而且洞内滴水如雨,故凡汲水均要昼夜轮班作业,一刻也不能停。

其中老坑积水最深,汲水最难。老坑位于低洼处,每逢大雨,雨水灌入洞中,即便是小雨,洞中积水也满盈。加上毗邻西江,坑洞大部分在西江正常水位之下,甚至低于西江河床,洞内一年四季皆为水浸,虽大旱也不会干涸。只有在冬天西江水位下降,露出洞口时方可汲水开采。其他砚坑的汲水大体相同,只是耗时不同,难度稍异而已。(图34)

老坑汲水一般在每年的十一至十二月,汲水约一个多月至水排干,才能进洞采石。大约到翌年五月,即本地人称"龙舟水"到的时候,西江河水上涨,肇庆人谓"西水大",老坑洞内大量渗水,河水逐渐淹没洞口,无法继续采石。故老坑洞的采砚石时间每年多则5个月,少则3个月。清代钱以垲《岭海见闻》记载老坑开采的情形:

"春夏之交,洞为江水浸灌。殆秋渐退,以匏运汲,自内达外,鱼贯接递,有如传杯。至水竭,始下凿。苏东坡所谓千夫堰水,挽绠汲深,篝火下

图34　老坑洞口常年浸水

绖,百夫运斤而得之者。"

　　老坑洞高、宽约1米,人不能起立。由匠作(工头)带领小工,每人携带一只陶罐或瓢和一只竹箕,每约1米排坐1人。燃猪油灯照明,用瓢或陶罐舀水,昼夜不停地将水传出,并在洞外挖一小沟,设水车一架,用篾筐戽水至车脚,然后用水车放入端溪流入西江。汲水的人数随着进洞的深度而增加,进洞越深人数越多。例如开至东洞,须排坐40余人,方得水干。到西洞须排80人,方得水干。据记载,老坑洞汲水的人数最多达数百人。

7、清岩路

　　积水排干后,清理坑道软泥石屑,修理石道,整治采石工作面,以防止塌方出现。石工称"清岩路"。由于许多砚坑往往已经开采了数十年、数百年甚至上千年,坑道里留下大量的石屑,故开采前清理淤塞坑道的石屑也是必不可少的工作。清出的石屑一般尽量就近堆积到废弃的坑道里,或就近堆砌为石柱,支撑岩顶,以减少安全隐患。其余大量石屑要运出洞外。由于坑道倾斜,不能坐着作业,只能按一左一右的"之"字形蹲在坑道里,用竹箕装满由下往上拖拉传送,上面的石工借助传递竹箕的惯性再上传,直至洞外。年深日久,倾倒出来的石屑往往泻满山麓。(图35)

8、采石

汲干洞中积水,清理淤泥碎石后,就可采石。洞口极为狭窄,直径多为70～90厘米,仅容一人匍匐而入,不能站立。为何不凿宽洞口,方便进出呢? 据石工说,砚石层厚薄不一,多数厚度为40～60厘米,少则10～30厘米不等,叫做"石肉"。"石肉"之外的叫做"石骨",坚硬不可镌凿。凡洞中"石肉",外面皆有"石骨"包着,石工必寻其脉络,辨其曲折走向,方可凿

图35 麻子坑开采于清代,洞前山体陡峭,石工倒出来的石屑从洞口直泻到山麓

取。或上或下，或左或右，或宽或隘，都是凿至"石骨"而止。"石骨"坚硬无比，下凿冒火星，令凿子变钝、卷口，甚至折断。为省时省力，所开采洞口的高度以能容人下蹲弯腰进出，能在洞中仰卧曲膝下凿采石为度。

狭小的坑洞内没有通风口，虽冬季也很暖和。石工凿石，汗流浃背，尘垢满身，每天进岩两三次，没有那么多衣服替换，而常着湿衣易患病，故入洞者无不裸体。此俗是石工应对恶劣环境的一种策略。

在山上采石的都是男性，赤身相见也就无所禁忌，习以为常了。如果有妇女上山送米挑石，往往来到山下就会长叫一声"哎……"，洞中的石工即出洞应答，然后穿好衣服等候，以避免尴尬。当然，有时候被附近砍柴妇女无意间碰见，尴尬的事也难以避免。据采石老人回忆，裸体采石这一习俗一直延续到上世纪80年代。(图36)

开采砚石因地制宜。有的砚石层藏量丰富，前人采挖形成坑洞，后人继续开采。有的石层藏量少，只有几百到几千斤，一天半月采完就要放弃，然后再重新寻找砚石矿。采石分为坑洞开采和岩表开采两种类型。

（1）坑洞开采

图36 浮雕《老坑采石图》。肇庆博物馆"砚都瑰宝"陈列端砚制作工序

在斧柯山和北岭山等山脉采石多数是在坑洞里进行,有的在前人开采的坑洞里继续开采,有的个别石工发现砚石,经过长时间开采成为坑洞。

斧柯山,又名烂柯山,位于羚羊峡东南,绵延十多公里,崇山峻岭,层峦叠嶂。优质的端砚石就蕴藏在这峰岩泉石之间。斧柯山是紫砚石矿的产地。广东省地矿局七一九地质队于1982～1998年先后开展了端砚石矿床地质调查和端砚石相关项目的专项研究,砚石是该区发生轻变质作用的泥盆纪地层中存在的含铁泥岩或含铁含砂的泥板岩,经退后生作用(表生成岩作用)后,赋存在地层浅部的含铁或含铁含砂的水云母岩。从初步调查情况看,矿体空间形态大致呈不规则的板状,沿走向长度从数十米至100余米,沿倾斜方向深度一般为50~100米。这样的砚石层走向和藏量使开采不断往山体深入。其中老坑现在开采深度已达斜深100多米。由于洞深且陡斜,古代石工进洞时,要手足并用。一手扶着岩壁,另一只手持盛着猪油的磁盘灯照明,锤和凿子用绳子绑在腰间,蹲在地上,侧着身体,先把脚伸进洞中,然后用手攀扶着岩壁,慢慢伏爬挪进。到了工作面,仔细察看石壁脉络,寻找砚石的石层。石层要用水打湿才能显现,石工用水泼在岩壁上,秉灯细看,凭经验判断砚石的储量和质量。遇有颜色鲜润的石层,即石工所说的"石脉"就可以下凿采取。如果下凿时冒出火星,说明石层硬度太大,就弃而不用。(图37)

"石脉"分三层,称为"三叠石"。"三叠石"之下的底石,叫底板,极为坚硬,杂沙泥,不发墨,有杂色,不可制砚,称为鸭屎石。自底石至顶盖,作三叠。下叠位于底石的上面,石质最佳,叫脚石。中叠位于下叠之上,质量稍次,叫腰石。上叠位于中叠之上,质量更次,叫顶石、顶板。顶石的上面是盖石,也极为坚硬,粗糙不堪用。

中间可以用作砚材的脚石,厚度一般为40～60厘米,少则10～30厘米不等,石工称为"石肉"。

开采分段作业,一段工作面称为"堂",一堂两人,互相配合。由于坑道低矮,石工要弯背屈膝,仰躺着下凿。一人开采,另一人休息,互相更

四　端砚的生产民俗

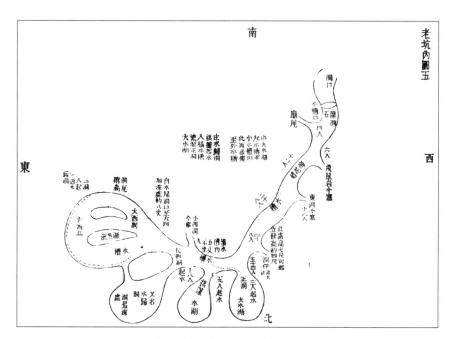

图37 《端溪砚史》老坑洞内图

替。清代钱以垲《岭海见闻》记载老坑开采的情形：

"东洞今已凿穿，不可复凿，即凿，亦应锤而碎，不成砚材。中洞可容六锤十二人，或四锤八人，西洞亦如之。洞中幽黑，不知昼夜，熬猪膏为盘灯以烛之。凡凿，各分石堂，两人共一堂。一堂一灯一锤，凿一人，卧一人，彼此更替。盖洞偏，须曲脊仰凿，非更替不耐劳也。"

凿石很讲究技术。在顶板石和石肉之间有一条称为"分"的地方下凿。"分"即翡翠带，要根据翡翠带的情况来寻找石肉。一般规律是，翡翠带越直，颜色越绿，下面的石肉质量越好。砚石大多不抗震，在开采中，如看不清石壁，看不准石脉，就会浪费好砚材。取石要在顶板石和底板石离石肉15厘米处下凿，上下左右四边凿5～8厘米宽的槽，叫"开柳"，到了合适深度，再用凿四边敲击，小心翼翼把砚材撬出来，尽量保住砚材的完整。有时砚石层突然减至无砚石可采，称为"断脉"。特别是老坑、麻子坑和坑仔岩，有时可能整壁石都不成材，此时便要凿去"顶板"，去废石，清石屑，然后细心察看石脉走向后，重新找到石脉方能继续开采。

采出来的砚石运出洞外，像汲水那样，用竹箕传送出来。朱彝尊《说砚》中写道："凿石之工多黄冈村民，日役不过四十人，坐卧偃侧其内，得石，自内传乎外，一如汲水法。"

古代老坑开采的艰难，历代文人有着形象的描写。宋代苏轼发出感慨云："千夫挽绠，百夫运斤，篝火下缒，乃得斯珍。"清吴绳年《端溪砚志》："端岩凿成深穴，冬涸方采。穴中不可睹，但扪取之。日不过数。石工在洞别其精粗，有累日不得一佳石者。"

采出来的砚石即使有数尺见方，但把外面包裹的废石凿掉，所剩精美的砚材只有巴掌般大小。想找到一尺大又无瑕疵的石材，极为困难。即使五六寸的，在千百片石中也只有一二片。

北岭山一带的砚石，统称宋坑。这里的砚坑山体岩石结构较为复杂，砚石储量丰富，多数以坑洞开采为主。

石工根据北岭山砚石石层的走向将之分为三大类：插山石、砍山石和庄山石。插山石又叫照面石，即岩石上下走向，就像与人面对面的岩层，北岭山伍坑多为此种石脉。砍山石，即斜向生长的岩层，就像用斧头斜劈下来一样，故名。这种结构和斧柯山的古塔岩、朝天岩相似。庄山石，也叫叠山石，指石层与岩壁呈平行状，由外往里面生长，有的呈水平状，有的往里面倾斜。

石工把北岭山坑洞内的岩顶分为两类，一是"鸡罩顶"，一是"方珠顶"。"鸡罩顶"是指坑洞顶盖岩石由若干块巨石组成，结构不牢固，易向下滑落松脱，比较危险。采挖的坑道必须要呈"之"字走向，而且在岩石的接缝处"留墩"。"方珠顶"指洞顶是一块巨石，面积大而且平坦，比较安全。可长驱直入开采，但也要在一定距离内"留墩"。据老石工说，出事故的多数是"鸡罩顶"砚坑，曾令不少石工死于非命。

在斧柯山和北岭山坑洞内开采，危险性极高，开采面积过大和震动常会造成人员伤亡。石工在生产过程中总结了一套安全预防措施，其中最常用的叫做"留墩"。在采石过程中判断岩石结构，在可能出现险情之处，例如岩洞天花板接缝的地方,或薄弱环节留下石柱支撑,以防塌方,称为"留墩"。清屈大均《广东新语》记载老坑"昔人取石留数柱……今名为东留柱、西留柱。"

另一项安全措施叫做寻"铲隔"。主要是通过观察岩洞顶石(天花板)的石痕生长情况,判断什么样的石痕是安全的,什么样的石痕是危险的。所谓的"铲隔"就是原本完整的石层突然变薄,出现的裂痕,就表示岩顶随时会倒塌,要停止开采,马上撤出。

还有一项安全措施叫做"听响声"。进洞后,不时用锤敲击顶石,凭发出的声音判断坑道是否安全。如果敲打岩石的声音由结实突然变异常,表明岩石结构有危险,就要马上停止开采。特别是老坑开采位于西江河床之下,一旦开采时打穿岩壁,或者岩壁受不了江水的压力而崩裂,将会使石工葬身洞中。清代屈大均感慨道:"盖天地之精华有尽,一卷之多,与蛟螭争于水府,崖壁一坼(裂开),性命齐捐。噫嘻,可不畏哉。大抵佳石之得,良有命焉,不可以人力强求"。

"听响声"也常在开采老坑时使用。老坑洞内漆黑一片,石工看不清前方,要投石探路,如果听到水声,就要折返,否则坠入深渊。

采石工作环境极为恶劣,坑洞中漆黑,伸手不见五指,故进洞采石者无不持灯。灯在洞中,气无所泄,油烟皆吸附人体,故采石出来,下身沾满黄泥,上身受烟煤所熏,"无不剥驳如鬼"。

石工在岩洞里作业吸入大量浓烟和石尘,长年累月,引发肺积尘,肺结核、气管炎等肺病症状。在医疗落后的年代,治疗困难,不少砚工在40岁、50岁就已亡故。

总而言之,在坑洞里采石是最为危险的石工随时都可能命丧黄泉。前人有诗云:"端州砚出端溪水,匠人入水伐山髓。蛇行匍伏含牙间,性命轻捐毫发比。"

(2)露天采石

斧柯山、北岭山砚石分布很广。有的可直接在山表上和岩壁上露天开采。露天开采的砚石其石质一般，不及坑洞中、特别是常年浸泡在水中的温润，但其开采容易，可采量大，多数用来制作批量产品。露天开采虽然没有洞内开采那么艰难危险，但技术要求也相当高，并有特别的采石习俗。

一种是在山体表层开采。其开采工序：

一是"敲当天"，又叫"起一"，是把山体表层的泥土和废石挖开，直到出现很厚而且结实的砚石层，然后下凿开采。

二是"插石"，也叫"插格"，是很重要的步骤。将砚石层上下厚约5～6厘米的"格"（烂石层）凿掉，然后把砚材开采出来。这一格由外往里分为三层，凿挖最外面的一层叫插牛屎砂、插鸭石屎。这一层由泥石组成，较易操作。第二层叫插黑碗仔，这一格的烂石黑色，较坚硬，操作较难。第三层叫插石肉。把黑碗仔这一层石凿开，就是砚石层，石工称为"石肉"，这一层的岩石，没有石格，比前面几格石都坚硬，要根据需要，一块块的采下来，难度最大，技术要求非常高。开采技法有顺插、逆插，也叫顺聂、逆聂等。

三是"开岩"。采下来的砚石，重达几十到三、四百斤不等，石工根据需要用凿子把砚石开成一片片。宋坑砚石一般用来制作销量较大的学生砚和趟池砚，开片的厚度约8～10厘米。

四是"埋璞"。为了减轻重量，便于运输，石工往往把开成片的砚石凿成方形、圆形和蛋形的砚璞。然后堆放起来，等家里人送粮食的时候挑回去，或雇请村里的人来挑石。

另一种是在岩壁表面开采。有的砚石出现在岩壁上，随着山体的走向呈一定的斜度，厚薄不一，长度各异，有的横跨整条山脉，有的仅仅有一小段结石。有经验的石工，凭着肉眼就可以分辨出砚石来。他们根据石层的结构使用两种开采方法：

一种是"截石"。如果砚石层储量多，石质好，把砚石层一段一段的凿出来，叫截石。

另一种是"印石"，岩壁上的砚材面积较大，但是石质特别好只有一段，就想方设法把这一块凿下来，岩壁上就留下一个方形的坑洞，就像在岩壁上盖一个印章。

9、运输

砚石开采下来后,就地凿砚璞围料,即用扁凿去掉烂石、石皮等废料,形成方形或圆形的"石璞",减轻重量,然后挑下山,运回村子。(图38)旧时斧柯山的砚石运输是肩挑背运和水运结合,大体分为两段路程。第一段是肩挑背运。从麻子坑、宣德岩、朝天岩等砚坑采出来的砚石都需背运。麻子坑洞口距山脚约600米,山坡陡峭,山道崎岖险峻,荆棘丛生,上下困难,体积较大的砚石,要用绳索捆绑拖下山。(图39)肩挑背运要沿着端溪走山路约1小时才至西江岸边。第二段是用木船载砚石逆流而上,经羚羊峡运回黄岗,或者从陆路返回黄岗。(图40)

北岭山的砚石搬运也是十分艰辛。北岭山海拔400米至500米以上,山坡陡峭,黄岗妇女到北岭山挑石料,要在天还没亮时,大约三四点钟就出门,顺便备上一些粮食带给山上的石工。她们一般是三五人一起去,好有个照应。步行约十几里路到了北岭山,再翻过山峰到山北面山腰的砚坑,放下粮食,装好石料,饭也不吃,就赶紧挑石越岭下山了。(图41)一般每人挑20对石料,重约几十斤。返回家里才吃饭,这时已经是下午两三

图38 堆积在洞口的砚石。石工把开采出来的砚石搬运到洞口堆放,然后就地凿去废石,围好砚形,减轻重量,准备肩挑背托下山

民俗考

图39　远眺麻子坑。麻子坑位于斧柯山的半山腰,海拔600米以上,山道崎岖,开采和搬运都极为艰难。远处似瀑布倾泻而下的是碎石

图40　后沥渡口。石工把砚石挑下山,然后乘小船横渡西江河面,在后沥上岸,再挑回黄岗

四　端砚的生产民俗

点钟,这一来回要八九个小时,又累又饿,苦不堪言。所以,旧时邻村的妇女多不愿意嫁给黄岗"凿石佬"。

有的石工也雇请村民搬运石料。雇人搬运一般按担计算。"担"是两个方口竹篮所装石料的计算单位,两块为一对,十对为一头,二十对为一担。如果石料较大,即4对为一担。民国时因为通货膨胀,钱币贬值,多用实物交换。如请妇女上山挑石,包吃一餐,挑一担石可换5升米。

二、采石的分配形式

采石一般是群体的劳动,所得砚石的分配形式有两种,一是一起上山,各自开采,砚石归个人所有。二是不论技术水平高低,所采石材均分。为公平起见,以抽签形式分配。例如三人采石,砚石分为三堆,每堆编1、2、3号,然后由一人拿一根茅草分为三段,长短不一,按长短分为1、2、3的顺序,抽完后对号取石。

老坑、麻子坑等名坑,开采难度极大,所需劳动力最多,就根据砚坑状况分工组合。仅汲水工就有几十人至200多人。故多是集资合股雇人开采。雇工的酬劳和人数视开采的难度而异,酬劳有两种方式:

一是以日计酬。"工之价,日率百文,食日一升。先入洞,运水出之。

图41 挑石的妇女。体积较大的砚石要用绳子捆绑拖下山

图42　清代砚坑采石图。郭穗华绘

水涸，乃采石。麻子坑涸水不过三五日，故开采工费十余金即足。老坑须一月，昼夜轮班而作，须役二百余人，故涸水之费以需千金。若采石两三月，则费又倍之矣。"①

二是以石抵工。官绅开采往往要花费大量资金，一般用砚石抵工钱。"所采之石，每日以朱别之，聚于一所，而严守之。所得之石不分美恶，皆以日计，主工者得七日，工人得三日。"②

石工在每天采出来的砚石上用红色做好记号，完工之后进行分配。老板占多份，工人占少份。

开采水坑，集资合股人分配砚石的方式主要是按出资数目分配。肇庆知府广玉于嘉庆元年立开坑石刻云："凡日用匠百人，用工万七千有奇。

四　端砚的生产民俗

---

① 清李兆洛《端溪砚坑记》。

② 清李兆洛《端溪砚坑记》。

匠日给钱人百二十,变从前以石抵工例者,爱石也。其费合同僚酿金成之,其石依入金之数均分焉。"另外还设有匠人津贴、匠头津贴等。(图42)

三、采石技艺的传授

采石是石工赖以谋生的基本技能,历来都是"技不外传",往往是在父子、兄弟、叔侄等亲属关系中传授。但也有的村民经熟人介绍拜师学艺。学徒首先在师傅指点下掌握各种工具的打制技术和使用技能。初学的石工用锤时,手不定,造成锤面四周残损。有经验的师傅用锤,用力点集中,锤面只有中间凹下去,有手指头那么大,呈鸡屁股的形状。这样用锤,就是磨损严重了还可以修补后再用。以前行内的人,一看石工的锤就知道他的"工行"(手艺)怎样了。徒弟还要守一规矩,就是不能拿错师傅的工具,也不能借用别人的工具。因为每个人用锤的手势不同,例如用锤打凿子时,有的用"前抽"(即锤前部位),有的用"后抽"(即锤的后部位),铁锤用多的部位会向下凹,这样使用别人的锤会感觉不顺手。

徒弟要帮忙作些杂活,如挑工具、食粮等上山,砍树搭棚,煮饭做菜。跟着师傅学会拜栏门、土地神的习俗仪式,谨记一些禁忌。采石时负责清理坑道里的碎石,把采下来的砚石搬出洞口。徒弟的粮食自带,做杂活没有报酬。熟练后,在协助师傅采石之余也可以自己采石。学徒自己摘多少石都归自己,摘得好能减轻石料重量,方便搬运,摘不好时师傅帮忙改一改,砚璞形状也会好些。这些石料运回家归学徒自己用来制砚,然后售卖出兑换米钱。学徒一般要一年时间学会"插石"、"截石"、"印石"技术,以后就可出师独立采石。

四、采石禁忌

斧柯山、北岭山崖壁陡峭,且时有猛兽出没,气候变化无常。石工面对这种环境,产生恐惧心理,为了躲避大自然的灾难,随之产生了种种禁忌。

1、岁时禁忌 每年的阴历七月十四(俗称鬼仔节),所有砚工都要回家,不能留在山上过夜。他们认为这一天是鬼节,孤魂野鬼在山上出没,土地爷也管不了,所以在临走前要派人带来鱼肉让鬼们饱吃一餐,烧元宝、点燃香烛才下山回家。据采石老人说,旧时有一个人,胆子大,自己留在山上过夜,第二天在山谷里找到他的尸体。还有一人七月十四日在山上被老虎吃掉,人们后来在一棵树边发现他的一只手臂,可能是老虎拖他,是那人死抱住树干,后来尸身被吃,仅留手臂,自此再没人敢犯忌了。

2、**语言禁忌** 民间对语言的魔力历来深信不疑,在山上采石遇到刮风下雨天气时,周围发出的怪异声音不要学。在岩洞采石时不能提起采石先人的名字,否则会"扰醒"死人,坑洞就会发生古怪的事情,人就会遭殃。

3、**生产禁忌** 采石工具不能随便敲,在山上拜祭神灵的蜡烛禁忌拆去烛脚,认为在岩洞里采石要留脚支撑岩顶,保证安全,如果拆去蜡烛脚那就是暗示岩洞倒塌。

旧时上山采石要拜神灵。俗信开山采石如果不拜拜神灵就会招灾惹祸。祭品比较简单,用猪肉、干果等,称"神福"。祭祀结束之后才可以动工。在采石期间不能大声说话,否则容易出事故。开饭的时候,忌收碗倒扣,认为这是岩洞坍塌的征兆。对工具的使用也有禁忌。每次使用后都要收拾好,以示珍重。同时忌别人翻动使用。

4、**性别禁忌** 砚工去采石的路上,如果碰见妇女洗头或披头散发就不能去了。认为这是碰见厉鬼的预兆,立即返回家去。

5、**日常生活的禁忌** 如石工去采石的路上,一旦撞见"白事"(丧事)就会马上回头,不能上山。认为这些都是不祥的兆头。

(二)制砚习俗

黄岗砚工把制砚称为"做墨砚"。多数砚工是自己采石、制砚,并兼做各种砚石工艺品,哪样销量好,就做哪样。据笔者对黄岗白石、宾日、泰宁、阜通、东禺等村采石制砚老人的采访调查,新中国成立前制砚村民以现在的白石村、宾日村为主,东禺、泰宁等坊有零星生产。1950年白石村惠福、应日两坊采石制砚艺人约160人。

端砚传统产品分为两大类,即大路货和雕花砚。大路货是指实用的、社会需求量大的产品,主要有大方、斗方、趟池、单打、走水砚等,这类产品是表面没有纹饰的素砚,砚工统称为"光身砚"。以羚山白线岩的红石、二格青和以羚山侧的黑底石、粉石和铁窟岩、蛇头等山石为原料。雕花砚,也称为"杂样",是在"光身砚"上雕刻纹饰的端砚。古时一般是在砚的上方即砚额位置雕花,所以叫"池头雕花"。所雕刻花纹有瓜果、梅雀、云龙和夔龙、螭龙、回纹等。随形砚造型多样,有佛手、灵芝、瓜果、荷花等等,主要原料是老坑、麻子坑、坑仔岩等名坑石材。

古时候大多数作坊以生产大路货为主,生产雕花砚的为少数。这种现象一方面是砚工技艺水平的原因,因为砚雕技艺是世代家传,只有少数家族成员得以传承。另一方面是经济条件方面的原因,因为制砚的村民大多没有田地,靠制砚以维持生计。由于雕刻工具落后,制砚所需的时间较长,制作一方砚台少需几天,多则十天半月。如果经济条件不好,没有资金购买砚石囤积,只能过"朝种树,晚界板"的生活,做好一方砚卖掉后,才能养家糊口。所以,雕花砚要经济条件较好的村民才能生产。

端砚的生产是以家庭为单位的"一条龙"模式,从采石、围料、光身、雕花、打磨等工序一个家庭甚至一人就可以完成。但是,由于制砚是技术性很强的手工劳动,工序较为复杂,所耗费工时较长,所以,一般要家庭成员,如父子、兄弟之间分工合作。到了明清时期,随着生产规模的扩大,砚工可以在生产中积累经验,提高技艺水平,促使端砚技艺的专门化。有的村民只要掌握其中的一门技艺就可以生存,甚至成为行业的师傅。同时促使家庭作坊方式的转变,出现"前店后厂"式的生产模式,并出现了端砚店铺,有的砚工当老板,雇工生产,行业分工日趋细化。

1、制砚工序

制砚有十几道工序,主要有:

锯 石 这是制砚的第一道工序,由一人或两人完成。砚石开采下来许多是不规则的形状,要去掉表面才能分辨石质的好坏。或者石料体积较大时，就要把它锯开，这个工序叫"开料"。砚工所用的铁锯是经过改造的无齿锯，有长短锯之分，长锯约80厘米，短锯约60厘米，厚度均为0.1厘米。锯石时，要在砚石的四周堆上河沙，浇水填实，使之固定。然后先用尖凿在砚石需要下锯的位置凿一条浅槽，作为锯痕，由两人对拉锯石，边锯边在锯路上注入细沙和水，增加摩擦力，提高效率。如果是锯方形砚璞，一次可锯5~8块。短锯主要锯"对璞"石用，可1人独自操作。为使拉锯的力度平衡，一般要在锯的尾端捆坠一块砚石增加锯子的重量。锯石一般由家庭妇女和学徒操作。(图43)

围　璞　又称围料、整璞、凿璞，是根据石料的形状，设计砚台的形制和尺寸。有经验的砚工能物尽其用，否则会浪费石材，所以这个关键步骤一般由师傅亲自完成。围璞时，首先是"凿大坯"，用铁锤敲击尖凿，凿去石璞大面积的边角料和废石。其次是"搜石"，用水泼在石料上，看清砚石的纹理走向和预测到表层看不到的石品花纹，用凿子将有瑕疵、裂痕的，或烂石、石皮、顶板、底板去掉，留下"石肉"。"搜石"时，使用铁锤的方法和"凿大坯"的用锤不同，是用铁锤的方形木把来打击方口凿，平整石璞表

图43　白石村家庭砚坊(叶伟华 摄)

面,凿去小面积的废石。用铁锤木把直接敲击凿子的撞击力稍小,便于控制力度,不会出现"跳凿"而使石料崩裂的现象。

围璞的关键要"按石出形",砚工根据石璞的形状设计,首先是方形、长方形(又叫日字形)、圆形,这叫"正璞",其次是杂形、随形。用毛笔描画出砚形,把砚石中石质最好和石品最丰富的地方留作墨堂。同时还要注意分辨砚石的纹理,砚石的结构有顺纹和横纹两面,其中顺纹的一面光滑如镜,不发墨,叫"赖面石",不能制砚,这要靠砚工的经验来辨别。古时的砚台以实用为主,石眼、金银线等石品因有碍研墨一般不留在墨堂。(图44、45)

磨璞 围好砚璞后,要进行正面、背面和四边磨平。磨璞所用的材料是河沙和石质较粗的岩石。把砚璞平放在砚工称为鞋石的粗岩石上或者撒有河沙的地上,然后推磨。磨璞时要讲究力度的均匀,不能时快时慢,并要不时检查校正。校正关键是直角和砚背的平整度。校正直角所用的工具叫"勾凿",长30~60厘米,凿尖弯成直角。校正方形砚璞时用凿尖勾住砚角,检查对角线是否一致。校正砚背,一般把砚璞平放在桌面上,如果吻合而无声响即可。砚背是否平整会直接影响到研墨的效果。

图44　围璞

图45　搜石

图46　磨璞

磨璞看似简单,但很讲究经验和耐性,一般学徒磨璞总是要师父帮忙校正,否则很难达到要求。磨璞时有一个关键是要蹲着磨,这样便于用力并保持力度的平衡,没经验的学徒往往不得其法,一方砚璞磨得腰酸腿疼。(图46)

光　身　把砚璞的表面修整平滑,并开墨池,即制成没有纹饰的素面砚。

光身砚质量的要求很高,如造型方正、比例合适、线条流畅、刀路光滑等。特别是斗方、趟池等传统砚一定要规规矩矩。例如生产一批斗方砚,上盖要求平直、折角利落,上盖四个方向盖都合适,好手可以做到一个盖适合放在这批砚的任何砚上。检验斗方砚的盖和砚的吻合度,往往以湿水后砚盖和砚相吸,提起盖子,砚身也不会掉下来。

制作光身砚工艺要求非常高,是检验砚工水平高低的主要标准。不少砚工凭着"光身"技艺就可以在行业内谋生。做光身还有许多规矩,如不能坐凳子,不能穿鞋子,也不能把砚放在台面上做。其原因是做光身主要是凿墨池,修整砚边,需要的力量较大,如果在台面上下凿,砚石就难以固定，经常移位，影响工效，而且发出的响声较大。砚工把制光身砚的位置固定在光线最好的门口位置，屋里的黄泥地面下埋着一条40×10×3厘米的硬木，紧靠木条并排平铺六块青砖，木条高于砖面约2厘米，以略低于规格砚台的高度为宜。刻制的时候，将砚璞置于青砖上，顶住木条，砚尾端用20×6×3厘米的半圆杉木垫起，砚工席地而坐，用一只脚的大拇指紧扣住砚尾边，整个人的身体尽量弯曲，用力把砚石顶在木条上，使之固定方能抢锤下凿，这个姿势弯腰屈膝像猫的动作一样，所以砚工把做光身形象地称为"猫门落"。做光身的位置是砚工施展技艺，最见功力的地方，所以叫做"功夫位"。(图47)

　　雕　花　有池头雕花、池底雕花、三边雕花等。雕花的技艺要求最高，古时都是砚工一人完成，一般不会假手与人，甚至要关起门来雕刻。如有外人来访，砚工马上会不动声色地把正在雕刻的砚台翻过来，以防别人偷师。

　　端砚雕刻常用的刀法有：斜刀和企刀。两种刀法结合运用一企一斜就可以分出高低和阴线、阳线，下刀要干净利落，线条犀利，不能有顿挫，

图47　功夫位

力求流畅,这样的线条叫"起锋",够挺拔,有力度。刻刀的把握不能晃动,力度要均匀,否则线条出现跳刀,线条就会粗糙、不流畅。砚工说,看刀锋就知道砚工水平的高低。刻阴阳线使用的工具有圆口

图48　雕花砚工

凿和方口凿,刻制时只能由下往上推,也叫"冲刀",刻横线也要调转砚台变为竖线来刻,这样便于用力和控制线条的平直。直线还有两种:一是阳刻线,砚工称为"扑竹形",用方口凿雕刻;一是阴刻线,砚工称为"旱形",用圆口凿雕刻。刻弧线从右上角开始向上并向左下方移动,如果要刻圆形,则继续循环刻一圈,运刀不是一刀不停往下刻,而是提刀连续刻,这样一刀、一刀不断地移动前进,就可以刻出一个圆形来。如果要刻出一片梅花瓣,运刀的方法如刻圆线,使用圆口凿雕刻,砚工称为"兜圆口"。

　　雕刻的步骤一般从里往外,先粗后细,逐步完成。首先是"起线",即根据描刻的图案刻出深浅的线条,接着用方口凿开墨堂、开砚池,然后交替使用各种规格的圆口凿、尖口凿和方口凿雕花。

　　雕花所用的技法有线刻、浅浮雕、深浮雕和镂空雕。砚工在制作过程中对各个砚坑石材的石质、纹理、硬度等进行比较,根据石材的特性因材施艺。例如他们总结出来老坑砚石属于页状结构,石质较软(硬度低),不宜精雕细刻和高浮雕刻制,而麻子坑石质坚韧,适宜精工刻制。北岭宋坑石没有横竖纹之分,选材限制少,适宜制作各种形制图案和使用多样雕刻

四　端砚的生产民俗

技法。(图48、49)

　　打　磨　古代砚工制好砚后用西江河边沙滩(秒为河坦)下层的黄沙泥和滑石一起磨砚。黄沙泥比河沙更细并带泥土,会令砚更滑润,手感更好。滑石多数是用羚山鱼坑石,它质地细滑,是打磨的上好材料。

　　打磨时,用粗细不等的天然滑石蘸水带砂打磨。先用粗滑石磨去凿口、刀痕,再用细滑石反复磨滑砚台的各个部位,最后还要用本砚碎石蘸水细磨,打磨越细滑越好,直至把极其细微的磨痕(砚工称为"沙核")都磨去,使砚台手感光滑为止。打磨细滑的砚台不损毫,而且发墨。(图50)

　　浆　墨　打磨好的砚台一般要"浸墨润石",砚工称为染墨。就是用浓淡适宜的墨在砚台上涂均匀,然后阴干,过一两天后退墨处理。这样可以养砚,给人一种滋润古朴的感觉。

　　退　墨　用细幼的炭末,仔细打磨,使砚台表面的墨退去,其目的是使砚台的颜色均匀、手感润滑,使用的效果更好。

图49　肇庆市博物馆"砚都瑰宝"陈列馆内的端砚作坊场景

图50　打磨

上　蜡　为了保护端砚和观赏之用，端砚退墨风干后，用坚炭生炉火，炉顶放铁篱，然后把砚台放在上面，慢火加温，同时要不断翻动砚台使之受热均匀，砚工拿着蜡在砚台上一擦，如果蜡一下熔化了，就表示砚台温度适合。然后把砚台拿下来，涂上蜜蜡，用布或刷子把蜡擦匀。如果砚台大于十二寸，就要用沸水加热上蜡。因为砚台面积过大和过厚用炭火加热会受热不均，时间过长甚至会使砚台爆裂，所以上蜡时要选择适当的方法。

退　蜡　制砚的最后工序。上蜡的砚台冷却后，用木炭粉将砚堂的蜡擦去。退蜡的木炭用杉木炭研磨成粉末，然后用禾草捆扎成圆扫沾上水和炭末在砚面、砚底慢慢地打磨，几分钟就会把蜡渍退去。退蜡后的砚堂可以使砚石的花纹显现，有"浸水观之"的观赏效果，并易发墨。一般雕花之处和砚台侧面不需退蜡。

2、制砚工具

制砚工具分为围璞工具、光身工具和雕花工具。

围璞工具　有铁锤和凿子。铁锤为4×5厘米的长方形铁块，高约5厘米，重1～2斤，形似"日"字，故称"日字锤"。锤把用硬木（多用斧柯山的黄牛木）制成，长25～30厘米，接锤头的一段长约8厘米为方形，后一段为方便抓握而逐渐修为圆形或蛋形，直径约3厘米。凿子是0.8～1厘米的钢枝制成，有方口凿和尖口凿二种。

光身工具　所用铁锤与围璞的铁锤相同。凿子叫做"光身凿"，有方口凿、圆口凿、勾线凿、铲凿(鲤鱼肚)等四种。因为光身砚的制作多是在地面完成，又叫"落地凿"。

雕花工具　使用的锤是木锤，砚工叫"踢(凸)拍"。一般用斧柯山的石斑木、水杨梅木或酸枝木制作，这些木材硬度适中，坚韧耐用。木锤有方头圆把和整条方形二种。方头主要用于雕刻图案，规格为3×5厘米长方形，柄长约25～30厘米，用木锤的一头敲击铁凿，优点是震动小。雕花所使用锤子十分讲究，根据所刻图案的粗细运用锤子的不同部位，产生不同的雕刻效果。如开墨池或大面积深雕要凿掉多余的石料，就用铁锤直接打击凿子，金属的撞击冲力较大，能使石块大面积崩落，提高效率。但是要去掉小面积石块时，使用的是铁锤的木柄，这样能减缓凿子的冲击力，便于控制。(图51)

雕花所用的凿子叫"雕花凿"，大致和光身工具一样，有方口凿、圆口凿、勾线凿和铲凿(鲤鱼肚)，但是规格比光身工具更多、更小。"雕花凿"主要用于雕刻和精细处理之用，用0.4～0.6厘米的圆钢制成，杆长18～22厘米左右。

凿子规格多样，大大小小，常备的要20~30支。砚工对工具的使用很讲究，每次收工后，要把锤和凿子等工具整齐地放在一个木制的箱子里，如果砚工偷懒不放好工具，肯定会招来师傅的训诲。这样的要求一是防

图51　砚工使用的雕刻工具

止锋利的凿子乱放会伤人，二是养成爱护工具的好习惯。制砚工具每隔几天就要"近水"修整一次，有时也在村道的粗石上打磨。（图52）

凿子的使用还要借助一种特殊的辅助工具——"凿卡"，就是卡紧凿子的工具，又叫"抓"。用酸枝、坤甸等硬木制作，长方形，长6厘米，边宽1.5×1.5厘米，两侧各钻有大小不等的孔，使用时把凿穿入孔中，抓握在手中能稳稳地握住凿子，保持雕刻时便于用力和增加稳定性。（图53）

雕花时还要借助的工具叫做"功夫台"，有三脚功夫台和四脚功夫台两种。三脚功夫台高约20～25厘米，用硬杂木制成，面板厚6厘米，台面

图52　村道上的磨凿石

图53　凿卡

35×40厘米，三条脚用4×5厘米木方制成，向外斜10～15度。古时，一般砚工家庭地面是不平的泥地，加上制砚时地上留下许多石碎，只有用三脚才能放平稳，砚工蹲着或席地而坐刻砚。（图54）

四脚功夫台高60~70厘米，面板厚3厘米，边宽50×60厘米，三边有

端砚

民俗考

图54 三脚功夫台

档,防止工具振动时掉下台,面板下有抽屉,用于装刻砚时的碎石、粉尘等,也可放工具,砚工坐在40厘米高的椅上刻砚。

3、技艺传授

端砚雕刻技艺是砚工谋生的手段,为了防止泄密,有"技不外传","传男不传女"俗例,除了父传子、叔传侄、兄传弟外,有的可以传艺给邻近村民。但要得到行内人的认可,并举行拜师仪式才能当学徒。村民拜师学艺要经行内砚工介绍,师傅同意后,一般先挑一担谷或米给师傅,经过谈话,对其人品等进行初步观察,如果师傅表示允许后,就可以择日拜师。拜师仪式订在每年阴历四月初八"五丁先师宝诞"举行。拜师入行后,师傅就会把一两本砚谱和画谱送给徒弟,作为见面礼。学徒学艺都是靠师傅口传身授,要经过一定的程序和年限,古时学徒学艺一般需3年时间才能出师。

第一年,打杂、学打凿和磨璞。学徒到师傅家里要帮忙做家务杂活,搬运石料、锯石。师傅每天磨凿子时,学徒要在旁边掌握锻打制砚用具和使用工具的办法和技巧。然后开始学"摘砚形"。师傅指导凿出砚的形状。然后要在一块平正的较粗糙的坑石上磨平整,称为"磨璞"。学徒初次上手往往会由于用力不均,时重时轻,磨出来的石边和面会呈弧形(砚工称为鲤鱼肚)。师傅对磨璞的要求非常严格,随时给予指导或帮助。砚面、底要平整,四角成正角,砚壁要垂直。石璞初磨要在磨砚石前后推拉,墨池圆形,墨池四边起线,要求线条平直,流畅。在平时,师傅还要言传身教,指点徒弟练基本功,直到掌握工具制作、使用及各个工序的技法。

第二年,作光身。入门功夫是制正方形的斗方砚。斗方砚分两部分,砚台上有顶盖,俗称"挺",制作难度最大,要与砚大小合适,上下接合不能过紧,左右前后恰到好处,接缝不能留有空隙。制作斗方砚是砚工必需的基本功。这个过程要1年左右时间,过了师傅的这一关,也就可以制作单打、趟池等规矩形的光身砚了。

有的学徒所制的光身砚很难达到客户的要求,往往价格较为便宜。店主也乐意收购,对所收购的一些有问题的成品砚进行修改,往往是线条不直挺,砚底不平,刻工粗糙等稍作修整。所以,专门雇请砚工负责改砚。砚底要平整,以放在桌面上,用手推压无声响为标准。图案的刀痕要铲平打磨光滑,看不到刀路为好,行话称"执清"。

第三年,学雕花。比较简单的一种是在光身的砚额上雕刻花纹图案,叫"池头雕花"。由师傅画图样,或者交给一两张家传砚谱,让学徒依样雕刻。然后开始学简单的雕花,常见有云龙、梅雀、荷叶等。古时技艺要求非常严格,出师要"四吟齐",即会雕刻山水、人物、花鸟、龙凤四种纹饰。经过三年学徒基本上可以独当一面,但还要在师傅指导下再做一年,这叫"傍师傅",使学徒技艺更加娴熟,才不会丢师傅面子。这时徒弟可以自己制作砚台到墟市销售,有时也要抽空帮师傅干些零碎活。所以学徒真正出师要四年时间。

(三)配套行业的生产习俗

端砚配套行业必不可少的是配砚匣,或称砚盒。俗语说"好马配好鞍",古人云:"砚无床,不称王。"其意是说一方佳砚雕刻完毕,必须配上好砚匣。砚匣与砚的造型和谐统一,成为一个不可分割的整体。砚匣的用料很讲究。

1、砚匣的材质

砚匣材料主要有木匣、漆匣、纸匣、锦匣、石匣、金属匣等。古人认为"石乃金之所出,子盗母气反耗燥石。况金坚石嫩,易致擦伤。"[1]所以,传统砚匣不用五金制作,而常用木匣。以紫檀、鸡丝、红木、花梨、金丝楠木、豆瓣楠木为上,一般的有用坤甸和龙眼木、仁面木等杂木。木匣优点是硬度适宜,耐潮湿,能起到对砚的长期保护作用,且更显珍贵、古朴、典雅、凝重、大方得体。

砚匣须依砚的外形制作,或方或圆或随形刻制。砚匣的雕刻不可繁杂,杂则喧宾夺主,砚匣的子口要吻合严密,启盖灵活,使用方便。同时要考虑到干湿度,为防止整体收缩,砚匣本身要稍比砚四周宽些,以便于取出洗涤。砚匣之内壁涂有漆数层,防止墨汁水分的蒸濡,使砚匣胀裂。另外,砚匣应经常打蜡,以保持光泽,防止潮气侵入。在砚匣之外再套一只锦套,就显得格外贵重。

2、砚匣的形制

砚匣主要的形制有底托式,底托加盖式和封闭式三种。

底托式 此类形制多用于大型砚,砚下只有一只木雕的底托,将砚置于底托之上即可,没有盖子。

底托加盖式 俗称天地盖。此类形制多用于厚重的砚,如抄手砚等。匣由底托和上盖两部分组成,底托较上盖来得结实,使砚的四侧外露。其特点是启盖灵活,使用方便。

封闭式 即全盖式。不论是规则形砚或不规则的随形砚,多有用此形制的。其方法是以砚定形,以形定匣。匣分上盖和下底两部分,底与盖的接触处均有牙口,使之封闭严密。

3、砚匣的制作

砚匣的制作方法分整块木板剜出和拼镶二种。整料剜出的气派大,

---

[1]　清李兆洛《端溪砚坑记》。

用料费,木料易撬裂变形;拼镶的做工精巧细腻,但易脱胶散架。因此一般来说随形砚的砚匣以整料剜的为多,而四方、长方形的砚匣则普遍采用拼镶方法。随形砚的砚匣,依砚的外形相应制成,如瓜砚可制瓜形,蝉砚可制蝉形。匣外的雕刻不可太复杂,否则喧宾夺主,累赘庸俗。匣底出四脚。随形和几何形的砚匣都不可有棱角出现,拐角转折的地方要圆浑自然,手感舒适。优质的木材制成砚匣,其内壁也用推光漆,以防匣内水气涨裂砚匣。

砚匣的制作主要工序如下:

1、**选材**　根据砚石石质或个人喜好选择木材,一般是好石配好盒,高档的木材有檀木、花梨木、酸枝木等。

2、**维料**　根据砚台的厚度和形状,开底座料,一般有长方形、正方形、蛋形和随形。木料的厚度一般比砚台多3～5厘米。然后开盖料,也叫背料。一般要比底座厚,叫"薄底厚背",在视觉上更美观。(图55)

图55　制盒木匠

3、画模　也叫勾砚形。把砚台放于木料上,用笔勾出砚的外形,要求线条紧贴砚池,如果砚侧内斜,则以底边线为主,这样才能保证砚台底部的形状准确。

4、开氹　用圆口、方口凿依砚形铲凹池,砚匣的内部深度也要有适当的比例。如底托内深为砚高的三分之一较为适宜。这一高度比例的优点是取砚开启方便,利于砚的使用、观赏、洗涤。若砚陷进匣内过深,只露其表,不仅取砚脱匣不便,而且掩盖了砚的整体艺术效果。同时砚匣的子口要吻合严密,不可高低不平,左右上下翘动。

5、刮内笼　使用的工具为刮刀,长的叫"we",约60~70厘米,方木中间挖孔装有刮刀。刮刀可活动。根据木池深度调整至刮刀刃紧贴池面,然后来回刮平池底,接着用钢片刮刀刮池底,叫"过滑"。

6、落石氹　把砚台放入凹池中,检验木池四周空隙大小是否合适,一般留0.2厘米空隙为宜,以防止砚匣收缩夹住砚台不便提取。

此外,还有打齿口、凿顶盖、做底瓜(将砚匣的底部内侧凿成与砚的外形相应的浅池状,不可成平板状,称为"起底瓜"。"起底瓜"不但使砚匣增添灵秀俊俏的艺术效果,而且其弧形拱状的力学结构可使砚匣坚实牢固)、出脚[砚匣的底部饰有奶捻(乳钉)脚、豹子脚、一字脚、七字脚。砚匣出脚的高度须适当,以便于砚的挪动为宜]、侧盖顶、打漆、抛光、打沙等工序。

据黄岗老人回忆,旧时黄岗及邻村制作砚匣的艺人有10多名,如东禺梁波、梁贵坚,蓝塘周全、周三,东岗赵树伟,岗头村的梁桂玲,沙湖村的苏松,沙寮村的钟二泉等。砚工所制的规格砚都是不配砚匣的,由收购点统一制作。如果客户要求或者是名坑好石,砚工多会配砚匣然后出售。(图56、57)

图56　各式砚盒

图57　玉铨斋制作的酸枝木"大西洞研"砚匣

五　端砚业的信仰民俗

　　信仰民俗是在民众中自发产生的一套神灵崇拜观念、行为习惯和相应的仪式制度。端砚业的信仰民俗在黄岗各种民俗事象中显得十分突出，主要有自然崇拜和祖师崇拜两大类。

（一）自然崇拜

　　黄岗砚工自古以来以石为业，以砚为田，认为砚石是集聚天地精华的神物，是大自然的恩赐，是他们赖以生存的资源。但是砚石原料深藏于高山峡谷，开采极为艰难，存在着不可预知的偶然性，这种偶然性也被赋予土地神灵的指点暗示。同时石工在严酷的生存抗争中，对大自然的许多现象无法解释，产生敬畏心理，认为有一种力量主宰着世间万物，遇到不祥的事，特别是坑洞塌方，造成人员伤亡更是被人们归结为触犯神灵的报应。在无助的情况下，多将生存的希望寄托于神灵的庇佑，成为石工寻求精神解脱的一种方式。

　　祭拜神灵习俗见于宋代苏易简《文房四谱·砚谱》："斧柯山，即观棋之所也，昔人采石为砚，必祭以中牢，不尔，则雷霆勃兴，失石所在。"

　　古人认为端砚砚坑有怪物或鬼神在守护，不轻易让人们采挖这些宝物。历代文人墨客多信有其事，并大加渲染，使砚坑采石更蒙上一层神秘的面纱。清代吴绳年《端溪砚志》引佟雅庆《复汗漫吟》诗注云："水坑中分三洞……正洞北沦深渊,怪物藏焉。水深不可引。"清代黄钦阿《端溪砚史汇参》记载老坑"时有鬼神"。又云:"此岩自宋治平四年重开,即内官与众工压毙岩中者也。至入洞者,闻鬼啸掷砾,凄凛,鬼魅之为害,或亦山灵不欲尽泄宝藏于人间也。"

《端溪砚史》卷三记载了一件发生在老坑的怪异之事。乾隆四十五年,"孙廉使春岩公监司肇罗道,开采西洞,方涓吉启穴,雷雨暴作,穴中烟雾蒸腾,工不得入。乃为文祭告山灵。越三日始息"。十二月汲水完毕,开始采石。次年三月的一天,"忽有虎来攫食犬豕,日夕守卧,驱之不去,似有呵护状"。这时洞中春泉涌发,石工不能采石,只好停止作业。所以人们认为这是山川之宝,有神灵守护,不能轻易获得。他们相信只有敬重神灵,靠神灵的保佑,才能采石顺利,出入平安。

至今流传的许多关于砚坑鬼魂的灵异之事更令石工对鬼神敬畏有加。采石的时候若提起死去石工的名字,夜里就会有许多古怪的事情发生,空无一人的岩洞里会传出凿岩、搬石声,令人毛骨悚然。石工的"家私"(采石工具)放在一个地方,转眼间就不见了,怎么也找不着,第二天却在原地或附近发现这些工具,一件不少。笔者在黄岗调查期间听到许多老石工说,这样的怪事他们许多人都有亲身经历。

石工们所祭拜的主要有以下几种神祇:"砚坑神"、"岩口(洞口)神"、"栏门神"等。

1、砚坑神

古时砚石开采极为艰难和危险,时有伤亡事故发生。

据记载,坑仔岩自宋代治平年间开坑采石以来,曾发生多起坑洞崩塌事故。清代屈大均《广东新语》云:"此岩自宋治平四年重开,有内官魏封勒名其上。封当与江西石匠数十人,被岩裂压死洞中,今岩口有魏太监坟,葬其客魂而已,石匠常为怪,呼叫掷砾以吓人。"

石工认为坑洞崩塌是触犯了土地神灵所致,所以每次进洞前,均要祭拜砚坑土地神,祈求神灵保佑出入平安,开采顺利。

五　端砚业的信仰民俗

端砚

民俗考

图58 "砚坑土地之神"石碑。（刘演良先生提供照片）为了寻找该碑的下落，作者于2006年秋，请白石村民梁焕明当向导，登上坑仔岩，但遍寻而未见踪迹，何时被毁或遗失不得而知

石工把守护砚坑的神称为"砚坑神"或"砚坑土地神"。古时斧柯山坑仔岩（上岩）附近建有土地祠。洞口之侧立有一块石碑，上书："□坑土地之神。"据刘演良先生推测，空缺之处，应是"砚"字，即碑文为"砚坑土地之神"。（图58）

石工认为老坑开采时间长，开采最艰险，守护之神应为土地神中的主管，被崇为"土地大王"。现老坑旧洞口右上方的岩壁上有一处石刻，楷书，竖写，共三行："爱石供牲祀土地大王开坑见砚端。"落款为："清己巳春都尉吴联立。"（图59）据史料记载，吴联于清代康熙年间任肇庆协副将。此石刻是官府祭祀神灵的物证。

旧时老坑右侧建有砚坑庙，在清代《端溪砚史》所绘的砚坑图中有记

图59　老坑旧洞口上方的石刻

端硯

民俗考

图60 《端溪砚史》羚羊峡图所示的砚坑庙

图61 《天津艺术博物馆藏砚谱》中有一幅清代《端溪砚坑图砚》,砚背刻有砚坑庙

载,清代传世端砚"端溪砚坑图"中也有标记。该庙在新中国成立前已毁。(图60、61)

2、岩口神(洞口之神)

古代采石的坑洞狭窄,洞深几十甚至上百米,洞内漆黑一片,伸手不见五指,空气混浊,进了洞口就等于一只脚已踏入了"鬼门关",稍有不慎就会"魂归地府"。因此,石工每次进洞前都要诚惶诚恐,先上香燃烛,在洞口拜神灵祭鬼魂,这个仪式叫做"拜岩口"。进入洞口时还要说:"唔该(请)谢一谢(让一让。粤语"谢埋"是请让一让的意思。谢是"谢埋"的缩略说法),我哋(我们)开工啦!"

砚坑有的几十年,有的上百年,甚至逾千年,石工相信洞内有些"唔鬼唔怪"的东西,是神是鬼他们也说不清,反正有"古怪"。要请这些"古怪"让开才能开工。石工认为"人神同一理",他们求的是在别人的地方采石挣钱养家,理应像对待人一样对待神灵,所谓:"礼下与人,有求于人。"礼多神不怪,这样才能出入平安。

今老坑洞口右侧尚留有石刻,镌刻年代不详。共三行竖字,阴刻,楷书。中间大字为"洞口之神",右侧为"一见能通晓",左侧为"举手活如龙"。石工认为拜祭神灵可得到神灵的暗示,能一眼就可以分辨出砚石的优劣,找到上好砚材,下凿开采得心应手。(图62)

图62 老坑洞口侧的"洞口之神"石刻

3、栏门神

石工在山上就地采用竹子、木头、树皮和茅草等搭建住所，叫做"搭蓬厂"。"蓬厂"离地面有一定距离，人住在上面，可以防止蛇虫和湿气，这就像南方古代的"干栏式"建筑。"蓬厂"的门用树木捆绑而成，称为"栏门"。石工入住前，在门口设坛祭拜门口的神灵——"栏门神"，称为"拜栏门"。先在栏门前摆好带来的肉类和果品等"神福"，点燃香烛，烧元宝，然后面对栏门跪拜叩头，祈求出入平安。平时可以不拜，但在特殊的日子，如农历初一、十五一定要祭拜。特别是农历七月十四"鬼仔节"（盂兰节）不仅要拜，而且拜后要马上下山，不能留在山上过夜，否则将有不测。民间传说这一天是孤魂野鬼出没的日子，石工要提前从家里带来较为丰盛的祭品，恭恭敬敬地拜别栏门神和山上其他鬼神，然后下山，次日方可上山。

4、山上诸神

石工相信"万物有灵"，山上既有砚坑土地神、岩口神，也有动物神、植物神等等，都要敬拜，不能遗漏冷落。吃饭一日两餐，每餐吃饭前都要举行拜祭仪式，但这种仪式较为简单。每餐饭前都要先盛一碗饭走到岩前空地，用筷子或饭勺挑饭向空中撒去，同时大声喊"大齐请众"、"呷（吃）饭啰!"然后才能开饭。"大齐请众!"意思是所有的山神鬼魅都一齐请了。

自然信仰在古时采石工匠心中占有很重要的位置，他们无法把握大自然的种种现象，把不可知的现象都归之为鬼神，"宁可信其有，不可信其无"。祖辈流传下来的灵异之事，在一代代人流传中变化，在石工的意识里形成了敬畏心理和敬拜行为。他们的神鬼观念根深蒂固，无需考证，无需介入理性的思考。

石工对自然的崇拜在很大程度上是一种理想化的幻想，随着科学技术的发展和文化知识水平的普遍提高，人们对自然神灵的崇拜的意识逐渐淡薄。但这些自然崇拜信仰对我们民俗文化的形成和发展，曾起过不可忽视的重要影响。

（二）祖师神崇拜

祖师神，又称祖师爷。《周礼·考工记》中说"知者创物，巧者述之，守之世谓之工。百工之事，皆圣人作也。"就是说，各行各业都有圣人为祖师。相传拜祭行业祖师始于春秋时代的孔子，宋元时期趋向繁荣，至明清两代，行业祖师信仰达到鼎盛，以至"三百六十行，无祖不立"。祖师爷们都是些很有名望的人，直接或间接地开创、扶持过本行业。有的是某种技艺的发明创造者；有的对行业的形成有过重大贡献；有的是某位历史名人，曾做过某种行业；有的甚至是某位神话传说人物。总之，这个神灵必须要得到本行业大多数人的崇拜。例如木匠以鲁班为祖师，戏班以唐明皇为祖师，理发匠以吕洞宾为祖师，泥塑、面塑行业奉女娲为祖师，酒、醋、酱坊奉杜康为祖师等。

我国制砚行业也有自己的祖师，他是谁呢？古人的说法并不一致。汉李尤在《砚铭》中说"书契既造，砚墨乃陈"，三国时的王粲也说砚出现在"爰初书契，以代结绳"，把砚的初制归为黄帝，所以宋苏易简《文房四谱》说：传黄帝得一玉，琢为墨海，是为帝鸿氏之砚。又伍缉之《从征记》说："夫子床前有石砚一枚，作甚古朴，盖夫子平生时物。"王三聘辑《古今事物考》说："一云子路作。"三国繁钦在《砚颂》中提出砚是鲁班与倕（黄帝时巧人）所初创。这样，黄帝、孔子、子路、鲁班、倕便是砚的始祖。

我国的许多地方出产砚台，民间对砚的祖师，各有自己的传说。如河南济源出产"盘砚"（天坛砚），说是盘古经十八万年在一个大鸡蛋里孕育成为巨人，他踢破蛋壳，开天辟地创造日月星辰与万物，将蛋壳埋在太行山下，化为砚石，就成了盘砚。因此盘古也就成了祖师。盛产洮砚的甘肃卓尼县洮砚乡，传说是一位喇嘛发现并制砚，所以产砚石的山叫喇嘛山，喇嘛也就成为洮砚的祖师。

端砚的祖师爷与众不同，他是神话传说中的五丁。

五　端砚业的信仰民俗

端硯

民俗考

图63 七星岩石刻。宋端平二年曾纯、景亮、赵崇垓唱和诗

1、五丁的由来

五丁是古蜀国"五丁开道，石牛粪金"的历史传说中的五个力士。传说战国时期，巴、蜀沃野千里，物产富饶，秦垂涎已久。但蜀道崎岖，征伐很不容易。后来，秦惠王采用大将司巴错的计策，诈言秦得天降石牛，夜能粪金，愿将石牛并美女献给蜀王。蜀王开明氏便派五位力士在大、小剑山、五丁峡一带峭壁处，日夜劈山破石凿险开路，入秦迎美女运石牛。自此险山打开，蜀道连通，秦国消除了伐蜀无路的障碍，就暗派大军长驱直入，蜀国没有防备，很快灭亡。后来五丁开辟的蜀道，被称作金牛道、石牛道或五丁道。

五丁的传说最早见于托名汉扬雄的《蜀王本纪》，北魏郦道元《水经注·沔水》引蜀汉来敏《本蜀论》、晋常璩《华阳国志·蜀志》、晋阚马因《十三州志》和明朝《蜀中名胜记》等皆有记载。

总之文献记载的"五丁"是先秦时代蜀国五个凿山开道的力士，是开山筑路英雄。

唐宋时期，咏五丁及相关遗迹的诗不胜枚举。肇庆地方官也赋诗咏五丁，并存有两处摩崖石刻，五丁的传说在肇庆流传很广。宋代肇庆通判赵崇垓、兴宁县令曾纯等于端平二年（1235）在七星岩的唱和题诗石刻：（图63）

> 斗宿垂精插碧空，
>
> 嵌岩太古石屏风。
>
> 自然一道玲珑穴，
>
> 谁见五丁开凿功。

元代肇庆路儒学教谕赵鼎在高要市莲塘镇神符岩的题诗石刻：(图64)

> 五丁劈破石岩岩，
>
> 拔起孤峰顿此间。
>
> 长作莲塘中砥柱，
>
> 远移蓬岛下尘寰。

崇祯十年又四月望日温陵郑芝龙游七星岩题：(图65)

> 偶缘开府抵崧台，
>
> 奇石清泉洒绿苔。
>
> 群玉山头迎佛相，
>
> 恍疑身已在蓬莱。
>
> 乳岩突兀五丁开，
>
> 直把星辰摘下来。
>
> 全粟庄严真色相，
>
> 肯惭能赋大夫才。

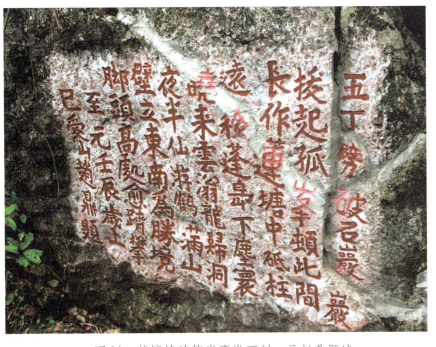

图64　莲塘镇神符岩摩崖石刻。元赵鼎题诗

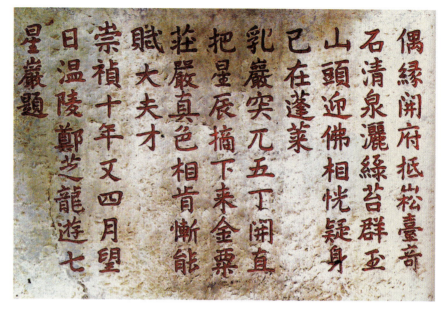

图65　七星岩石刻。明崇祯十年郑芝龙题诗

古代采石制砚行业的社会地位较为低下,石工们为了树立本行业形象,提高行业地位,就要"借神自重",选择一个与本行业有关人物来当祖师。他们认为采石制砚要凿石劈岩,其性质与传说中五丁凿岩开道相类似,而且五丁又是历史传说中赫赫有名的英雄,所以顺理成章把"五丁"奉为采石制砚业的祖师。于是石匠祖辈就有了拜五丁的习俗。

古时黄岗砚工家门楹联"先师凿破山成路,后辈琢磨砚作田"。采石制砚为一家,五丁祖师是采石制砚的共同祖师。

古时宾日坊杨氏祠堂供奉有两块神牌。神牌材质一块是宋坑砚石,(图66)长44.5厘米,宽21厘米,厚6厘米。牌额镌刻硕大龙头,龙眼为两颗青色的石眼,中间刻字被铲掉。据杨桂添老人回忆,牌上雕刻的文字是他"文革"时期为保护神牌而铲掉的,共13字:"敕封工部尚书伍丁先师之神位,"楷体阳文。另一块是斧柯东砚石,(图67)长37.2厘米,宽28.5厘米,厚2.6厘米。牌额及左右两侧镌刻龙形图案,中间刻字:"敕封太子太保伍丁先师神位,"共12字,楷体阳文。两块神牌经鉴定为明代遗物,现存于宾日村。

从两块神牌来看，五位开山力士已融合为姓伍名丁的一位神人，而且有了官职，被"皇帝""敕封"为工部尚书和太子太保。"工部尚书"代表管理手工百业。

"太子太保"可能是因为端砚是文房珍宝，其润可比德，具备完美品格，后来又被"封"为常侍御案之右的即墨侯，后遂称砚为即墨侯。

据惠福坊老人罗世良回忆，民国前伍丁神主牌供奉在营房的正厅，是用木制的。1946年，肇庆光复，惠日端砚行举办拜师节，惠福坊的砚工罗妹重新刻了一个神主牌。"文革"期间，罗妹的儿子罗明忠当时是下黄岗大队干部，他冒着风险，把这块神主牌从营房转移出来，埋在基围外的泥沙里，"文革"后才挖了出来，使这快珍贵的历史见证物得以完好保护。

惠福坊五丁神主牌为白线岩砚石所雕刻，高35厘米，宽16厘米，厚3厘米。牌额中间刻有火珠，左右两侧镌刻云龙图案，中间自左往右竖刻"九天开化文昌帝君　五丁力士先师神位"16字。碑座是用羚羊峡阿婆坑质地较为粗糙的岩石刻制。(图68)

惠福坊五丁神主牌与文昌帝君

图66　宾日村五丁祖师神牌，中间被铲掉的文字为：敕封工部尚书伍丁先师之神位

图67　敕封太子太保伍丁先师神位

五　端砚业的信仰民俗

端砚

民俗考

图68　白石村惠福坊的
五丁神牌

一起供奉。"九天开化文昌帝君"，又称文曲星，道教中主管功名爵禄的神仙，也被奉为笔、墨、纸、砚等文具业的共同祖师。民间把五丁和文昌帝君供在一起祭拜，意在祈求祖师福荫、人才辈出、文运昌盛、石业兴旺。

黄岗现存三块神牌中祖师之名稍有不同。宾日村两块神牌称祖师为"伍丁"，而白石村惠福坊的祖师神牌则为"五丁"。《管子·小筐》云："五人为伍。"故"伍丁"和"五丁"均指五个人的集体。传说中的五丁是五位力士，他们代表开山辟路的成年男子，五丁被石工奉为祖师后，逐渐形成一种精神力量的象征，"五丁"也由五个力士的形象合而为一，成为一个符号，一种象征。

2、五丁祖师神信仰的民俗特点

(1)反映出端砚业手工业文化特色

古代社会生产工具落后，从筑路修桥到日常生活器具都靠人力、手工。凿山开路是最为艰苦的浩大工程，完全靠人工寻找合适的地点，用锤、凿敲打来进行，需要力量、智慧、技巧。端砚业的采石与凿山开路相似，要了解自然地理环境，辨别岩石的纹理质地，历尽千辛万苦，才能采到好的石材。制作端砚也要经十多道手工工序才能完成。端砚业尊五丁为师体现了端砚业凿山采石、制砚的特点。采石制砚必不可少的工具是锤和凿，以锤为先，因此，石工又把锤称为"伍丁"。

(2)反映了传统的伦理观念和道德观念

古代各行各业均有祖师,供有祖师牌位,在祖师宝诞或纪念日举行祭祀仪式。"慎终追远"、"尊神事鬼",是中国人的传统观念。从事端砚业的人们每到农历四月初八的祖师诞期,在祠堂中堂供起祖师牌位,虔诚祭祀。拜祖师后,再由新入行学艺的砚工拜长辈。男丁拜完后,过门媳妇再拜。端砚技艺继承靠口传身授,师承极为重要,重文尊教,拜采石技能之师,文化学识之师,反映出尊重师长,重视技术的内涵。

(3)反映了人们的宗教心理

中国的宗教以儒教、佛教、道教为主要核心。重视行业祖师,其中隐含有宗教精神。

端砚业的祖师爷信仰同样体现出中国民间信仰功利主义和多神崇拜的典型性。出于最能维护本行业的目的,祖师爷的"追封"与认同渐渐集中在一位或几位神灵身上。从这种意义上说,不是祖师爷生产了端砚业,也不是祖师爷从一开始就在维护该行业,而是在那个行业渐渐地形成过程中,产生了祖师爷。在中国传统的民间信仰中,祖先的身份是子孙确定的。同样,祖师爷是端砚业的人逐渐"分封"和认可的,在被"分封"和认可的过程中对该行业起着整合作用。

六　端砚业的语言民俗

　　肇庆是广府白话(粤语)的发源地,又是少数民族(俚僚、西瓯越)聚居地(至宋),故语言比较复杂。虽以广府白话为主要语系,但多有变化,隔条河涌就有差异。由于历史上也曾是岭南政治、经济、文化的中心(至宋才逐渐东移广州,但仍是农业的中心地域),农业、手工业发达,外来人口不少,语言上的相互影响也大。特别是手工业这一类聚集外来人员较多,在行业形成时期,容易出现特殊的行业语言。据史籍记载,我国历史上几次人口大迁移,均有居民迁居本地:一是东晋末年,北方匈奴人向南扩张,许多中原人为避战乱,迁徙到岭南各地居住。二是唐代由于黄巢起义,中原人又大批南逃。三是南宋时期,宋室南迁,中原人再次大批南迁,江南一些玉雕刻、制瓷工匠进入岭南,有的落籍黄岗。宋代以后,特别是自明清至民国时期迁入黄岗的人口都不曾间断,这些中原人先后把不同时期和不同地方的语言带进黄岗,并与本土语言相互融合、相互吸收。黄岗古代石匠在漫长的生产生活过程中,借助粤语方言,自创了一套完整而独特的行业语言体系,它的词汇非常丰富,包括生产生活的方方面面。其中一种叫"黄岗背语"是黄岗采石制砚艺人内部的生活、交际、经营常用语,具有鲜明的民俗文化特色。另一种为端砚行业语,是采石制砚艺人在生产过程中创造的特定词汇,包括石材、石品花纹、工艺技法等方面的专门用语。还有一种特殊的语言,就是咒语,这是流传于黄岗,为少数石工所掌握,用以治病、疗伤的神秘语。

（一）黄岗背语

　　背语也叫隐语、秘密语,指不直说本意而借别的词语来暗示的话。这其实就是"行话",在唐代即已流行。李商隐的《杂纂》中所说的"诸行市语"、"经纪人市语"、"会不得"、"难理会"都是行语。它是古代各行业的工匠为了技术保密、内部交际和其他一些特殊需要而创造出来,得到行业同人公认而又世代相传的一种特殊语言,只能在本行内部使用,而外行人则无法理解。它用特定的词语替代常用的词语,用改变词形的办法达到"隐"的目的。

　　黄岗背语是随着采石制砚行业的产生而产生的,并在人口流动、融合和生产劳动过程中不断总结丰富。这种语言产生的原因较为复杂,主要有两个方面:

　　一是对神灵的敬畏。旧时石工认为世间万物皆有神灵主宰,若有冒犯必定招来祸患。特别是石工进岩洞采石,随时会丢掉性命,所以,他们对自己的言行极为谨慎。在说话时,也相信语言有某种魔力。例如他们最害怕的是鬼怪,所以就用另外的词语来代替,为"鬼"起了个很美的名字,叫做"上花",并把死叫"仰"等等。

　　二是出于保密之目的。采石制砚是黄岗村民赖以生存的基本技能,历来技不外传,保守意识很强,所有行内的事都不想给外行人知道,所以创作出许多生产经营用语。黄岗石工在做买卖讨价还价时,为了不让外人了解内部的价格,常常使用行话进行交流。最常见的数字:一二三四五六七八九十,这种行话和当时其他行业的行话所用的替代词不一样。例如卖牛行的行话为:旦底、月心、顺边、罗顶、扭丑、散大、皂底、其脚、丸壳、田心;卖鱼行的行话为:之、辰、斗、苏、马、陵、侯、庄、湾、收(响)。这类解字式的隐语,像猜谜语似的,外行人难以理解。在端砚经营活动中为了便于当着顾客的面,也能与自己人商谈价格,把一到十自然数说成:地、花、

六　端砚业的语言民俗

才、爻、公、衣、星、米、棱、尚。一般还要在每个字的后面加上一个"好"字，叫"地好"、"花好"，其余类推。还有把采石叫"揽走斗"，砚叫"二瓦"，单打砚叫"碗仔"等。比如端砚的价钱："这方十寸端砚的价格要一百元。"用背语是这样说："咯方尚好地二瓦（砚）要一九把。"

日常生活背语很有趣味性。如柴叫"此木"，来自拆字谜，"此木是柴，山山出"，石匠说"去捞此木啰"即"去山砍柴"。还有一种叫"三字顶"的背语，即是要说的那个字故意不说，而说含有这个字的常用的四字词句前面三个字，把最后一字（也是要说的那个字）"顶"出来（让人猜出来）。例如，把"狗"说成"三六"，因"三六九"是习惯顺数，而"九"与"狗"同音。把"猪"说成"夜明"，因"夜明珠"是常用语，而"猪"与"珠"同音。黄岗人讲牲畜代语，往往在前边加"个料"二字，如个料三六，个料扁嘴（琵琶），个料夜明，个料尖嘴（鸡还有另一代语"笛"，仿鸡叫声）。总之黄岗背语极为丰富，现择其中较为常用的分类介绍如下：

1、称谓类

男人：上

丈夫：天

女人：咩、阿嫂团

小孩：花鬼仔

男孩：麻甩（雀）仔

女孩：禾虾女

父亲：苍相

未婚女子：褛荫（即前额留刘海）妹

称对方母亲：瘦狗（嫲）

称对方男孩：私上

石工：凿（攞）石佬、走斗上、榄上（黄岗语"麻绳绑榄核，两头尖绑唔住，好难占便宜"）

前人：老九

2、身体、衣着类

头：南缸

脸：云吞

眼：荔枝窿、晒视

瞳仁：荔枝核

耳：顺风

鼻：产展

嘴：八百

手：砍中或扒休

脚：画鬼

牙齿：大磨、初六十二（旧时逢每月的初六、十二那天，店铺的老
      板就会给伙计加菜，叫做"打牙祭"也称"做牙"。音：哑）

裤：钱线

衫：披

鞋：踩街

帽子：级四五

3、动物类

鱼：摆尾或水初（指水中最早有的动物是鱼）

猪：夜明（指夜明珠，而"猪"与"珠"谐音）

鸡：尖嘴、花生油、德（古时人们认为鸡为德禽，所以以"德"代指鸡）

鹅：长颈

鸭：扁鼻、琵琶（岭南传统的一道菜叫琵琶鸭，所以用"琵琶"代指鸭）

蛇：腰意

蜈蚣：多脚、百足

老虎：罗呵、大猫

狗:三六

牛:穿、穿午(牛的鼻子有绳子穿过)

老鼠:长尾

猫:躝瓦

4、物品类

被子:大瓦

碗:江西(江西景德镇盛产的陶瓷,民间普遍使用,故以"江西"代
指碗)

筷子:撑篙

刀:斩钎

钟:古怪

汤匙:艇仔

祭品:神福

屋:舒展

米:沙仔

饮茶:班白稳

米酒:阿喷

5、日常用语类

砍柴:扽此木

吃饭:捞日

吃白饭:春白灰

吃粥:捞漂

讲话:走庵

上山:去高登

走开:揽尚创

死:仰

睡觉:朦

睇(看)大戏:睄八音(八音指办喜事时,穿着大红大绿的衣服和敲
　　　　锣吹唢呐的人)

理发:爬山(理发刀从下往上推,形似爬山)

看一看:睄睄

不认识:唔睄瓜

吃干净:挖瓷器(指吃完饭连碗里的汤汁都舔干净)

赌博:磨碑(指打麻将的动作像打磨石碑)

去赌博:去磨

滥赌:磨穿席

上瘾:弓一("隐"和"引"同音,"引"字拆开为"弓"字和"1"字)(那
　　　个磨碑弓一好搭口,即说那个人非常滥赌)

吃粥:行漂(漂是池塘中浮在水面的生物,呈圆点状,风吹过即漂
　　　浮在塘边)

饮烧酒:捞白稳

建屋:扽展

做工:扽工行

不要讲:咪噏

鬼:上花

吝啬:利托、孤寒、老孤子

一齐做工:同捞

商贩:日到、巡城马(古时每天走村串巷帮人挑运货物或收购货物
　　转手买卖赚取利润的人的称谓)

偷石:睒墟日[指盯着采石工举动,在他们下山到黄岗趁墟(赶集)
　　的时候,偷采别人坑岩的砚石]

6、数字类

一：地

二：花

三：才

四：爻

五：公

六：衣

七：星

八：米

九：孛

十：尚

一元：一卖遵

一百元：一九把

一千元：一撇把、一卒（千字的第一笔为一撇）

二千元：花好卒

二万元：两草、两方（繁体万字为草字头，简体为方字少一点）

（二）端砚行业用语

　　行业用语是指各种行业为了自己特殊的需要，在本行业进行业务活动时所创造使用的词语。端砚业历史悠久，专业性强，所形成的词语极为广泛和丰富，涉及采石制砚、工艺流程、产品名称、产品规格、产品质量、经营销售、生活习惯等方面。如物名语言，蔚为大观，仅端砚造型名称就有数百种之多。端砚石品花纹、名称富有诗情韵味，文学艺术情趣浓郁，令人联想翩翩，回味无穷。这里选择常用的进行分类介绍。

1、石材类

　　端　石：是指羚羊峡斧柯山端溪一带用以制作端砚的石材，叫端溪石,简称端石,后来泛指端州产的砚石。主要分布在肇庆城郊如下地段:一是端溪水以东地段,主要有老坑(又称水岩、皇坑)、坑仔岩、麻子坑、朝天岩、宣德岩、古塔岩、冚箩(一个有盖的竹制品)蕉、绿端。二是西江羚羊峡北岸的羚山,主要有龙尾青、木棉坑、白线岩(内有二格青、红石、青石)、有冻岩。三是七星岩背后北岭山一带,西起三榕峡,东到鼎湖山,从西至东,连绵30公里,主要有浦田青花、榄坑、盘古坑、陈坑、伍坑、东岗坑、前村坑、蕉园坑、绿端等,因均开采于宋代,故统称宋坑。又因七星岩以北将军岭下有将军坑,产砚石,前人也有称宋坑为将军坑。四是鼎湖沙埔斧柯山以东地段,连绵约30公里,这里有丰富的砚石资源,有典水梅花坑、绿端等。其中清代开采的砚坑最多,据清道光何传瑶《宝砚堂砚辨》记载,约有70余处。矿区到城区的最短距离约5公里,最远的水平距离约30公里,分布范围约215平方公里,呈东西向,长33公里,宽6.5公里。

端石以水云母(含绢云母)为主要组成矿物,石质细、润、密,石品花纹多,实用价值高,观赏性强。还含适量的赤铁矿、磁铁矿、绿泥石等铁矿物,导致出现由白、青、蓝、红、褐、绿等颜色组成的多种花纹,使端砚石绚丽多姿,更具观赏性。端石主要有紫色、绿色两大色调。紫色的叫紫端,绿色的叫绿端。

紫　端:基本色调为紫色的端石。古人曾用多种赞美词形容紫端石的紫色,如紫石英、紫玉英、紫云、紫泥等。紫端石因为所含矿物分布不均匀,组合比例不同,导致砚石颜色深浅不一,浓淡有别。有的显蓝,有的呈青,有的色灰,有的色如猪肝等。因环境条件不同,粗面和光面之石色又有差别,致使紫端石的颜色在紫的基调上千变万化,可谓色彩斑斓。

绿　端:指色青绿微带土黄色的砚石。绿端石有时会在绿色基调背景下显浅黄、浅褐色。绿端石氧化后常形成木纹、同心纹以及黄红色石皮。它石质细腻、幼嫩、润滑,最佳者为翠绿色,纯洁无瑕,晶莹油润,别具一格。绿端采石始于北宋,据《高要县志》云:"绿端石出北岭及小湘江峡

（三榕峡）。"这是绿端砚石最早在北岭山附近开采的记载。可能因砚石枯竭，人们就终止于此开采，转移至端溪水一带的朝天岩附近开采，再后绿端砚石与朝天岩砚石混在了一起，即上层为绿端，下层为朝天岩。

白端石：又称锦石。七星岩产的白色砚石。白端石以其石纹理细润，晶莹如玉而驰名遐迩。清道光《广东通志》记载："白端石出七星岩，石理细润而坚，不发墨，工人琢为珠砚及几案盘盂之类。其质理粗者为柱为础。海幢寺佛塔，将军署前石狮皆白端石也。其最白者碎为粉，妇女以之傅面，名旱粉。"清屈大均所著的《广东新语》，则把白端石记作锦石，详细记述如下："锦石，出高要峡。青质白章，多作云霞、山水、人物、虫鱼诸象，以为屏风几案，不让大理石。但质微脆耳。其纯白者产七星岩，名白端。为柱为础及几、案、盘、盂。皓然如雪，皆可爱。盖七星岩内外纯是白石，亦有白质青文。然望之苍黑如积铁，以岁久风雨剥蚀也。最白者妇女以之傅面，名为干粉，与惠州画眉石、始兴石墨，皆闺阁所需。"由此可见，白端石的开采加工，有文字记载的，可追溯到清代，而白端石的主产地是在肇庆的七星岩。

2、石品类

石品，俗称石品花纹，指端砚石上出现由白、青、蓝、红、褐、绿等颜色组成的多种纹理，有的成块状，有的成斑状，有的成花点状，有的成线状等。砚工依据这些花纹的颜色、大小、形状，分别用与自然界某些物象相似的名称来命名。

1、青花

又称"芋头纹"。指端砚石中透出的青蓝色、青黑色、黄棕色的斑点。根据它的形状分为如下几种：(图69)

（1）微尘青花。这种青花点微细如尘土，必以水湿砚石方能显现。微尘青花自古以来就是青花中的上品。它色彩天然，浓淡疏密相间，多数是聚集在砚石某一部位上，也有疏落地散布在其他部分。其最佳者是出现

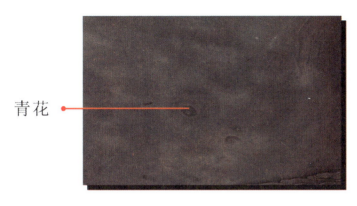

青花

图69 青花

在鱼脑冻或蕉叶白的砚石中。

(2)鹅毛绒青花。一种极细而短小成条纹状,湿水后看上去似一丛茸茸的细毛在水中浮动。有鹅毛绒青花的砚石,石质极其细腻、娇嫩。

(3)蚁脚青花。形状如蚂蚁脚般细小的青花,多为青黑色,偶然也有白色。一般是疏落地散布在砚石的某一部位,或与其他青花混合在一起出现,却甚少像鹅毛绒青花或微尘青花那样聚集一处。

(4)萍藻青花。色青蓝而带淡紫,时隐时现地连成一串,往往像重叠起来似的。湿水中观看,像萍藻在水面浮动。

(5)雨淋墙青花。又称点滴青花,其状像雨中从屋檐往下滴的雨水,有时似风吹骤雨般,点点滴滴横斜在砚中;有时似连绵不断的小雨点。

(6)鱼仔队青花。这种青花像一群细小的鱼在结队游玩。

(7)子母青花。又称蝇眼青花。大小青斑点像母子般相伴在一起,有时互相靠贴,有时互相分离,偶尔也有同样大小的斑点并列在一起,如苍蝇的两只眼。

(8)蛤肚纹青花。看上去像青蛙肚皮般的色泽,青白黄色,还有白璧色的圆圈。旧老坑石才偶尔发现。

（9）冬瓜瓤青花。像切开的冬瓜里面露出来的瓜瓤，即无数白色斑点密集一处，沉下水中仿佛会浮动。

（10）玫瑰紫青花。是一种紫蓝色的圆形斑点，大小疏落分散，往往与其他青花混在一起。最好的玫瑰紫青花是圆形内侧像割开的玫瑰，外侧为胭脂火捺围聚。

此外还有青花结，鹅毛绒青花结等。

2、鱼脑冻（图70）

冻，凝结的意思，古称"羊脂类"，为端砚石内的浅色斑块，白色或黄白色，显珍珠光泽或丝绢光泽。呈棉絮状，边缘常有火捺环绕。根据其形态和大小，分别称为"鱼脑冻"、"浮云冻"、"碎冻"等。

3、蕉叶白（图71）

砚石中青白色或白色略显青黄或青绿的片状、块状斑，像鲜嫩蕉叶初展，故名"蕉叶白"。其边部有赤铁矿或绿泥石的细条纹，一般没有火捺晕环绕。

4、天青（图72）

端砚石内青紫色斑块称"天青"，它没有明显的边界，外形也不规则。

5、冰纹（图73）

砚石中似霜冻的细纹，白色，纵横交织，有疏有密，一般在1毫米以下，似线非线者，称"冰纹"。若冰纹密集，周围呈现白雾，但没有明显边界的，则叫"冰纹冻"。它们是老坑砚石的特有石品花纹。

6、火捺（图74）

火捺又称"火烙"。端砚石中有些部分出现好像用火烙过的痕迹，呈紫红微带黑色。端石的火捺有老嫩之分，老者色泽紫中微带黑，嫩者紫中微带红。火捺一般为不规则团状，长1～3厘米，最大15厘米。石工根据其颜色、形状将之又分为：胭脂火捺、金钱火捺、猪肝冻、马尾纹火捺、铁捺、火焰青等。

（1）胭脂火捺。火捺的中心部位色泽较深，中心向外伸延逐渐变淡，

鱼脑冻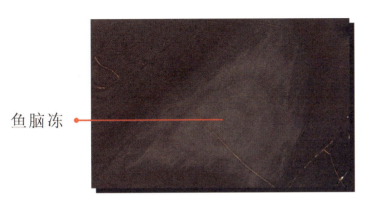

图70　鱼脑冻

蕉叶白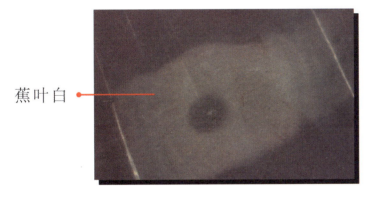

图71　蕉叶白

天青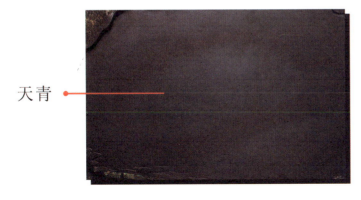

图72　天青

六　端砚业的语言民俗

冰纹 →

图73　冰纹

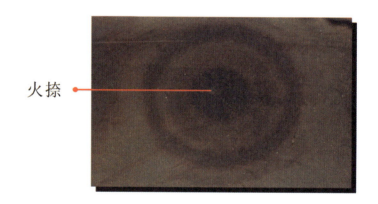

火捺 →

图74　火捺

成浅紫带红,如涂上胭脂般,由深色渐而变浅色,色素娇嫩。这种火捺的形成是因为在端石中含有微粒状或粉末状的赤铁矿,在成岩过程中铁质矿物经过侧分泌作用,相对集中,均匀分布。它多出现在老坑、麻子坑及坑仔岩砚石中,宋坑和宣德岩砚石也偶尔出现。

(2)金钱火捺。形状呈圆形或椭圆形,中心部位深紫色,比一般火捺的颜色要深,形像铜钱。其成因是铁质围绕黏土碎屑为中心发生集聚,形成了球形结核,在成岩过程中形成这种石品花纹。

(3)猪肝冻。色泽如猪肝色,形体带圆或椭圆,中心部位比一般火捺的颜色要深些,是一种含赤铁矿的泥质粉砂质组成的结核体。

(4)马尾纹火捺。在端石上分散如马尾巴纹状的火捺,条纹呈紫红色,或横或斜或成水波纹,是端石中赤铁矿呈条纹状分布所致,在宋坑砚石中较为多见。

(5)铁捺。颜色较深,苍黑色略带紫色。石质坚硬,耐研磨。

(6)火焰青。形似火焰,赤紫色稍带青白色。

7、眼

眼是端砚石内的豆状斑点,这种斑点的形状、颜色与动物的眼相类似。端砚石眼碧绿如翠,眼晕重重,细腻而晶莹,有碧绿、绿豆青、茶黄、蛋黄、淡绿等色泽,其中以碧绿色为最好,其次是绿豆青。许多端砚石都有石眼,其中以梅花坑、蕉园坑和坑仔岩最多。石眼的形状有圆形和椭圆形两种,大小不一,为了方便辨别,古代砚工根据石眼瞳子的颜色和形态,多以鸟兽之眼来定名。分为鸲鹆眼、鹦鹉眼、鸡翁眼、麻雀眼、鹅眼、螺眼、猫眼、象牙眼、珊瑚鸟眼、鸦眼等。此外,从石眼的神态上来区分有"怒眼"、"泪眼"、"翳眼"、"盲眼"等。还可以从石眼的位置来分有高眼、低眼、底眼等。

(1)鸲鹆眼。色翠绿,石眼中夹有黄、碧、绿各色,晕作数层(以六层至八层为多,也有十多层的)。石眼瞳子圆正,或外形呈椭圆形,形如鸲鹆鸟(亦称八哥鸟)之眼。一般直径为1厘米,曾出现过直径达2厘米多,最佳者为青翠绿色,线条清楚,轮廓分明,瞳子清晰,晕作八层以上,直径亦大于1厘米的鸲鹆眼。它一般只出于老坑、麻子坑和坑仔岩。(图75)

(2)鹦哥眼、了哥眼。色泽亦以翠绿为上,中有瞳子,瞳子为黄黑相间,眼晕作数重,比鸲鹆眼要小些。

(3)珊瑚鸟眼。眼的周围色泽青绿,其瞳子稍带赤色。形体细小,大的一般不超过1厘米,小的只有3~5毫米,有时会密集地聚在砚石的某一部位。(图75)

(4)鸡公眼。像雄鸡眼般大小,有黄晕、绿晕相间,中间的黑点较为

端砚

民俗考

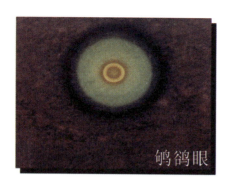

鸲鹆眼

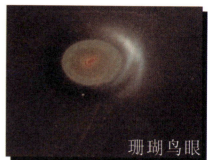

珊瑚鸟眼

图75

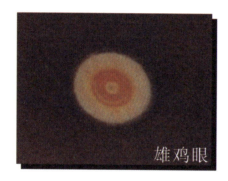

雄鸡眼

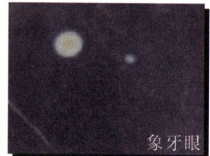

象牙眼

图76

明显。(图76)

（5）雀眼。圆正，形如雀之眼，晕作数重，以黄绿色为主要色素，直径一般在5~6毫米大小。

（6）猫眼。晕作数层，眼及瞳子中有垂直线（其他石眼没有的）。

（7）象牙眼。呈乳白色，近似象牙的颜色，瞳子中间有黑色，一般见于老坑或坑仔岩。(图76)

（8）象眼。形状细长，有时如卵石，似大象的眼睛，色泽均为黄绿色。

（9）绿豆眼。其颜色与绿豆非常相似，形体如绿豆般大小。

（10）翳眼、瞎眼。外围形状不清晰，有点模糊，眼中无瞳子，或瞳子模糊不清，分不出层次。最常见于梅花坑和蕉园坑（即有眼宋坑），老坑、麻子坑及坑仔岩也偶有发现。

（11）怒眼。像兽类发怒时的眼睛，眼睁大，而瞳孔小。

（12）泪眼。石眼像流泪一样下沿呈滴水状，下沿的边线模糊。

（13）死眼。没有瞳子，更没有层次的石眼。

（14）活眼。圆晕相重，黄黑相间，线条清晰，轮廓分明，像鸟兽的眼睛般晶莹可爱。

（15）高眼。位于墨池顶端的石眼。

（16）低眼。位于砚堂中或砚堂下端，或砚边的石眼。

（17）底眼。位于砚背的石眼。

8、翡翠纹（图77）

呈翠绿色的圆点、椭圆点斑块或条状。又分为翡翠纹、翡翠斑、翡翠点、翡翠条和翡翠带。

9、金银线（图78）

多见于老坑砚石中（坑仔岩、麻子坑和最近开采的冚罗蕉、桃溪砚石也偶有发现），呈线条状横斜或竖立在砚石之中，黄色者称金线，白色者称银线。

10、鹧鸪斑（图79）

又称麻雀斑、虾毛斑，呈椭圆形的小斑点，疏密不一地洒落在砚面上。这些斑点有白中带黄色的，有黄中带褐色的，有青带黑色的，因像鹧鸪或麻雀羽毛上的斑点而得名。

11、玛瑙纹

类似玛瑙的同心纹，是由无数的同心纹组成的色环，一般呈黄褐色、紫褐色、紫红色等。

12、青赖

砚石上断断续续、长短不一的青绿色石斑。

13、石疵类

（1）黄龙。俗称的黄龙，粗看为土黄色，细观则似由土黄、黄褐、米黄及青绿、苍灰等色混合而成。呈带状，宽1~2厘米，长20~40厘米。一般

端硯

民

俗

考

翡 翠 点
翡 翠 带

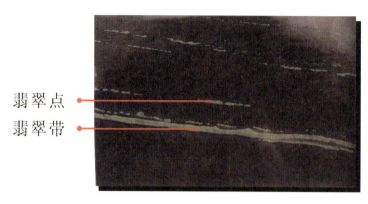

图 77　翡翠

金 线
银 线

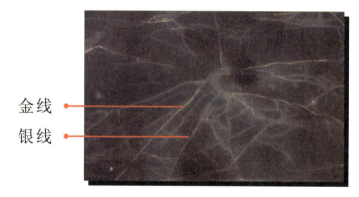

图 78　金银线

鹧鸪斑

图 79　鹧鸪斑

图80　黄龙

图81　五彩钉

为直条状,一侧边界清楚,另一侧边界不清。还有弧形者,外形似虹。(图80)

　　(2)五采钉,又称五彩钉。唯老坑独有的花纹,白质地色中夹杂绿色、墨绿色、黄色、褚石色、青蓝色、紫色的结晶斑块状,犹如镶嵌在砚石中,十分坚硬,拒刀凿。(图81)

　　(3)朱砂钉,又称朱砂斑。偶尔在老坑砚石中出现,像黄豆般大小,最大的直径也不超过1厘米,呈朱砂色,质比砚石稍硬。(图82)

　　(4)虫蛀,在端石的边皮部位,或靠近底版、顶板部位,偶有出现似虫蛀的千疮百孔,或如风化的岩穴。其色近黄褐,有时是黄褐带几点黑色。虫蛀偶尔见于麻子坑,老坑和坑仔岩则少有这种石品。

六　端砚业的语言民俗

图82　朱砂钉

　　此外,还有油涎光(多见于老坑,偶见于坑仔岩和麻子坑)、铁线(质坚硬,色如铁,呈线状)、牙线、水线、石榴仁、白玉点、白玉带、横间纹、天地分、猪鬃眼、蛤肚纹、白鹤屎、指甲壳(虱壳)、牛皮沙、鸡屎涎、眼屎头、针鼻沙、马尾丝、石分、石隔痕、沙洞等。

3、采石用语类

　　砚　坑　开采砚石留下的洞穴,也叫岩或坑,统称砚坑。石工亦把斧柯山端溪水一带统称为砚坑。

　　石　种　从山上滚落到山涧的石璞,石工可以根据石璞寻找砚材的源头。

　　野　石　滚落在山涧的斧柯山蚌坑石。

　　子　石　有黄色石皮包裹,凿去方见"石肉"的砚石,即古人所说有"黄膘胞络"的砚石。

　　水　岩(水坑)　潮湿,长年积水不涸的砚坑,石质细而润。

　　旱　岩(旱坑)　没有积水,较干燥的砚坑,石质粗而燥。

　　皇　岩　老坑的专称,因被皇家列为贡品而得名。

　　三叠石　砚石层自底至顶分为三层。石工称为脚石、腰石、顶石。

脚　石　老坑石层底石之上的第一层石,石质最佳,有石眼。

腰　石　老坑石层的第二层石,即脚石上面的石层,石质次于脚石,石眼时有时无。

顶　石　老坑石层的第三层石,质又次于腰石,没有石眼。

顶　板　砚石层之上的岩石层,石质粗糙,不发墨。

沙　板　砚石层最下的岩石层,也叫底板、鸭屎石。石质粗糙,色污杂、不发墨。

石　肉　沙层之上的一层砚石,一般来说,砚石层只有20–30厘米厚,青花、石眼独见此层。"石肉"上面的顶板石和下面的底板石都不能用来做砚。

斗　内　即石脉,指可以作砚材的石层。

砚　璞　呈自然形状、未经加工的砚材。

赖面石　制作砚台的砚面要用竖纹,才能研磨发墨,用横向纹理的砚石作砚面,其光滑如镜,不发墨,这样的石材叫赖面石。

滑　石　打磨端砚的石料,质地粗细不等,产于羚羊峡龙门附近。

家　私　采石工具。

蓬　厂　石匠在山上搭建的简易屋子。

栏　门　石匠搭建的简易房门,一般就地取材,用数根木棒捆扎而成。

揽走斗　采挖砚石。石,是古时的量词。十斗为一石,砚工说九斗,之后暗藏"石"字,所以用"九斗"代表"石"。

石　墩　石工采石时为了防止坑道塌方,保障安全所留的支撑洞顶的石柱。根据岩石结构判断石柱的大小和距离,一般3～5米留一个。

梅花桩　老坑洞中曲折处用以支撑岩石顶板呈梅花状的松木桩。

门楼仔　在砚坑里采石时,碰到岩石不结实,可能有危险时,要缩窄开采面,留出的一个门洞,形似民居的门楼,故称"门楼仔"。

模胸石　老坑进洞口转右有一段岩石,坚不可凿,极为狭窄,仅容一人裸体匍匐而进,故名。

六　端砚业的语言民俗

鸡罩顶　坑洞顶部的石痕像鸡笼。岩石形状上小下大,结构较为松散,稍有震动,随时都会往下掉,非常危险。故开采时坑道要呈"之"字形,且留石墩支撑岩顶,以保安全。如北岭陈坑等就是这种结构。

方珠顶　坑洞的顶部结构平整、结实,不那么危险,坑道较直,一般需留石墩或用废石块堆砌至洞顶,防止塌方,这种结构坑洞多见于北岭山诸坑。

插山石　又叫照面石。岩石垂直走向,十分陡峭,北岭山伍坑多为此种结构。

砍山石　斜向生长的岩层,就像用斧头斜劈下来一样,故名。多见于北岭山砚坑。

庄山石　石层与岩壁呈略平行状的砚石层。

拆　砚石的裂纹。

结　石材结实,是制砚的上好石料。

格　又叫石格。指砚石层之间的烂石层。

仓　同一位置开采的砚石。砚石储存量不一,"仓"有大小之分。同一仓石的石色、石质往往区别不大。

分　在顶板石和石肉之间石色出现明显不同,有一条翡翠带,采石工要根据翡翠带的情况来寻找石肉。一般规律是,翡翠带越直,颜色越绿,下面的石肉质量越好。斧柯山老坑、麻子坑砚石多为这种结构。

牛屎砂　砚石上下各有一条泥石带(叫泥格),由较粗的泥和黑色沙粒组成,易开采。

鸭石屎　砚石石肉上下各有一条烂石带,由较细幼的碎石组成,易开采。

黑碗仔　砚石石肉上下各有一条烂石带,黑色,质硬,难开采。

铲　隔　在采石过程中,砚坑顶部石层突然变薄,出现裂痕的现象。这表示坑洞会有倒塌的危险,石工要马上撤出。

牛踩痕　又叫牛压痕。指石材表面好,里面布满纵横交错的裂痕,就像被牛踩裂的样子,这样的石材不能作砚台。

虾律壳　螃蟹壳般呈橙红色的烂石层，也叫烂斩。

起　斩　采石过程中砚石层突然出现烂石带。

栏　斩　往石层里面开采时拦腰出现一条几十厘米到几米不等的烂石带，将其凿通(石工叫过斩)还有可能采到好的砚石。

横　斩　横向纹理的岩层，凿去岩壁表层就会有好砚石。

直　斩　烂石带垂直延伸入岩层，又叫"掂斩"，凿入岩壁大多是小块的碎石，不能作砚。石工遇到直斩时就会放弃开采。

断　脉　砚石层突然减至无石可采，石工称为"断脉"，又叫"绝"。

落　痕　采石前用一块泥巴糊在岩洞的石缝上，用油灯熏干。在采石期间如果泥巴掉下来，证明岩石有塌方迹象，石工要马上停工撤出岩洞。

问　石　用锤敲打坑洞四周岩壁，通过声音判断岩洞是否安全。像敲锣鼓的声音就表示危险，像敲平地的声音表示安全。

插　石　也叫插格。是将砚石层之间的烂石凿掉，把砚材开采出来。插格分为四种，分别是插牛屎砂、插鸭石屎、插黑碗仔和插石肉。

截　石　砚石层呈带状分布，开采时，按顺着石层的走向把砚石一块块的采凿出来，叫截石。

印　石　砚石层不呈带状分布，而是小面积出现在岩壁上，有的石质极佳，石工就在这一块砚材四周下凿，将之挤出来，在岩壁上留下一个方形的坑洞，看上去就像在岩壁上盖一个印章，石工把这种采石方法叫"印石"。

开　柳　在岩石上下左右四边凿5～8厘米宽的槽，深度刚好凿到石格(石层)，再用凿四边敲击，把砚材震开。

敲当天　即露天开采，把岩石表面的泥土和废石挖开，直到出现砚石层。

埋　璞　把凿下来的砚石凿成方形、圆形或蛋形，减轻砚石重量，便于运输。

反　石　在坑洞内搬运砚石。

六　端砚业的语言民俗

前　抽　用铁锤的前部敲打凿子。

后　抽　用铁锤的后部敲打凿子。

琴　穿　打穿岩石。

得　米　找到好石。

要歪歪　离开。指挖到烂石，运气不好，要走人。

锁　门　岩石堵住洞口。

大　面　端硯石的顺纹。

逆　面　端硯石的横切面，硯工称逆纹或企纹，雕刻时阻刀。

生　揽　硯石上2～6厘米不等，长短不一的蕉叶白花纹。

4、制硯工艺名称类

摘　石　又叫搜石。用铁锤打击尖凿，把石料底面凿平，把有裂痕、无用的部分去掉。

扁　石　用铁锤木柄的前端敲击扁凿，去掉硯材表面的废石，使之平整。

凿大璞　用铁锤打击尖凿，修整硯石的外形。

整　璞　将有瑕疵的、有裂痕的、或烂石、石皮、顶板底板去掉，剩下"石肉"。硯工还要根据硯石的天然形状锤或凿成天然形、蛋形、长方形、方形、圆形、钟形等等硯形硯式的硯璞，要将硯石最好的地方留作墨堂。

辑　正　用角尺定好硯台四个正角，用辑凿（尖凿或小扁凿）把硯的四个角修整为直角。

夹　璞　用凿子把方形、圆形、蛋形的硯璞进一步修整，要求硯底、硯面平整，比例适中，角度准确，线条挺拔，即要"夹正"，不能有斜歪现象。

磨　璞　把硯璞的面放在粗麻石上前后推磨，把硯璞的底面和四周的边磨平。磨的时候在麻石上放上较细的沙子（俗称"大眼沙"）和水，以增加摩擦力。

开　池　用尖凿凿出墨池。

光　身　是砚台成型，进入雕花前的工序。经过光身工序，表面没有雕刻纹饰、图案的素砚叫做"光身砚"。

滑　棱　把砚台的弧形侧面和边角修整光滑。

起二线　砚的四边边线所加刻的线条，第一线是粗线，第二线是细线。（图83）

图83　起二线

荔枝窿　砚面的墨堂往下凹，呈椭圆状，像荔枝壳形，空处可以放进三、四个手指，把砚提起来。（图84）

执　滑　把雕刻的线条、图案修整平滑。

铲　滑　将雕刻纹饰的凿口刮平，让其起伏分明，线条清晰。

执　清　把雕刻线条和图案的转折处和底部铲干净。

荔枝窿

图84　荔枝窿

兜圆口　用圆口凿铲出砚池的内窿。

开底铭　在砚背开池，深度不一，边线又圆口和方口两种，形状有平底和弧形底，留作镌刻铭文之用。

橄榄松　雕刻松树的松针形状像橄榄形。

罗汉松　又称品字松。雕刻的松叶子相互重叠，呈"品"字状。

五针松　指雕刻松树的叶子以五条线条来表现。

螺丝云　螺丝，比田螺小而壳尖长的水生物。流云纹饰用深雕手法表现，较为立体，形状像螺丝。

六　端砚业的语言民俗

猪鼻云　云纹以深雕技法表现,形似猪鼻。

塔香云　云纹层层缠绕,层次分明,形似倒挂的塔香。

5、砚台部位类

墨　堂　又叫砚堂、砚心,指砚台的研墨处。

墨　池　又叫砚池,是储存研磨出墨汁的低洼处。

池　头　又叫砚岗,是砚堂和砚池部分的交界处。

池　尾　砚池侧边与砚唇交接的部位。

砚　边　砚堂和砚池四周略高的堤状边缘带。

砚　头　又叫砚额,砚上部的边,多用于雕刻纹饰。

底　边　砚下部的砚边。

砚　壁　砚堂和砚池四周的壁。

砚　角　相邻两边或两壁相交部分,分倾角和圆角。倾角是指直角相交,圆角是指圆弧度。

砚　唇　砚边与砚壁或砚侧相交部分。

砚　面　砚的表面或正面。

砚　底(砚背)　又叫底铭,砚的背后或砚面相反的一面,中间低洼,一般用以镌刻铭文。

砚　侧　砚的周围侧面。

抄手、覆手　砚底中间凹陷部分。

砚　墙　砚底挖空成弧面斜探至前端,两侧称为墙,既可减轻重量,多见于抄手砚。

挺　斗方砚的顶盖。

6、端砚产品类

大路货　指批量生产的斗方、趟池砚、单打砚等。

杂　样　指除了斗方、趟池、单打等规矩砚形之外的砚式,如钟形、琴形和随形等。

雕花砚　指砚额雕刻花卉、鱼虫、瑞兽等纹饰的端砚。有池头雕花、门字雕花、三边雕花、天然池头雕花等。

寸　指英寸,是端砚长度的计量单位,1英寸相当于现2.54厘米、0.762市寸,是衡量端砚价值的标准之一。

方　是砚台数量的计算单位。

大方　墨池为猪腰池,四周刻有浅雕图案,一般为1~8寸;规格分为三种:6~8寸,叫大方花;2.2寸,叫中方花;1.8寸以下叫小方花。

斗方　也叫学生砚,外方内圆。连接砚面和墨池处有一漏斗嘴,上有盖。砚台与上盖称为一对,一般为4~8寸,以6、7、8寸为主;

单打　也叫墨海,圆形,中间下凹为墨池,一般为6~8寸;单打6~8寸(旧时用师傅尺,1尺等于现在1.2尺,1寸等于现在1.2寸)。

7、形制类(图85)

端砚的形制,也叫端砚的造型,按内容分有动物形、植物形、山水人物形、器物形等等。现归纳如下:

动物形　蟾样、龟样、双鱼样、蝉形、猴形、蛙形、兔形、猫形、卵样。

植物形　瓢样、瓜样、莲、荷叶、仙桃、笋样、竹节、秋叶等。

山水人物形　人面、天研、曲水、月样、马蹄、月池、阮样、歙样、吕样、蓬莱样、星云砚、太史(抄手)、兰亭、辟雍、郎官、房相样,云月砚、井田砚等。

器物形　箕形、屐形、平底风字、有脚风字、垂裙风字、古样风字、琴足风字、凤池、四直、古样四直、双棉四直、斧样、璧样、鼎样、玉台、钟样、圭样、梭样、琴样、鏊样、团样、琵琶样、腰鼓、蛋形、古币砚、六棱砚、门字砚、八棱角柄秉砚、八棱秉砚、砖砚、砚板、瓦样、壶样、船形等等。

端硯

壺樣硯　　　　壺樣硯　　　　圭樣硯　　　　圭璋硯

斧樣硯　　　　斧樣硯　　　　鍬樣硯　　　　迴紋方硯

井田耕牛硯　　　井田硯　　　　井田硯　　　　井田硯

風字硯　　　　箕形硯　　　　長方硯　　　　長方硯

图 85　端硯形制图(一)　刘演良绘

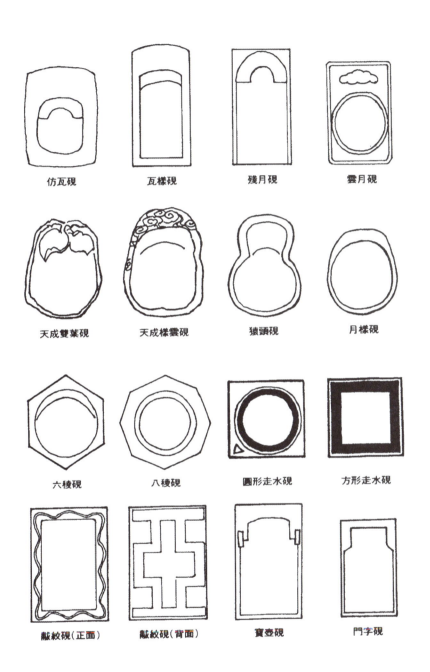

仿瓦硯　　　　瓦樣硯　　　　殘月硯　　　　雲月硯

天成雙葉硯　　天成樣雲硯　　猿頭硯　　　　月樣硯

六稜硯　　　　八稜硯　　　　圓形走水硯　　方形走水硯

黻紋硯(正面)　黻紋硯(背面)　寶壺硯　　　　門字硯

图85　端砚形制图(二)　刘演良绘

民

俗

考

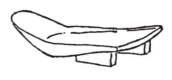

太史硯

鳳池硯

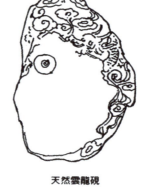

竹節硯

天然雲龍硯

天然硯

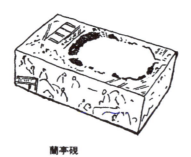

蘭亭硯

方池硯

图85　端砚形制图(三)　刘演良绘

（三）咒语

咒语是一种魔法语言，是在巫术与宗教活动中表现的被认为是有超自然力量的神秘套语。咒语有时是和符同时运用，称为符咒。符是书面语(文字)的神化，咒是口头语(言语)的神化。古时石工上山采石经常会被石块刮伤、撞伤，或蛇虫咬伤，由于缺医少药，一些石工学会了用符咒来治病、疗伤。常见的有化骨、止血、消肿、止痛和收蜂等符咒。

1、化骨符咒

如治鱼骨鲠喉咙，方法之一：施法的人面对着东方，用右手剑指在盛有清水的杯里顺时针划圈，边画边念两句咒语"日出东方一点红，来无影去无踪"。或者面向东方，冷开水一杯，用右手剑指在杯面写几个字"猫吃骨"，然后给被鲠的人吃下，一会就没事了。

方法之二：面向东方或对着灯光，用茶杯盛清水，然后用手指在水面上方画符，念咒"左边天地动，转向日月明。食倒横穿过，一只归神经"。

方法之三：面对着患者，伸出右手剑指对着喉咙写两个字"狗化"，然后，用右手三个手指对着喉咙连续向下划三下。传说这种符灵验度70%以上。

方法之四：是用毛笔在抽烟的五色纸上写一道符，写了一个繁体"龙"字，而"龙"字最后一笔不写，即没有"勾"，然后点火燃烧，纸灰掉进下面的杯中，杯中盛有清水，搅匀后，让被鲠者饮下，同时用一只碗放在头顶，用筷子尗(音：DU，插)，一边饮一边尗，口中念念有词，据说骨头一会就化了。砚工说信就灵，不信就不灵，"一虫治一物，糯米治木蚤"。

砚工根据不同动物骨头，用不同的咒语，画不同的符。如被鱼骨卡住，在符上写繁体"龙"字，被猪骨、牛骨卡住，在符上写"虎"字，被鸡骨、鹅骨卡住，则写"凤"字，其关键之处是写在符上的字最后一笔的"勾"不能写。念咒语时用左手三指托杯底，杯中盛清水(茶水)，面向东方，用右手剑指在水中划圈，边划圈边念："上师化为符水，本师化为符水，罗围将军千百尤，罗刚将军千百重，太上老君急急如律令。"念完说："顺水如也。"用剑指在水中乩一下，然后让患者喝下去就可以了。

2、毒虫咬伤符咒

如被大百足(蜈蚣)咬伤，在黄纸上写一个"庶"字，口中念咒"……，一画长江水，流血不流红"，然后燃符成灰冲水饮下，据说一会就消肿止痛。

3、止血符咒

手拿一张白纸向东方竖写三个字，嘴里念念有词，然后把白纸贴在出血处，包扎好，据说可以止血。

4、收蜂咒(图86)

收蜂咒有两条。其一是"日出东方一点红，观音佛祖叫我……有口莫咬，有针莫锥。"是一次性有效的收蜂咒，第二次用时就不灵了。另一条："喃呒阿弥陀佛，一切过往神祇，四方游神，八方大仙，今有弟子烦请……有口莫咬，有针莫锥。"念完咒语就可以摘蜂窝，摘下来后，用右手剑指在左手掌写上两个字，再用右手把符抹去，然后念一句话就完事了。如果不念这句话，据说这窝黄蜂就会全部死掉，这样对念咒人非常不吉利甚至会有报应的。据说平时练习时要先念这两句，"弟子学念经，诸神莫乱听"，然后再念咒语。

符咒禁忌 咒语使用是借助外界灵力，其中有许多禁忌，主要是忌生秽和死秽。生秽是指女人生小孩、怀孕或来月经等。死秽是指死人出殡的白事。据说如果念咒语的人家里有或撞见这些事情，所使的符咒就会失灵，有的破了禁忌甚至对其本人造成不测，招来祸患云云。

图86　砚工念咒摘黄蜂窝

七　端砚业的行会、行规

　　古代的各行业间存在着高低贵贱的区别,为其他行业提供工具的行业如铁匠、木匠较受敬重,地位较高。而出卖苦力,技术含量低的行业,较受轻视,地位低贱。一般来说,在中国封建社会,手工业工匠和商人的社会地位是比较低下的。

　　采石制砚是相当艰苦的手工行业,靠开山凿石为生,叫做"凿石行",社会地位低微。于是黄岗的砚工想出种种办法维持并提升自己的行业地位,自发成立行业社团,便产生了诸如百子会、长生会、端砚行和端砚工友互助会等组织。"凿石行"的成立是以行业为纽带,掌握采石制砚技术的村民结合成群体,开始是家庭式的,以父子、兄弟为主的血缘关系的传授,后来发展到在亲戚范围拜师收徒。为了在较大范围内凝聚力量,他们有时也吸收外姓人入户,传艺授徒,逐渐扩大行业范围,在黄岗一带形成以血缘、地缘为纽带的牢固的群体"凿石行"。

　　调查发现,端砚行业是由初期的家庭式发展到家族式,再逐渐扩大吸纳了家族以外的成员,以及家族与家族之间联合而成的群体。它的形成是和端砚的兴盛同期的,萌芽于唐,形成于宋元,到了明清时期,端砚行业最为兴旺,有了较为完善的行会组织,并制定了各种行规礼仪。这种"固行"、"护行"的做法,对行业的永续经营及树立良好形象,有着重大的影响。相应的,祖师爷崇拜也因此而受到重视,利用祖师的威仪维系行业中人的团结。

（一）行会

行会是由"行"演化而来的，"行"的出现可追溯到唐代。唐时的行又称行铺，是指专一经营某种商品的店铺。同类手工业作坊也集中在一块，形成行的组合，行业就是这样产生的。所以，"行"就是专业经营的代称。随着商业和手工业的发展，同一商品有多家经营和生产，每一种行业的从业人员很多。这样，同行业内部以及行业与行业之间，必然有许多问题需要协调解决，行会组织就应运而生了。因此，行会的产生最初完全是自发的，是商业、手工业从业人员维护同业利益的自发要求。

唐宋时期，经济文化繁荣，端砚的需求增加，出现专门贩运端砚的商人。这时期采石制砚行业已具雏形，至明清时期行业形成，并走向成熟。

明清之际，端砚业日趋兴旺，村民中出现不少靠经营端砚和石制工艺品起家的富商。逐渐频繁的商业和社会活动使得商人和采石制砚者的社会地位也随之出现转机。但总的来说，商人和采石制砚者的社会地位很不稳定，得不到足够的保障。除了官府的歧视、限制、敲诈、干涉之外，还有一个重要原因是来自商人和手工业者内部，行业间的竞争难免会引起纠纷。为了维护自身的权益，保障自己的社会地位，他们需要联合起来，形成一定规模的群体组织，这就是采石制砚行会产生的社会原因。据调查，黄岗历史上曾有两个行会：凿石行和端砚行。

凿石行是采石制砚最早的行会，其范围包括黄岗上行和下行（即上七坊和下三坊），故称"黄岗凿石行"，这个称呼一直沿用到新中国成立后。"黄岗凿石行"成立的具体时间尚未见之于文献。据宾日村现存明代五丁祖师神牌实物和调查采访，应在明代之前就已经出现。行业的壮大促成手工业的分工细化。至清代，宾日村石匠以采制磨刀石和传统实用砚台为主，个别石匠擅长雕刻纹饰较为复杂的砚台。雕花砚的生产集中在惠福、应日两坊。古时采石制砚要加入"凿石行"，但拜师授艺却是个人的自由选择。砚台的雕刻技艺只有少数石工掌握，不轻易外传，只在小范围内进行交流和带徒授艺。这部分砚工的产品销路较好，有一定的经济基础，他们的社会地位渐渐提高。为了保障小群体的利益，惠福和应

图87　作者与梁星带父子合影

日两坊的砚工自发组织了专门的行业组织——端砚行。

　　端砚行的会址设在营房。营房有两间，每间30多平方米，位于惠福坊南面的基围边。据惠福坊老砚工回忆：1938年广州沦陷，这里被征用为国民党第十五临时教养院的一个收容点，国民党一些残疾官兵和家属在这里临时居住。当时，临时教养院总部设在元魁塔背后的兴宁寺（现市食品仓库）。1949年肇庆解放，这些官兵陆续迁走，一部分人则在本地落户。新中国成立后，营房分给村民，在营房旧址建起了新房子。

　　2006年，作者在白石村梁焕明先生的引见下，几经周折，在黄岗东禺村民梁星带家里发现几本有关端砚行会的实物，（图87）一本是《惠日端砚行长生义会簿》，是梁星带的祖父梁宗岳（小名叫秤仔）在民国十五年（1926），十七岁时加入端砚行的凭证，编号为"第五期三十四号"。另一本是《惠日福寿堂工友互助长生会簿》，这是在原来"长生会簿"的基础上补充完善相关事项而另发的会簿，梁宗岳民国二十二年（1933）领取，编号为"天字第拾号"。从两本"长生会簿"记载的"昔日我惠福应日端砚行也，原有百子会"和"惠日端砚行民国二年创办惠日端砚行长生会"等文字来看，端砚行成立之前有"百子会"（又叫"百子义会"）。（图88）

　　成立"凿石行"和"端砚行"，完全是为了保护采石制砚工匠的生存和

经济生活。因此,行会行为也就不得不多了些严密性、神秘性和排他性。例如订有行规,树立行会的崇拜偶像——五丁祖师神主,每年都要举行祭祀活动等。

采石制砚行业组织具有两种功能,一是行业组织内的全体成员共同分摊政府的徭役税收,二是政府指定行业首领征收行业内的各种摊派。从行业内部的利益共享、风险共担和政府有利于管理角度看,行业组织的出现也是商业经济发展到一定程度的产物。行业组织使端砚商业经济得到更有序管理和发展并出现了端砚品牌专营铺,名声远播,在促进技艺传承和行业发展上起过一定的作用。但由于带有垄断性质,也在一定程度上成为行业发展的障碍。新中国成立后,黄岗的"凿石行"和"端砚行"就退出了历史舞台。

图88　惠日端砚行长生会旧址。位于文星坊李宅大院

（二）行规

采石制砚行会在内部制定了自我管理约束的机构和制度——行规。

1、收徒拜师

旧时，采石制砚唯恐技艺外露，传男不传女。村民学艺需要行内的亲朋好友介绍担保，如果师父同意，就要择良辰吉日，举行拜师仪式方能入行。拜师仪式，一般选在"五丁祖师节"当天举行。古时宾日、泰宁、阜通村民学艺一般四年。

如果不拜师就不准从事这一行。擅自制砚的人叫做"野星"，一响锤就会被没收工具。传统采石制砚技艺是在这样严格而狭窄的生存空间中留传下来的。

2、入长生会

从前，黄岗采石制砚各坊多设"堂"，并以"堂"为单位设有"长生会"。如宾日坊设有"宾寿堂长生会"，（图89）惠福坊和应日坊设有"惠日福寿堂长生会"，另外有"黄冈乡七坊延寿堂长生会"。成立"长生会"的目的正如《惠应福寿堂工友互助长生公益义会章程》所记载："纯为工友联络感情起见组织，以慈善公益为宗旨。"由石工集资作为基金，在行内人百年归寿时，发给寿银办理后事。

行内石工均发"长生会部

图89　宾日坊杨桂添珍藏的《宾寿堂长生部》

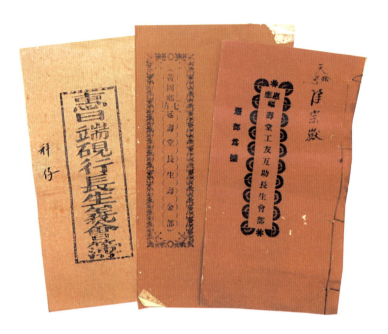

图90　梁星带捐赠的端砚行业行会文献

(簿)"作为凭证。肇庆市博物馆现存宾日坊杨桂添和东禺村梁星带家藏的"长生会部",其中梁星带所藏"长生会部"完整,见证了端砚业发展的一段重要历史,为端砚行规的实物资料。(图90)

(1)《惠日端砚行长生义会簿》章程:(图91、图92)

昔我惠福应日端砚行也,原有百子会,薄积微资出息,每年开支完粮,恭祝师傅千秋宝诞及惠日两坊酬神公用。兹者时事改良,不得不集思公益,各家举意,创建长生义举,务求行内子孙以实受其益,众皆赞成。随即于民国二年,旧历元月,老少集众二次妥议,公允创办惠日端砚行长生义会。长需欵项订实先将百子会所积产业租项出息,统永归长生项下支需,恐不敷支,并将本行尝数划拨田业共六柱归入长生支需,决定惠日两坊每年每坊支回酬神银五大元。毋得生端变更,所有章程开列于后。

一议惠日端砚行内男妇均认长生名份者,每份科收底银七毫,限期三月廿收足,止截之后,该底银全置业生息给发部据,各执一本。倘有遗失,

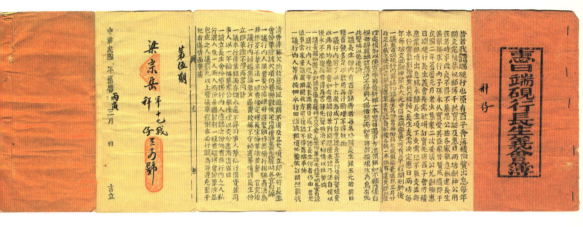

图91 《惠日端砚行长生义会簿》

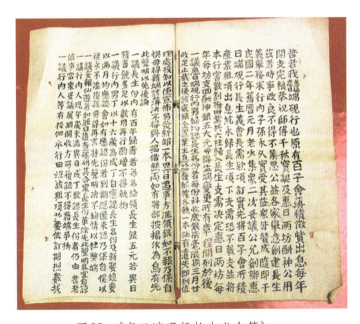

图92 《惠日端砚行长生义会簿》

即到值理处投知,以便宣布另发新部一本。异日遇事方准领银,如不报乃系自误,毋得藉端。该簿决不得与人揭借银两。如有将部按揭,作为乌有。先此声明,以免后论。

一议长生份内有百年归寿者,每名给领长生银五元。若异日积蓄饶多,足以敷用再行酌增,不得执拗。

一议行内男丁以十六岁为成丁,自应认长生名份,及新娶媳妾以满月均应认会。如有应认份者到期隐匿未认,乃系自误,以后永不准复认,毋得再言。特先声明,决不徇情,以杜弊端。

一议妄报仙游者,如经日后查确,将其合家长生份革除。先此声明,各宜自谅。

一议行内人现年岁未满,异日成丁,所认长生者仍由耆老值事当众妥议展期,开收方可复认,不得藉端争拗。

一议行内人等有投佃本行,田坦该租项必要依订期照数清缴,毋得拖欠。倘故意拖延,过期不清及各欠项,立即先将长生会革除,该欠项仍要照数收足,以得接济支需。先此声明,各宜自谅。

一议行内人俱要安份循理,毋得聚赌,恃恶横行。拐骗奸淫,不孝不法,一经查确,定将长生份革除,并禀官究治。

一议行内妇妪,无论老少,遇丧改嫁,不守妇道等情,该长生会份立即革除,不得再言同计。

一议本行产业银两存储永远不得司事人等私行借贷,并司事人以年轮换,集众公举接理,以交劳逸而清眉目。

一议设立长生会份原系行内人应认之份,倘有非行内人混入,及一人而入两份,希图射利,一经查确,将会份革除,并将包庇之人议罚。以上皆议章程,例在必行,愿为谨遵,免至干犯,有伤情面,幸甚。

(2)《黄冈乡七坊延寿堂长生寿金部》章程:(图93)

昔者我七坊延寿堂,原有百子义会。薄积微资出息,恐日久时事变,更不得不集思公益,创建长生义举。务求七坊各子孙永久实受其益。金

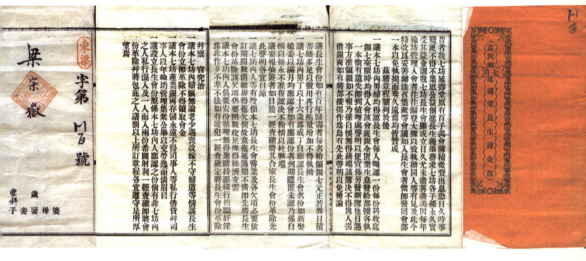

图93 《黄冈乡七坊延寿堂长生寿金部》

谓我七坊长生会虽成立久,尤未尽善尽美。因每年轮坊管理入会者,往往漏登大簿,以至执拗。同人等有见及此,今特改良妥善办法,如今众等会议,如入长生会者当即发给会部一本,以免执拗,而垂久远焉,为均皆赞成。兹将章程胪列于后:

一议本七坊内男妇均得认长生会,每人限认一份,每份科收底银七毫,随时均得入会。该会底银全置业生息,发给部据,各执一本。倘有遗失,即得到值理处声明,以便宣布,另发新簿,他日遇事方准领银。如不报,乃系自误,无得藉端。该簿决不得与人揭借银两,如有将部按揭,作为乌有,先此声明,以免后论。

一议长生会份如有百年归寿者,每名给领银七元正,若异日积蓄饶多,足以敷用,再行酌量增,不得执拗。

一议七坊内男丁以十六岁为成丁,自应得认长生会名份。如新娶媳妾以满月均应认会。如有应认份者到期隐匿未认会,乃係自误,以后永不准复认,不徇情,以杜弊端。此声明各宜自谅。

一议七坊内人等有投佃,本七坊长生会尝业及各欠项必要依订期照

七 端砚业的行会、行规

数清缴,毋得拖欠。倘故意拖延过期不清,即先将长生会份革除,该欠项仍要照数收足,俾得接济支需。

一议本七坊内人俱要安份循理,无得聚赌,持恶横行,拐骗奸淫,为非作歹,不孝不法,如有违犯,一经查确,定将长生会份革除。并禀官究治。

一议本七坊内妇姬,无论老少,遇丧改嫁,不守妇道等情,该长生会份立即革除,不得领取会金。

一议本七坊产业银两存储,永远不得司事人等私行借贷,并司事人以年轮坊管理,集众公举,以交劳逸而清眉目。

一议立长生会份原系本七坊内人应认之份,倘有非七坊内之人私行混入,及一人而入两份,希图射利,一经查确,即将会份革除,并将包庇之人议罚。以上所订章程各宜遵守,是所厚望焉。

(3)《惠应福寿堂工友互助长生公益义会章程》:(图94)

一、本会定名为端砚工友互助长生公益义会,为目的。

二、本会纯为工友联络感情起见组织,以慈善公益为宗旨。

三、凡本会会友者方能入会,倘非本会会友,不得入会。如会友子孙方能续入,仍要先行挂号费二毫方可有效。如非本会友欲入会者,以本会积聚款,如数均占补足仍收会底金陆毫方可入会。

四、凡会友入会先收会底金陆毫,如上升者每份互助银弍毫,其遇事之人,要他亲属及干事一齐携会部到理财员领取寿金弍拾圆,其互充银由干事催收,但该款必须交到理财及携会部由理财盖章方能有效。

五、其互助费以限一个月内清缴,即其上升之人,日期至递个月日期为限,如再过期不充者,即作退会,其前充过上之款俱作无效,亦不得藉端提议公款。

六、如会友倘遇上升,五日内不互充者,其本人欠充会亦遇上升,不得领取寿金,其过之款亦作为乌有。

七、如会友或在外处谋生,不幸在外上升者,要证确凿,仍要会份担保,方能领取寿金其过之。

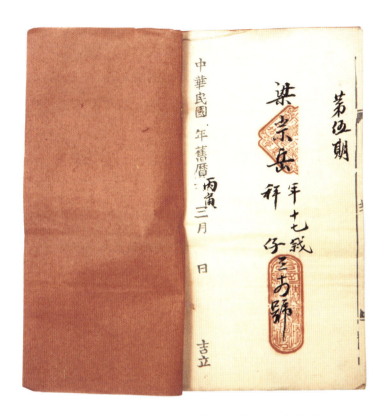

图94　惠应福寿堂工友互助长生会簿内页

八、或会友欠互充在结束时期,仍以四月初八日数清清楚以得。管数人届清交亦以清手续,免后人习惯及欠本会公款亦同此例。

九、其会份或多或少以一百份为原则,如不足一百份,由会底补足。倘超过一百份者,其银拨回会底留存。若公款不敷者即齐集会友踊跃捐助,或其他方面筹划。

十、凡会友子孙以十八岁应当入会,如到十八岁之其竟不入会者作为破坏公交论,即将家长名份革除,其本身工友权得等项,亦是本会公敌,亦集众另谋特别待付,以顾团结而维公益。倘其子孙果不肖者,即集众公议体察情形,方能宽恕。

十一、凡会友互充会份者,由首会互充至四十会上升者,增加寿金肆元,由首会互充至六十会上升者,增加寿金七元,由首会互充至八十会上升者,增加寿金拾元,由首会互充至一百会上升者,增加寿金壹拾伍元,其名份以充足壹百份者为满期,以后不用互充,其人上升之寿金仍係续入会友互充之款,其增加之款乃係余银出息以资鼓励。

十二、本会以值事理财为常务,由各值事催收各会友互助费,其该款即交理财臂助之次。该任以一年期满另行选举,但连选得连任。

十三、本会以每年四月初八日开全体大会一次,与及各工友讨行事宜而固永远团结是幸。

行规主要是经本行商议后形成的契约,具有同业中的权威强制性,是必须共同遵守的条款,大致包括管理方面、经费方面、福利方面、道德方面、集会方面和处罚方面等。

1、管理方面

行会公推董事分别管理会务,称之为"司事人"或"值事",负责对外办理交涉、谈判,处理商事纠纷和诉讼,制定行规,主持神祭,支差派捐等。司事或值事的推选一般要具备以下几方面的条件:一是辈分比较高,子孙满堂,在民众看来是有福气的;二是家产殷实,在民众看来是有财有势的,而且又是持家有方的人,认为这种人靠得住;三是本人的品德比较好,在民众看来是信得过的人;四是知书识礼,有一定的组织才干,能够在关键时刻挺身而出,为民众说话的人。司事或值事,任期一年,连选可以连任。大德坊梁氏,明代之前入籍黄岗。其先祖梁德高承祖业传给其子梁蓬彩的有土名基围和綮思园的田产。据大德坊梁氏崇星堂《遗嘱立部》记载:"百子会梁蓬彩占值事一位,另散份贰份。"可见梁蓬彩当时为百子会的值事(相当于会长)。

惠福坊罗松彪在清末民初曾担任值事。因为罗家是坊里的大家族,罗松彪知书识礼,经商有方,在城区开设玉铨斋砚铺,与当时肇阳罗道台蒋式芬等社会名流来往甚密,且为人谦逊,乐于助人,故被推举为值事。

章程规定年满十八岁的男丁必须入会,并要加入行内的福利组织

——"长生会"。《惠日端砚行长生义会簿》和《黄冈乡七坊延寿堂长生寿金部》规定："行内男丁以十六岁为成丁,自应认长生名份,及新娶媳妾以满月均应认会。"后来的《惠应福寿堂工友互助长生公益义会章程》规定"会友子孙以十八岁应当入会"。

2、经费方面

主要来自捐款,有基金捐款、常年捐助、临时派捐三种。基金捐款包括上缴会费和行会的房屋、田产及大宗款项;常年捐助由各坊缴纳;如发生特别事件或举办慈善救济,则临时向各商号派捐。如《惠日端砚行长生义会簿》记载惠日端砚行主要收入:一是原百子义会产业出租款及利息。"先将百子会所积产业租项出息,统永归长生项下支需"。二是行会的田业收入。"将本行尝数划拨田业共六柱归入长生支需。""行内人等有投佃本行,田坦该租项必要依订期照数清缴,毋得拖欠。倘故意拖延,过期不清及各欠项,立即先将长生会革除,该欠项仍要照数收足,以得接济支需"。

三是惠福、应日两坊每年每坊交给行会银五大元作为酬神基金。四是行会的会费,并全部用于置业生息。《惠日端砚行长生义会簿》记载:"惠日端砚行内男妇均认长生名份者,每份科收底银七毫,限期三月廿收足,止截之后,该底银全置业生息给发部据,各执一本。"《惠应福寿堂工友互助长生公益义会章程》:"如会友子孙方能续入,仍要先行挂号费二毫方可有效。""凡会友入会先收会底金陆毫,如上升者每份互助银式毫。""如非本会友欲入会者,以本会积聚款,如数均占补足仍收会底金陆毫方可入会。"还规定:"若公款不敷者即齐集会友踊跃捐助。或其他方面筹划。"又如宾日村在外开设店铺经营端砚石业的商人很多,有些富户经常会捐款给行会举办拜师祭神等活动。经费支出主要分三种:

（1）向官府纳税"开支完粮";

（2）每年"恭祝师傅千秋宝诞"及惠日两坊酬神公用;

（3）会员遇不幸时,行会酬支救济费。

3、福利方面

设有为同业办理善举的组织,这实际上是一种对于竞争风险的保险补偿机制。如惠日端砚行民国二年创办"惠日端砚行长生会"规定:"长生份内有百年归寿者,每名给领长生银五元。若异日积蓄饶多,足以敷用再行酌增。"《黄冈乡七坊延寿堂长生寿金部》规定:"长生会份如有百年归寿者,每名给领银七元正,若异日积蓄饶多,足以敷用,再行酌量增。"《惠应福寿堂工友互助长生会》规定:"凡会友入会先收会底金陆毫,如上升者每份互助银式毫,其遇事之人,要他亲属及干事一齐携会部到理财员领取寿金式拾员,其互充银由干事催收,但该款必须交到理财及携会部由理财盖章方能有效。"其目的是"纯为工友联络感情起见,组织以慈善公益为意旨"。凡入会者发给红色封面的会簿一本作为凭据。规定行内有百年归寿者,其亲属可以携带会簿领取寿金二十元。如会友在外谋生死亡,经查实并有人担保亦可领取寿金。同时还设立奖励制度:会友每年要交互助银两毫作为基金,这些基金作为奖励会友健康的"寿金"。会友活至四十岁者增加寿金四元,至六十岁者增加寿金七元,至八十岁者增加寿金十元,至一百岁者增加寿金十五元。满一百岁仍健在者不用再交互助银,其增加之款仍可计利息。

4、道德方面

入会的村民要遵循传统的道德要求,孝敬父母,邻里和睦,互帮互助,诚信谦和,安分循理等。

5、集会方面

采石制砚行都购置房产作为会址。宾日村贤里巷有一间约30平方米的平房。惠日端砚行在惠福坊有一间约40平方米平房,又叫"营房"。行会的房产主要用作祭祀祖师和聚会议事的场所。每年四月初八日,在杨氏宗祠拜师入行的石工均回宾日村参加"贺师傅",惠福、应日坊的砚工则在营房举办"恭祝师傅千秋宝诞"祭祀活动,召开全体砚工大会,结清相关款项,公布本行一年收支情况,让父老行友过目。讨论行内事宜,或选举新的司事和值事成员。最后聚餐吃酒,借此加强行友联系"永固团结",并向外行显示力量。

6、处罚方面

行内十六岁成年男子,过门的新媳妇、妾满月不入会和逾期者,永远不得入会;故意拖欠会费者,立即革除会份,还要交足所欠会费。不是行内人,私行混入或一人领取两份以图谋利益者,革除会份,并追究包庇者的责任。若假报死者领取寿金,经查实者,革除全家会份。

《惠日端砚行长生会》和《黄冈乡七坊延寿堂长生寿金部》规定:"行内人俱要安份循理,毋得聚赌,恃恶横行,拐骗奸淫,不孝不法,一经查确,定将长生份革除,并禀官究治。"还规定行内妇女如果死了丈夫改嫁,视为不守妇道,立即革除会份。《惠应福寿堂工友互助长生会》将这一条废除。《惠应福寿堂工友互助长生会》规定:"凡会友子孙以十八岁应当入会,如到十八岁之其竟不入会者作为破坏公交论,即将家长名份革除。"如果会友"子孙果不肖者,即集众公议体察情形,方能宽恕。"处罚目的是"顾团结而维公益。"

总的看来,行会的民俗特征:一是组织的自发性。都是基于自己的生活需要与精神需要而自发结合在一起的。二是群众性。行会组织中一般不立常设性机构,负责人由行内公众推举、业余充任。三是地域性。局限在黄岗村范围的石匠之中,空间活动范围始终是有限的。四是传统性。有崇拜信仰与传承规仪、行业内部强调师承关系。如"传子不传女","十六岁须入会"等。

端砚业行会制度有利有弊。利的方面在于:一是互助。同业者彼此相联结,常在一定的时间及地点来讨论本业情况,若遇有危难之事,则协定以救济之。这种互助精神有助于行内的团结和睦。二是提高社会地位。工匠个人的社会地位非常低下,一旦组成一个同心协力的团体,就可以显示出很大的力量,从而提高地位。三是技艺传承的系谱性和封锁性,在一定程度上保证了某些制作技艺的精益求精,有的还因此创出该领域的名牌,出现技艺的巅峰。弊的方面主要是技艺垄断,阻碍了技艺的交流和生产规模的进一步扩大,甚至导致某些技艺失传。

端砚

民

俗

考

八　端砚的商业民俗

　　端砚是文房用品也是经济商品,它进入流通领域时包含有主要产品种类和交易情况,诸如端砚店铺的店号、店招与标志、广告、财神信仰、禁忌,如何维持信誉以及商业吉祥语、行话,农村集镇砚贩赊欠、付款、现款交易、以货易货、讨价还价的各种习俗;还有砚市的日期与特色、影响的范围;砚工"跑江湖"的活动范围、商人与砚农的关系;经营中还很注意职业道德,把道德规范变成口头传承的信用条文等等。在交易上抵制假冒伪劣,欺诈违约之类都是约定俗成的经营守则。这些都形成端砚商业活动具有浓郁气息的民俗——商俗。端砚的商俗随着时代的发展而变化,通过经营方式的创新和发展,不仅能够招徕顾客,扩大经营,提高效益,也能更加丰富和充实端砚产地特有的风俗民情。

（一）端砚商业的萌生与发展

　　隋唐的大统一及其社会的相对稳定,促进了社会政治、经济、文化的大发展,人们对日常生活生产用品的需求不断增长,从而刺激民间手工业不断扩大以及新兴手工业的出现。尤其是唐代造纸业迅速发展起来,带动了相关产业——笔、墨、砚等制造业的新发展。

　　同时,唐代经历社会政治经济的不断变革和农民大起义的猛烈冲击,门阀士族地主的势力日益衰弱。佃农与地主的人身依附关系逐渐削弱。国家对工匠人身控制的松弛,工商政策的宽松,亦为民间手工业的发展提供了良好的社会环境,从而促进手工业者的生产主动性和积极性。

隋唐时期置端州郡,水路、陆路交通更为发达,逐渐取代了广信政治、经济、文化中心的地位。端州农业得到较快的发展,人口增多(当时端州人口达950户,仅次于广州),交通发达,工商业也逐渐兴盛起来。有学者考证,渡头村曾经是高要县衙、郡署的所在地,是端州几个主要的上落码头之一,往来官员也在此渡口上落。因为地势低洼,常受洪水淹浸,县衙、郡府才向西迁移,但农副产品往来,集市贸易仍然十分兴旺,并出现墟市。据《肇庆市志》记载,"端州以南,三日一市,谓之趁墟"。墟市位于端砚产地黄岗之西,邻近是西江码头,古称渡头,商货往来十分频繁。当时上墟市交换的商品,主要纺织品、金属器皿,以及茶、糖、瓷器等新兴商品,文化生活用品纸、笔、墨、砚也进入集市贸易。这样的环境直接促使了端砚生产和贸易的发展。

唐代早期的端砚由于产量少,运输艰难,对中原人民来说是极为罕见的商品,一般是皇亲国戚、官宦贵族使用的文房"奢侈品"。到了中晚唐,张九龄开大庾岭,这才有了陆路沟通南北,虽然过岭艰辛,交通却更为便利,端砚随着其他岭南特产货物逐渐进入中原。

隋炀帝时开凿了大运河,沟通了海河、黄河、淮河、长江、钱塘江五大河流,全长达四五千里,大大加强了南北联系。从中原沿大运河南下,经扬州,溯长江而入鄱阳湖,再经赣江、章水而上,越过大庾岭而进入岭南,然后顺浈水到达广州,这一线路慢慢成为我国对外贸易的主要通道。唐开元四年(716),唐玄宗下旨令张九龄督民凿修梅岭驿道,在官民的通力合作下,一条"坦坦而方五轨,阗阗而走四通"的官方驿道很快就修成了,打通了岭南北上必经的粤赣交界的大庾岭古道。(图95)古道开通之后,南北交通大为改观,端州商贩把端砚由水路运抵广州,然后北上到雄州,经古道运往岭北,直抵中原;由中原南下的客商货物,则从陆路经岭北越

图95　梅关古道

古道运至雄州,而后转水运往广州等地,从而使端砚的开采和推销也获得前所未有的发展机会。这段长达30多里的险峻山路,货物靠的是肩挑背伏,劳动强度极大,从大庾岭古道进入江西大余后再由章江顺流而下赣江,由赣江向北至鄱阳湖抵长江,进入运河,最后才能到达中原及关中,远可达万里之遥,一斤一两都属不易,故只有材优者才有资格踏上这一幸运之旅。要进入梅岭古道,从梅关向南北两边蜿蜒而下,北接江西章水,南连广东浈水,好象一条彩线,把长江和珠江连接起来了,形成了一条水陆连运的交通线。历史上不少中原士宦、巨家望族,由此道迁入岭南,灿烂的中原文化也由此道播入南粤。端砚也是从此时开始销往内地,经湖南、江西进入都城长安。

　　据考古发现,在这条主要交通要道上的主要城市广州、韶关、江西、洛阳等地墓葬均有唐代端砚出土。

端砚

民
俗
考

中唐时期,端砚产量的激增和贸易的兴旺,使端砚由原来只有官僚贵族享受的"奢侈品""飞入寻常百姓家",成为民间常见的文房用品。李肇《唐国史补》卷下记载了盛唐和中唐端砚流通的兴旺景象:"凡货贿之物,侈于用者,不可胜纪。丝布为衣,麻布为囊,毡帽为盖,革皮为带,内邱白瓷瓯,端溪紫石砚,天下无贵贱通用之。"可见当时已像瓷器一样成为民间不可缺少的用品。

宋代是中国古代社会政治、经济、文化大变化时期,也是商品经济发生较大变化时期。宋代是书画艺术发展的高峰,对文房用具的需求更大,要求其功能愈臻完美,端砚以其特有石质和石品被推为四大名砚之首,并被列为皇家贡品,使端砚更是闻名遐迩。

但是,端砚商业经济曾经历了一段低潮期。在北宋时期,端州曾一度人口锐减,生产力遭严重破坏,其原因一是少数民族不宾服,时出袭扰,破坏了农业生产;其二是"瘴气"瘟疫。手工业品包括端砚业在内均受破坏。朝廷官员多不愿到端州任职,有的则为贪吏,借贡砚而搜刮民膏,砚乡百姓苦不堪言。宋仁宗康定元年(1040),包拯知端州军州事,屯田垦荒,兴修水利,兴文办学,挖井除疾,发展农业生产,并采取柔民政策,吸引山林中的少数民族出来开荒耕作,使农业生产得到恢复发展,人口增多。端州百姓除了粮食自足还有富余产品上集市贸易。包公体恤民情,惩治地方贪官污吏,减轻砚家负担,对端砚"只征贡数",推动端砚生产制作及其他手工业的恢复发展。公元1100年,端王赵佶登基称帝(即宋徽宗),升端州为兴庆军,1118年改称肇庆府,并亲赐御书。宋徽宗对肇庆恩宠有加,曾"降白银二十四万两,修葺城墙",同时征来大量端砚赏赐功臣。由于皇帝对端州和端砚的重视,加上文人士大夫的推崇,使端砚的生产和贸易十分繁荣,迎来了端砚业的第一个高峰。

据记载,仅宋代开采的砚坑就有10多个,成为全国两大产砚区之一。其中坑仔岩和宋坑等名坑均开采于宋代。端砚的形制达50多种,装饰纹样更为丰富。而且还利用端砚石制作各样日用品。据米芾《砚史》所记："后砾石,土人刻为盘、印合、压纸。"

由于贩运端砚要长途跋涉,砚工用一种端溪水产的水草包裹端砚,防止在运输途中破损。宋代苏易简的《文房四谱·砚谱》记载:"世传端州有溪曰端溪,因其石砚至妙,益墨而至洁,其溪水中出一草,芊芊可爱。匠琢讫,乃用其草裹之,故自岭表迄中夏而无损也。"

宋代端砚商业发展的一个新特点是,民间作坊及个体手工业者开始大量出现,端砚大量进入市场,端砚的品种更加丰富。以采石制砚为主的手工业已经从农业中分离出来,黄岗村逐渐发展成为一个以生产端砚和石制品为主的手工业村落。

元朝的建立,不仅奠定了元、明、清600多年中国国家的长期统一,而且也为商业经济的发展提供了一个新的环境。元代经济在国家的统一和民族的融合背景下发生重大变化,也是商业经济承前启后,促进发展的转折时期。其时肇庆以水路为主的交通运输业有了较大发展,创办了从广州往返肇庆的定期航班,称为"长河渡"。西江北岸,开辟了多个渡口。至元年间(1335~1340)陶山都创设金津渡(位于天妃庙,即今飞鹅庙前,渡船抵金渡)。人货共运的船只往来频繁,商贸较为活跃。宋代高要县治西移至今址后,黄岗一直为县城东郊的一大墟镇,在黄岗东边古渡口等埠头开设了供人货过河的"横水渡"。肇庆也开通了往广州、江门、梧州等地水上客运。但元代作为文房用品的端砚未得到广泛重视,市场需求萎缩。而且官府对砚坑仍承前制,实行封禁,民间私采受严格管制,进入市场流通领域的端砚数量锐减,可以说这是端砚商业经济的低潮期。

明初,随着宋元以来的社会生产力的提高,民族融合及由此而来的区域经济交流增多为特色的社会经济进一步发展。明代商业采取的政策总体上说还是抑制政策,商税仍然很重,但相较而言,对商业的发展和商品跨地区贸易实行较为宽容的政策,商人进行民间贸易较为便利,商业经济整体呈上升趋势。

明代和清代,作为府治所在地的肇庆,正处于西江水运的要冲,逐渐

八
端
砚
的
商
业
民
俗

成为沟通粤西山区与珠江三角洲地区水路交通的中心,而且还是两广粮食和土特产的转运站。明嘉靖年间肇庆府是岭南富庶之地:"肇庆实善地,军门驻扎,民物富饶。水路南通省城,北达西粤。商贾辐辏,百货灌输……闻雷州稍富裕,然较肇庆,殆若天渊……粤中唯广州各县悉富庶,次则潮州,又次则肇庆。"①黄岗的地理位置和交通优势吸引了更多的外来人口落户,使黄岗商贸更为活跃,逐渐发展成为商贸集市。明洪武十二年(1379)创设黄冈(今黄岗)圩。

端砚出现了名坑大开采的时期。老坑大西洞石开坑后,更是风靡一时,各种色彩的斑纹美丽绝伦,可以说是石质与石色相互交融,成为千古名石,使端溪名砚一直保持在四大名砚之冠的位置,成为清以来文人士大夫、富商、官僚乃至皇宫贵族追求收藏、珍玩的名砚,一时大西洞石砚有寸若千金之说。

随着社会分工的进一步扩大,端砚生产不断细分,出现采石和制作端砚的专门行业,这为端砚和石制品的生产销售提供了更为宽阔的领域和更大的发展空间。吸引了更多人口聚居黄岗,明代记载黄岗村民500户,皆以石为生。

明末清初连年征战,社会生产力遭到严重破坏。从康熙时期起清统治者就采取一系列措施恢复社会生产,逐渐稳定社会秩序。到乾隆时期社会经济得到进一步增强。清政府宣布废除明代匠籍制度,使手工业劳动者得到解放。现存《肇庆禁封江勒索碑》、《肇庆府禁官差勒索杂货铺告示碑》、《肇庆府禁官差勒索磁器缸瓦铺告示碑》,反映了清政府对工商业的保护。清初一度遭受严重破坏的手工业得到恢复并有所发展。端砚的使用与鉴藏风气盛行,端砚石大量开采,端砚生产出现历史上最为旺盛时期,官府要员、文人墨客和客商都慕名到黄岗购买端砚。黄岗村出现许多家庭作坊。"岭南三大家"之一的陈恭尹游黄岗时作《冬日端江舟中杂诗》:"黄冈村里砚成堆,市估争携趁客回。"②

---

① 明代周复俊《泾林续记》。
② 清屈大均《广东新语》。

许多砚农把自己生产的端砚拿到肇庆城区的集市销售。当时在肇庆城外的水街码头和天宁寺附近是非常繁华的交易市场,端砚交易成行成市,出现了以端砚销售为主的小商小贩,他们走乡串户,收购端砚,然后到城区和广州、佛山等地销售,并办起专营的店铺。(图96)

　　中国东南部地区的一批城市如南京、扬州、苏州、杭州,长江中游的武昌,运河沿线城市如淮安、清江浦、临清、济宁、天津等地相当繁华,形成苏杭、沿长江流域、沿海地区几大商业贸易中心区域,与整个南方的商业贸易联系更为密切,为端砚贸易创造了良好的条件。

　　当时在市场上交易的除了成品砚外,还有未经琢磨的石璞。苏州、杭州的工匠,通过贸易渠道购买砚材回当地雕刻。并销往京城和周边大城市。有些官宦、商贾在肇庆砚乡带砚材回京杭,请当地玉雕或砚雕高手刻制。

　　端砚生产的兴旺带动了商业的繁荣,在城区出现了"砚市"。有的砚

图96　新中国成立前,肇庆城中路是繁华的商业街

工到城里开店铺私家经营。多数店铺是兼具端砚和石制品作坊和商铺的功能,前店后坊。清光绪三十四年(1908),成立肇庆商务分会,其时肇庆城内商店约有千间,其中端砚石刻店铺近十家。

清末,在西方观念的影响下,一些有识之士,如马建忠、郑观应、康有为、梁启超等资产阶级改良主义思想家,一而再再而三地发出了发展工商业的呼声。重商之风愈发普及,商人的社会地位也越来越高。在政府大力提倡工商业的大气候下,许多砚工进入大中城市经商。有钱者自开店铺,无资者受雇于商家。这一时期,端砚主要批量销售,除了国内市场外,还出口日本和东南亚的华人区。

民国时期,中国的经济、政治、社会和思想文化出现了全面的新旧大交替。自辛亥革命以后,欧风东渐,西方的自来水笔和铅笔逐渐进占广东的笔墨行业,传统的笔墨行业已奄奄一息,广州一些经营了百余年的老字号如陈富元、何大珍笔行,素有"皇帝女唔(不)愁嫁"之称,此时也不得不印发传单,刊登广告。墨店中的詹同文、詹成圭等老字号,也处境相似。端砚业也大不及以前。兼之外患内乱,战火连年,端砚的制作和生产一落千丈,濒临山穷水尽的绝境。只有个别作坊以雕刻端砚勉强维生,广州、佛山、肇庆的砚铺均关闭,很多制砚艺人沦落他乡,或改行换业。

1935年,广东陈济棠推行复古,规定《孝经》为中小学校的必修课,又"禁各校学生,用墨水笔写中国字"。[①]使用笔墨、端砚等经营者经历了短暂的欢喜。

抗日战争前,新建肇庆至三水、肇庆至新兴、肇庆至高明三条公路,工商业日趋发展,形成了以肇庆街为中心,互为依托的一市六墟的商业网络。六墟指新桥墟、白土墟、广利墟、禄步墟、金利墟、黄冈(岗)墟。其中黄岗墟是肇庆城郊最大的墟市,逢二、五、八日为墟期。每逢墟期农工百

---

① 转引自《民国广东商业史》 广东人民出版社,黄增章2006年8月,第94页。

作,四方商贩,携货赶墟,黄岗砚工也趁墟售砚。民国时期,广州、佛山的一些古玩商人也常常到黄岗收购端砚。

1937年后,外患内乱,战火连年,广州因日机轰炸和时局动荡而倒闭的工商业厂家达1760余家[①],广州的砚铺许多关闭,店主携带家眷回到黄岗避难,只有个别作坊、店铺勉强维持。由于珠江三角洲沦陷,大量人口逃到肇庆避难,致肇庆人口激增,商业畸形繁荣,各业兴盛一时。这样的局势也为砚农提供了一丝生存的机会,城区的个别端砚店铺改变经营方式,挑着端砚和工艺品到避难者中兜售。当时日机白天常在肇庆上空盘旋,或进行轰炸。城内居民在古城墙挖防空洞躲避,一些居民和外地涌入的难民多到七星岩风景区的岩洞里避难,那里也因此成为临时的小商品交易场所。"宝山斋"、"陈玉斋"等砚铺的业主每天一大早就挑着端砚和白石、绿端石雕刻的工艺品步行到七星岩兜售,下午三、四时打道回城,然后买米做饭,艰难度日。这一状况持续到1945年肇庆光复。

解放初,端砚商业一度停滞。1956年,贯彻中央对私营工商业进行社会主义改造的决定,全城私营商业565户,1644人,纳入公私合营396户,1223人[②]。陈玉斋、宝山斋、端华先后加入合作社,合并为工艺厂。1959年,端砚生产得以恢复。

(二)端砚业的贸易方式

自古以来,端砚的制作都是家庭小作坊式为主,即使后来成立行会,规模也不大。这主要是由端砚生产的手工艺特性、官府的限制和消费群体的局限性所决定。加上全国四大名砚各占市场,端砚虽为四大名砚之首,

---

① 转引自《民国广东商业史》,广东人民出版社,黄增章,2006年8月,第123页。

② 《高要县志》,广东人民出版社,1996年9月第1版,第28页。

其市场份额也受限制。大部分砚工采石制成成品后卖给顾客或卖给村里的端砚收购店铺和兜售给外来收购的古玩店商人、小贩，或卖给代收购的杂货铺。古时店铺老板在惠福坊和宾日坊均设有端砚收购点，他们和砚农交易有的付款，有的换取生活物品。宾日坊的"杨辉记杂货店"就是一家销售日常货物，兼收购端砚的店铺，以物易物。

俗话讲"朝（早上）种树，晚界板"，"没隔日粮"，即日做好即时换米和油、盐、酱、醋及其他生活用品。砚工多数是雕好一、二方砚就当天送到收购端砚的店铺。他们习惯把砚夹在腋下，又因当时多数是制作圆形的单打砚，像满月的形状，村民诙谐地称之为"胳肋（腋下）出月光"。民国时期，货币贬值，砚工一般以砚换物，一个4寸单打墨砚兑换1升米（相当现在的八两）。如果是雕花的砚要看复杂程度和难度增加计价。

黄岗一些砚铺的店主与黄岗墟的杂货店挂钩，采取凭单换物方式，为砚工提供了方便。宾日村利发与同昌，源栈与瑞和挂钩，委托杂货铺凭他们开出的盖有店铺印鉴的单据，就可以给砚工换生活物品。店主与黄岗杂货铺大约一个月结账清数一次。

端砚的经营方式可分为行商、坐商两种。

1、行商（"跑江湖"）

一些有生意头脑的石工打破"山牛吃山草，山妹嫁山佬"的保守观念，到外地集市、店铺销售端砚，自称为"跑江湖"。开始是把自己制作的砚台带到城镇销售，后来兼收购端砚转手买卖，以赚取差价。清代至民国时期，许多砚工近者在肇庆城区，远者到广州、佛山、江门甚至更远的都市售卖端砚。

宋代就有端州石工"跑江湖"贩卖端砚到湖南的记载。宋代端砚不仅石质优良，而且刻制精美，价可比玉，以至有的人用其他地方的石头刻成端砚的样式，冒充端砚出售。宋代赵希鹄《洞天清录》记载："今端溪民负贩者，多市辰州①研（砚）璞而归，刻作端溪样以眩人，江南士大夫被获重

---

① 辰州：今湖南沅陵县。

价。"可见端州当时制砚已成地方风格,称"端溪样",为世人所重。

"跑江湖"的经营方式在新中国成立后的八九十年代最为盛行。那时国家为赚取外汇,鼓励发展传统工业品出口,因而带动了端砚业的发展。黄岗的许多砚工以父子、兄弟、叔侄等组成小分队,把自家雕刻的砚台用特制的编织袋装上,每人挑两袋,到广州、北京、上海、杭州、苏州等地的友谊宾馆、文物商店销售,主要销售对象是日本和东南亚的游客和商人。当时端砚的销售利润很高,所以黄岗的砚工成为当地最先致富的村民。时至今天,仍有个别砚工以这种传统的方式走南闯北卖砚谋生。

流动性的摊点聚集着各种不同来源的产品。既有本地城市手工业品,也有来自远近手工业镇市的名优产品,又有官府手工业(或准官府手工业),还有来自异国他乡的舶来品,以及出于古冢的古物,古今奇器、宫廷玩物,民间所用,一应俱全。

这样一种商业环境,在现实中很可能起到类似于"产品博览会"作用,形形色色的商品,既便于手工匠们交流设计经验、汲取设计灵感、活跃设计思想(在许多情况下见到直接仿造流行设计的情况),对城市居民和消费者来说,也能方便地起到增广见闻、提高鉴赏力的作用,从而一方面有利于推动新设计的问世,另一方面也有助于流行设计的迅速传播。

2、坐商(砚铺)

黄岗砚工把经营端砚的店铺叫做"墨砚店",这是传统的"坐商"亦称"坐贾"。一般有比较固定的经营场所,从外进货或自己制作然后出卖。本钱少的则"摆地摊"。经营"摆地摊"发了财就可租铺经营成为"坐贾"。清代"摆地摊"销售的地方有肇庆水街一带。当时在肇庆城外的天宁寺附近是非常繁华的交易市场,邻近有个水街码头,是来往肇庆城的船只停靠的地方,各地货物在此交易、转运,商贾云集。水街码头、城中路一带端砚交易成行成市。清代吴震方《岭南杂记》记录了肇庆城外的江边有端砚集市:"顺治壬辰夏,以命使粤肇庆府,古端州也。所寓郭外天宁寺,咫尺端江,聚砚为市。"(图97)

图97　天宁路。因古时候的天宁寺而得名,民国所建的大钟楼是该地段的标志建筑,以南的水街码头自古以来是肇庆的商品交易旺地

　　砚工开设经营端砚店铺一般都兼营刀石、磨船墩石、刻碑、花盆、屏风以及石制工艺品等。(图98、99)据不完全统计,在清至民国期间,惠福坊、应日坊、大德坊和宾日、东禺、泰宁等村的村民在肇庆、广州、佛山、香港等地所开设的店铺有二十多家。其中肇庆城区的端砚石刻店铺近十家,主要有玉铨斋、陈玉斋、宝山斋、绿石斋等。(图100)

　　在广州开设的端砚石刻店也不少,据1925年广州市各行业店铺间数调查表显示,当时广州有墨砚店铺共15间①,主要有懋隆、广泰、赞玉(图101)。佛山开设的端砚云石铺主要有利发、广发等。在香港主要有源栈(建国后改为域多利云石业有限公司)等。现将主要店铺介绍如下:

　　(1)懋隆砚铺(图102)

　　位于广州市天成路,由大德坊(今属白石村)的梁耀南于清光绪年间

---

　　①　《民国广东商业史》,广东人民出版社,黄增章,2006年8月。

所创立。主要经营端砚,兼营石刻工艺品和刻碑业务。由于梁耀南、梁北泉父子不但雕刻技艺精巧,而且信誉良好,获得当时许多社会名流的信赖,业务蒸蒸日上。(图103)

民国初期,梁北泉将"懋隆"扩建成了一幢占地面积约400平方米的四层西式大厦,更名为"星岩",仍以端砚为主业兼营其他文房用具和各类工艺品,生意十分红火,商铺及仓库囤积了大量的货源。"星岩"日渐成为当时经营文房四宝以及工艺品的大型店铺之一。

图98 绿端香炉。十都书院黄广康藏

图99 白端土地公。十都书院黄广康藏

八 端砚的商业民俗

坊名	创办人	店名	地点
惠福坊	罗松彪	钰铨斋	肇庆城中路173号
惠福坊	蔡九	蔡宝华	在白石村内开设
惠福坊	罗冠雄	瑞华斋	肇庆城中路
惠福坊	罗冠华(二苏)	宝山斋	肇庆东门街(今正东路)
大德坊	梁耀南	懋隆(民国初改为"星岩")	广州诗书路(现天成路)
宾日坊	杨忠	介成刀石墨砚店	宾日村内开设
宾日坊	杨辉记	辉记杂货铺	宾日村内开设
宾日坊	林伟	正发石业店	广州天成路
宾日坊	杨灿云(杨苏虾)	利发石业店	广州天成路、香港
宾日坊	杨毛驹	正利石业店	佛山升平路高基街
宾日坊	杨绍文	恒利石业店	同上
宾日坊	杨亚毛	广利石业店	佛山升平路牛栏口
宾日坊	林亚妮(后由其儿子林伟管理)	安发石业店	广州天成路
宾日坊	杨芬(杨桂添父亲)	正利、云利、大利	佛山
宾日坊	杨岳新	源栈石业店 利发云石铺	广州太德路 香港铜锣湾
泰宁村	梁宝泉	厚玉斋	肇庆城中路
东禺坊	陈长头	陈玉斋	肇庆城区水街(今天宁南路)

此外,据黄岗的老人回忆,还有一些人在外面开铺,但由于年代久远已记不起店名。如黄狗四、夏姓人在广州开铺,李广苏在佛山开铺。另外还有行外人收购端砚开铺经营。如蓝塘周炳云、周友云和周福云三兄弟在广州龙塘路(现教育路)开有三间经营端砚的店铺。

图100 清至民国时期黄岗村村民开设的端砚石业店铺列表

端硯

民俗考

图101　泰宁坊董衍璇珍藏的家书

　　清代咸丰年间西江发生洪水后,当时在端溪书院读书的董兆荃向在广州西湖街开赞玉端砚店的董壁生老爷寄去试卷并报平安

图102　位于广州市天成路的"懋隆"砚铺

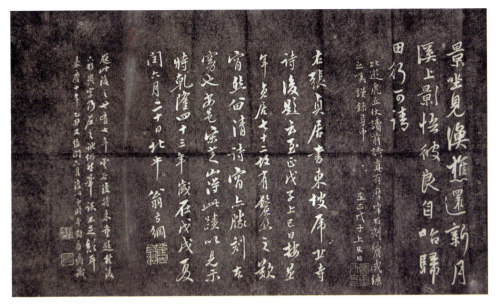

图103　书法碑刻拓片。梁志明珍藏着祖上留下的一批拓片，其中有清代两广总督耆英、嘉庆进士翁方纲、岭南才子陈子庄等人的书法碑刻。据其后人说，肇庆水利会的碑记和七星岩景区内十九路军军坟的文字碑记等为祖父所镌刻

　　后来日本侵华，广州沦陷，梁北泉返肇庆避难，期间店铺所有的货物被洗劫一空。据留守的员工说，当天晚上，店铺闯进一大帮人，先将员工捆绑，然后用了八辆军用大卡车将货物全部运走，不知所踪。不久，梁北泉将这幢曾经辉煌一时的"星岩"祖业，卖给一个造纸的商人作纸行，遣散了员工，自己回到了黄岗老家。直到新中国成立前几年，这幢西式大厦还是一间专门经营纸业的纸行。

　　据其孙辈回忆：祖父回到家乡后，将一部分银两在家乡"猫儿洲"（地名）买了几十亩田。当时祖父有事情要再往省城，把剩下大部分盘川托付给他的三叔看管寄存。但三叔为了寻求发展，带着黄金前往香港做生意，结果血本无归，回到肇庆时两手空空。祖父大骂三叔"带着黄金去做贼"，再度承受沉重打击。祖父后来积郁成疾，祖母为了给他治病也将原来买的几十亩田卖掉，但医穷医尽也难以挽回他的健康，祖父终于抛下年老的母亲、妻子和两个儿子少芬、少文，离开了人世。当时祖母已一贫如洗，历

尽千辛万苦地维持着这个家艰难度日。

新中国成立以后,这幢已易主为纸行的祖屋收归政府所有,从六十年代开始刚好被广东省工艺品进出口公司利用为仓库和交易会预展会场。当时被称为"天成仓"。到了七、八十年代,由于端砚是当时出口的热门工艺品和文房四宝,所以梁北泉的子孙后来曾经经营过的黄岗端砚厂(梁少文),白石端砚厂(梁焕明),大德利端砚厂(梁佩阳),与省工艺品进口公司有着密切的业务来往,经常送端砚到这幢曾经是自己祖业的地方供出口和展览。当时在这里隔壁邻居还住着几户肇庆的乡亲,其中有一位70多岁的林伯是黄岗人,年轻时曾在此经营磨刀石,每当见到都招呼他们饮茶作客。每次聚在一起时都讲一下"懋隆"和"星岩"的"威水"(兴盛、荣耀)史,说到动情之处老人家感慨万千。

(2)玉铨斋

玉铨斋是清代肇庆府城一间有名的端砚商铺,创办者为惠福坊(今属白石村)罗松彪,以其号"玉铨"为店名。

玉铨斋位于肇庆市城中路173号(今肇庆电影院西侧)。主营端砚,兼营白石公仔、刀石、刻碑等业务。经营的产品多为店主自己亲自刻制,有的在村中收购运回铺中销售,发现若有雕琢工艺不尽如人意的端砚,经常亲自修改、打磨。由于玉铨斋所售端砚质量好,价格适中,服务热情,童叟无欺,深受官吏仕林的青睐,生意越做越红火。

罗松彪善于交往,与地方官员关系融洽。宣统六年(1914),肇阳罗道道台蒋式芬为罗松彪题写了"玉铨斋"店名匾额,使玉铨斋闻名肇城和海外。产品远销广州、日本等地,一些东南亚商人亦慕名而来购买。玉铨斋所售佳砚及公仔多镌刻"玉铨斋"名号。光绪年间,两广总督张之洞开采老坑,得砚石一批。其中罗松彪获石一块,开为两件,制成平板对砚,背刻云龙纹饰,中间刻铭:"光绪庚寅张香帅督粤,奉旨开端州老坑,得此大西洞三层宝蓝地石作砚,其万年永保用。端州玉铨斋主人监造敬志。"记载了该砚的来由,是老坑开采的历史佐证。后该砚为日本龟埠斋所藏。著

录于《龟埠斋藏砚录》一书。(图104、105、106)

    民国时期,战乱频仍,军阀混战,民不聊生,抗日战争爆发更是令制砚业一落千丈,经营端砚的店铺许多都关闭歇业。玉铨斋勉强支撑,维持生计。1949年肇庆解放,玉铨斋后人有了短暂的欣喜。1956年公私合营,玉铨斋被政府收购,其后人回到老家白石村转为务农。

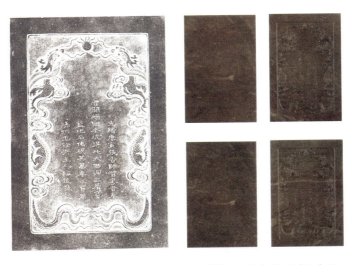

图104　日本龟埠斋所藏"玉铨斋"监造的老坑平板对砚

图105　玉铨斋白端石刻制
的洋人公仔

图106　玉铨斋白端石雕刻
的寿星公

八　端砚的商业民俗

罗松彪之长子，玉铨斋第二代传人罗沛熙（1909~1992）秉承祖业，传艺于独子罗仲。罗仲从小跟祖父和父亲以及堂兄罗耀学艺。建国后在肇庆市端砚厂当师傅授徒，培养了一大批年轻端砚艺人。曾参加雕刻鼎湖山荣睿纪念碑。他的儿子罗伟雄继承祖传技艺，创办家庭砚坊，仍用"玉铨斋"为名号。

（3）陈玉斋（图107）

由黄岗东禺村民陈瑞榕始创于清嘉庆年间，位于肇庆市城中路，后因生意扩大而迁至水街码头附近。

陈玉斋以经营端砚为主，兼营刀石、碑刻、书画。据其后人陈金明说，当时陈玉斋经营的端砚主要有斗方、大方、趟池、单打和杂形砚，其中杂形砚有瓜果、梅雀、云龙等，产品多销往阳江和广西，往往是一、二千方为一批发货。当时主要是靠船运，是烧煤、火水的人货船，俗称"火船"。其时，陈玉斋经营的产品有自己雕刻的，亦有从黄岗砚工那里收购来的成品。由于价廉物美，信誉好，生意越做越大，成为当时有名的端砚店铺。

陈玉斋传至第二代陈卓庭、第三代陈鼎新、第四代陈润堂都秉承祖业，经营有方。至1958年公私合营，陈玉斋以3000元人民币卖给政府，陈玉斋的历史遂告结束。（图108）

图107　位于城中路县前街的陈玉斋老店

图108　陈玉斋传人陈润棠作品

（4）宝山斋

清代黄岗惠福坊罗沛锟创办，位于肇庆县前街1号。（图109）

罗沛锟有儿子冠雄和冠华。两个儿子成家后，店铺便传给他们。其中两间分给长子冠雄，一间分给次子冠华。不久，兄弟各自创业。冠雄搬到城中路十字街对面，创办端华斋。宝山斋则由冠华管理。

图109　位于城中路县前街的宝山斋原址

图110　宝山斋印章

图111　1946年前后，宝山斋
迁至城中路23号（现成辉复印店）

冠华娶肇庆市郊岗尾村程氏女亚仪为妻（岗尾程氏的分支清代入住黄岗应日坊，从事端砚业）。宝山斋初期，没有本钱买石制砚，主要是承接玉铨斋的端砚打磨、上蜡。冠华夫妇的几个孩子相继降生后，日子更为拮据。幸得两人勤俭持家，为人善良，光顾的客户逐渐增多，生意渐有起色。

1946年前后，冠华夫妇租了城中路23号铺位，扩大经营（现26号，位于今肇庆市政府斜对面），经营端砚、白石公仔、磨刀石和刻碑记。端砚多为冠华刻制，部分回黄岗收购。收购回来的砚台都是没有打磨和上蜡的，这个工序多由程亚仪完成。以前打磨用水和沙子一起磨，日积月累，程亚仪的手脱皮，指缝也烂了，晚上要用白矾浸七醋来涂，痛楚稍微缓解，第二天再开工。新中国成立后，他们又经过近八年的苦心经营，有了一些积蓄。1956年对面商铺结业转让，冠华以600元的价格买了下来，然后用约400元对店铺的门窗、墙身等进行修葺，共花费1000多元。（图110、111）不久，广东省出口公司来宝山斋购买端砚和白石观音、和合二仙公仔和佛像、寿星公等回去试卖。成功后，要求宝山斋和陈玉斋、端华等砚铺入组归社，合并为工艺厂，宝山斋经营端砚、石业的历史从此结束。2008年作者走访宝山斋的女主人程亚仪，她虽已90高龄，却耳聪目明，对往事记忆犹新。

(5) 广泰云石铺（图112）

应日坊李氏十七世祖李焕章创办，位于广州天成路91号。经营端砚和磨刀石、刻碑记等业务。李焕章生于清咸丰十一年（1861），卒于民国十二年（1923），享寿63岁。其四子李元尧与妻苏氏承祖业在广州广泰云石铺打理店务。抗日战争爆发，李家店铺被占，苏氏孤身一人带子女回乡，把拆下的"广泰"招牌搬回家里保存。

(6) 源栈石业店

黄岗宾日村杨岳新于清代所创办。总店源栈石业店设在广州大德路，在香港铜锣湾开有分店利发云石铺，另外，还在诗书街设立一间制作砚台的工场，雇用了许多石匠和管理人员。经营的品种也很多，有端砚、刀石、石磨、磨船墩石等。产品的运输一般走水路，当时肇庆黄岗经营船运最出名的是沙湖村的苏耀辰（苏老二），他

十七世祖諱煥章字新貽係顯丕公之四子也元配安人蘇氏係隔塘村肇馨公之三女也生四子二女長子元照過長房承嗣耀章公次子元杰三子元芳四子元克長女亞慶次女亞港各配名門而公生於咸豐十一年公元一八六一年辛酉正月初八日巳時終於民國十二年公元一一九二三年癸亥七月初二日未時享壽六十三歲公仙遊時在廣州天成路九十一號廣泰雲石鋪後由肇省賢安渡返回安葬土名大傍山而蘇氏安人生於同治四年公元一八六五年乙丑正月二十八日好時終於民國三十一年公元一九四二年九月初一日丑時享壽七十八歲葬於土名大傍山有碑石禾立碑文如下

图112 李氏族谱记载广泰云石铺情况

图113 杨灿云于1948年建的两层小洋楼"灿园"

167

八 端砚的商业民俗

私人买"穗昌轮"经营运输。"源栈"的货物多由"穗昌轮"托运到广州、香港。宾日村民所经营店铺,以"源栈"的规模最大。新中国成立前夕,杨岳新在村里建起一座三层的中西合璧的建筑,名为"灿园",(图113)并买田置产业。第二年肇庆解放,这栋房子就归了政府。

据宾日村老石匠回忆:杨岳新很热心村里的公益事务,每年四月初八贺师傅宝诞拜师节,他都捐资筹办。新中国成立后,因为有田产被划为地主。他经营的广州大德路店铺在抗日时期关闭。香港经营的利发云石铺新中国成立后改为域多利云石业有限公司,由其儿子杨达明经营,转作建材生意。改革开放后,杨达明多次回乡,拜祭山坟祖宗,捐资办学修路。

(三)经营品种及砚价

古时候,商人经营的端砚有雕花砚和大路货两大类。其中有在方形、圆形、多边形、椭圆形的砚台上雕刻花纹瓜果、梅雀、云龙和夔龙、螭龙、回字等纹饰,随形雕花砚有佛手、灵芝、瓜果、荷花等。大路货有大方、斗方、趟池、单打、走水砚等。

当时黄岗制砚业的兴旺也带动了以白石、锦石为主要原材料的石制工艺品的发展。在黄岗村,妇女也纷纷加入生产行列。清代全祖望在《牂牁江上偶然作》一诗中生动地描绘了当时的情景:"端州白石净如玉,端州锦石烂如云。黄江(岗)十里皆石户,女郎亦参追琢勋。"

端州白石,是指七星岩产的白端石,质量最好的要数玉屏岩上的端石。玉屏岩因其状如屏风,岩石如白玉,故又名为玉屏岩。清代市场上出售的"端州干粉"、"惠州眉笔"、"始兴石墨"皆为畅销的妇女化妆品,"端州干粉"就是以玉屏岩上优质的白端石炼取而成。白端石以其纹理细润,晶莹如玉而驰名遐迩。阮元主编的清道光《广东通志》记载:"白端石出七星岩,石理细润而坚,不发墨,土人琢为珠砚及几案盘盂之类。其质理粗者为柱为础。海幢寺佛塔,将军署前石狮皆白端石也。其最白者碎为粉,妇女以之傅面,名'旱粉'。"白端石也可用来制作白石观音、笔架、坐佛、寿星公等工艺品。

　　清屈大均所著的《广东新语》,把白端石归入锦石一类:"锦石,出高要峡。青质白章,多作云霞、山水、人物、虫鱼诸象,以为屏风几案,不让大理石,但质微脆耳。其纯白者产七星岩,名白端。为柱为础及几、案、盘、盂,皓然如雪,皆可爱。盖七星岩内外纯是白石,亦有白质青文。然望之苍黑如积铁,以岁久风雨剥蚀也。最白者妇女以之傅面,名为干粉,与惠州画眉石、始兴石墨,皆闺阁所需。"当时以白端石和锦石制作的实用品种类丰富,很受顾客青睐。

　　民国时期,石制除了内销外,主要是销往国外。当时中高档的端砚大多外销日本、美国、新加坡等华人区,有的销往越南、泰国。低挡的产品主要销往朝鲜和东北三省。

　　端砚的价格按石色、石质、石品、雕工的优劣和规格大小而定。

　　唐代开始端砚石就以青、紫色为贵,故端石有"紫云""紫玉"之美誉。宋代青紫色砚石价格不菲,苏易简《文房四谱·砚谱》记载:"端州石砚匠,识山石之文理乃凿之。五七里有一窟,自然有圆石,青紫色,琢之为砚,可直(值)千金。"

　　不同坑洞产的砚石价格不一。宋叶樾《端溪砚谱》云:"砚之价,下岩水底脚石十倍于南壁石,南壁石十倍于中岩北壁石。半边山南诸岩倍于中岩南壁石,半边山北诸岩及龙岩中岩南壁倍上岩诸穴石,上岩诸穴倍小湘石。小湘石倍后历、蚌坑石。后历之佳者,亦与上岩诸穴价等。"

　　米芾《砚史》记载:"端州岩石砚,平生约见五七百枚,十千以上可估。"米芾《砚史》还记载宋代已有售卖石璞的方式,"大抵石美无瑕,亦可施工。璞而厚者,土人多识其藏疾,不复巧制,人或以其深厚而美之。"

　　彭乘《墨客挥犀》(亦见沈括《梦溪笔谈》)载:孙之翰,人尝与一砚,直(值)三十千。孙曰:"砚有何异,而如此之价也?"客曰:"砚以石润为贤,此石呵之则水流。"孙曰:"一日呵得一担水,才直三钱,买此何用。"竟不受。

张世南《游宦纪闻》记载："胡堂长伯量记度常卿涵星砚云：渝州度史君正奉诏入京，过金陵，出其所藏坡仙涵星砚。……砚后归李才元家，其孙家于成都之成都县，史君以百五十缗购得之。外周以二緑匣，盖阴各有朱字纪岁月及土人姓名。外者，'已亥洋州造大方志'，内者，'辛未杭州后洋沈上牢'。"

砚以石眼为贵。唐询《砚录》记载：工人每市石材，必以眼之大小、多少为轻重。若石之无眼，虽资质甚美，其大者不出千钱。工之精者，每得石以手扣之，知其下有眼及多少之数，因画记之，后令磨琢，皆如其言，云云。

元代王恽《玉堂嘉话》记载："以石中有眼者为最贵，世谓之鸲鹆眼……。有布列砚中，或如北斗，或如五星心房之形者，价不减数万……无眼者虽资质甚美，不出千钱。""惟材之大者尤为难得，每购求方六七寸而无病脉者，固亦少矣。比岁所贡方砚者五，皆以尺为准，然止于岩石之中品。或有眼，工人辄凿去之，恐异日复求不可必致也。"

明代张应文《清秘藏》记载："中岩新坑石，色淡紫，眼如鸲鹆，眼大重晕而紧小，其中如瞳子状，扣之微声，久用锋芒少乏。此品今亦珍重，未睹古砚者目之为下岩旧坑石，其实第三等材也。余向以三十六千购一碧端，上列七眼，盖下岩旧坑之奇者，唐制也。"

清代谢慎修《谢氏砚考》记载："有肇庆故判官子携石来售，大小六七方，皆水坑子石。素值五百金"，"价与玉拟"。

谢堃《金玉琐碎》记载："余在肇庆，见以研（通"砚"字）为业者，居城之半。暇与乡耆谭（通"谈"字）论，乃得其详。如购一径尺之研，不过一二百文，配一檀木研匣，亦不过一二百文。或一研百金不肯售。"

总结砚价基本上是以斧柯山砚坑的价格最高，其次为北岭小湘诸坑，再次为后沥、羚山诸坑，历来没有太大的变化。唐宋之时，千百金之砚比比皆是，甚至万金、数万金一方者，亦有所闻。元明以后砚价亦尚保持平稳，到了清末变法维新，西洋文化传来，自来水笔的逐渐使用，不用研墨亦可书写,于是砚台就开始跌价。例如以前值五百金,清末最多不过五百元。到了民国时期砚价最低,普通的一方砚台只能换米一、二升。

(四)端砚的经营习俗

肇庆城里许多端砚商铺都以自己家族的姓氏或自己的名号来命名,反映了当时社会的某些商业民俗。端砚店铺除非出现极其特殊的情况,往往都是某一家族世代经营,外人很少能继承。由于各种原因,有些商号倒闭了,而另一些则逐渐壮大起来,成为远近闻名的老字号。如东禺陈氏开的"陈玉斋"、惠福坊蔡家开的"蔡宝华"、惠福坊罗松彪以他的号开的"玉铨斋"等。商号之世代相传也存在诸多弊端,其中最为重要的就是缺乏改革和创新精神,很多店铺会一直坚持固有的一套经营理念和方式,对商业的发展来说,显然是存在相当程度的制约作用的。

1、起店名

店主很重视商店招牌(店号匾额)。为招徕顾客,都十分讲究商品的宣传和门面装饰,不论生意多少店面大小,店号、店招是必不可少的。多数店铺都有醒目的招牌,作为"店标",这些牌子有其特殊用途:首先需要让人一目了然,知道该店的经营项目,即具有浓厚的职业标识意味;其次是要有特色、能吸引顾客;其三,最好是能够给顾客留下深刻的印象,便于他们再次光顾。(图114)

端砚是文房用品,传统端砚店号都很讲究取词用字,有的引经据典,有的注重简洁易记,有的则要求别致。但所用的字词都有其共同点,通常都取吉利祥和之意,如"斋"、"阁"、"轩",显得文气;也有的用"发"、"利"、"宝"等,以招财气。有的以自己的姓或名或字起店名,如"陈玉斋""玉铨斋""杨辉记"等。这些店名牌子就是现在的商标。店名给人深刻印象。多用金字和红字写在牌匾上,招牌字镀金色,称金字招牌。装饰古色古香,以衬托店铺的悠久历史和社会名望,店名牌匾还要请一些有名望和地

图114　端砚店铺"玉铨斋"牌匾

位的人来题写,借名人以自重。玉铨斋就是肇阳罗道道台蒋式芬所题。个别砚店非常注意"创牌子",创开了便可行销天下。如玉铨斋就以信誉良好成为扬名海内外的端砚老店,其产品多刻"端州玉铨斋监制"或"玉铨斋炳垣刻"字样。

2、店铺的广告

广告突出"名"和"优"。店铺一般开设在城市商业旺地,成行成市。在肇庆城区开设的店铺集中在城中路,当时城中路是肇庆府衙所在地,东门外是水街码头,商家往来,商业兴旺,商铺林立。广州天成路则是笔墨纸砚行业集中的商业街。同行相近既有利于扩大知名度,同时也存在着竞争。各商家用各种方式进行宣传,以招徕顾客。现存唯一一张广告是玉铨斋的广告单张。这是当时放在店铺柜台供客户取阅,或随货的宣传单张。内容包括经营范围,产品特色,经营理念、地址等。最具有民俗特征的,是端砚商业的文化形象。

玉铨斋广告单张全文:

肇庆玉铨斋端砚老店

本店专造老坑端砚,时款送礼玩器。精工巧造星岩白石大小花盆,中外各款时花古玩人物,粗幼刀石,大小碑记,各式端砚。料美工精,货真价实，远近驰名，零沽批发，一律欢迎。诸君惠顾，请为留意为幸。

铺在粤东肇庆市城中路北向门牌一百七十三号。（图115）

有些店铺还刻有印章刻上店号。如"玉铨斋大宝号"、"陈玉斋"、"肇庆市手工业石刻行业宝山斋"等，在来往函件或凭证上使用，这也是一种广告形式。端砚店铺注意保证产品质量和维护经营信誉。玉铨斋制作的端砚和白石公仔上都刻有店号。（图116）

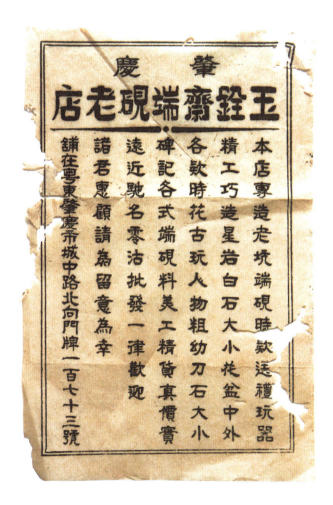

图115　玉铨斋的广告单张

图116 "玉铨斋大宝号"印章

3、店铺对联

按中国的传统,古时的端砚店铺多写有对联,一般都要请社会名流根据自己店名和经营的产品特点来撰写,选词用句非常儒雅,有吉利、诚信、迎宾等内容,"正直公平财如川至,利平忠厚客似云来"(佛山正利砚铺联)等。然后工工整整的用红木框装饰起来,悬挂在店内,显得得十分精美。这些对联使端砚商俗更有文化色彩。

4、开张

端砚商家逢年过节也有约定俗成的习俗,例如:一般在初八开市。开业那天,店家主人早早起来备好三牲祭拜财神,默祷神明保佑平安和发财,烧过纸钱宝烛后,打开店门燃放鞭炮。当第一个顾客入店购物时,店主认为财神到了,特别高兴,热情接待。

九　端砚业的节庆民俗

　　端砚业的节庆活动主要围绕欢庆国泰民安、祈求风调雨顺、出入平安等举行。大多数石工砚匠没书读，没文化，但是他们赖以为生的工作又都与读书和文化息息相关，大多习俗是一样的，只是在细节上显示出特色。除了春节、中秋节等传统节日外，富于地方特色的是伍丁拜师节等。节庆之日，男女老少穿上节日盛装，各显风采，舞狮、宴客热闹非凡，这些纯朴而独特的民族风情，演绎着美好的传说和地方掌故，寄托着砚乡人民对真善美的憧憬和追求。

（一）春节

　　过"春节"民间叫做"过新年"。黄岗过新年有丰富多彩的习俗。节期从夏历十二月二十三日"小年"起，至正月十五日"元宵节"，这期间砚工都把它当作盛大节日来庆贺。世代相沿下来的习俗有除夕守岁、吃年饭、拜年、贴对联、贴门神、贴年画、点灯、蒸年糕、包裹蒸等等，体现着砚乡人的生活面貌和美好情感。除夕之夜，家家户户，高堂列明烛，男女老少，阖家欢聚一堂"守岁"，真是"儿童强不睡，相守夜欢哗"。

过小年

　　小年，又称小岁。从腊月廿三至卅日叫做"过小年"。实际上就是"过年"的准备。"新年歌"云：廿三扫屋，廿四磨谷，廿五洗头，廿六搽油，廿七趁墟,廿八劏猪,廿九卅过大年。从十二月卅日开始,黄岗砚工家家户户打扫房子,进行大扫除,将过年的器具,连床板、箱柜、桌椅、板凳,也都搬到堤围外的西江河去洗涤,一件件被擦得干干净净。这些事情都是由家里的女人来做的,待一切都做好之后,女人们就要准备好"神福",到山上迎接男人们下山了,这是十分认真和隆重的事情。

年二十六停锤

砚工辛勤劳作一年,山上采石的砚工到这一天一般都停了工,准备在年三十前赶回家与家人团圆过年。这时候,家人带上酒肉香烛上山来了,砚工们摆下三牲果品拜祭岩口砚坑诸神、栏门神,然后将"家私"收拾停当,才下山回家。在家里制砚的石工也在这一天收拾好制砚工具,整齐的放在工具箱里。端砚作坊的老板和工友、学徒也在这一天聚餐,老板发给工人一年的报酬,每人一个过年利市(红包),然后高高兴兴回家办年货。

年二十七趁墟

腊月二十七,叫做"年边墟",是一年中最热闹的墟期。农村集市,三日一墟。有逢夏历一、四、七墟,有逢二、五、八墟,有逢三、六、九墟。逢大月有三十日,就变成四日一墟(二十七至下月初一日),俗称"转角墟"。"年边墟"主要是办年货,旧时所谓年货,缺一不可的是元宝蜡烛、神香鞭炮、三牲(鸡、鸭、鱼)、烧酒,都是祭祖先必需物品;再是为家人添置新衣服。槟榔、柑橘、瓜子、糖果、糖莲子、糖莲藕等等,也是少不了的,这是拜年互赠的食品,象征"新春大吉"、"莲生贵子"。

从前,黄岗有个地方叫做"卖花墟",逢一、四、七墟期,各类应时商品、农副特产大批上市。黄岗砚工通常在这"年边墟"几天办年货,出墟入市,通常不会空手去空手回的。平日卖端砚的积蓄许多要留在这一天开销。

包裹蒸

到了腊月二十七,挨年近晚,黄岗家家户户开始包裹蒸。砚工动手磨谷、踏碓舂新糯米、磨新绿豆、以猪肉为馅,用柊叶裹之,并擦洗煮裹蒸的用具,预先做好包裹蒸前的各项工作。同时,在门前院子或村间小巷,全

图117　村民在巷道边架起灶头"煲裹蒸"

起三块砖头式的露天灶，上置大宽肚瓦缸（瓦甑），用年来积聚之松根树头为薪，火不得间断，通宵达旦连续燃烧十余小时将裹蒸煮熟，称为"煲裹蒸"。到晚上，火光烛天，浓烟升腾，极为壮观。小孩等候品尝新年裹蒸至深夜不眠，打闹追逐，欢声笑语，增添了新年热闹气氛。有诗云："除夕浓烟笼紫陌，家家尘甑裹蒸香！"《肇庆府志》载："端州本邑民俗，乡民于年岁晚，粜新糯，磨新绿豆，于宅前垒砖为灶，置宽肚瓦缸于上，此俗为外邑罕见。"黄岗亦如此。（图117）

包裹蒸，用的柊叶为肇庆特产之一，黄岗几乎家家户户屋前屋后都有种植。清屈大均《广东新语》载："有柊叶者，状如芭蕉叶，湿时以裹角黍，乾以包苴物，封缸口。盖南方性热，物易腐败，惟柊叶藏之，可持久，即入土千年不坏。柱础上以柊叶垫藏之，能隔湿润，亦能理象牙使光泽。计粤中叶之为用，柊为多。"柊叶包裹蒸，呈青绿色，有柊叶香味，保存时间较长，吊在屋内，十天半月不发馊。

过新年，包裹蒸，人有我有。没有包裹蒸，就等于没过年。有句口头禅："样样都悭得，就系裹蒸唔悭得"（什么都能省，就是裹蒸不能省）。

九　端砚业的节庆民俗

除夕守岁

除夕,俗称"年三十"。是日,家家户户在欢庆之中贴对联、门神,屋内挂年画,有的院里挂红灯。黄岗砚工保留传统家族观念,过年在祠堂、祖堂贴对联。有些家族春节对联记载在族谱中,每到春节就请人书写张贴。如宾日社杨氏祠堂每年春节均贴对联。大门口贴"门宗雪立,吏仰水清。"仪门贴:"入是门尊卑有别,由此路昭穆常严。"中廊贴:"三惑不摇称太尉,四知垂世颂关西。"神楼贴:"百代箕裘光世德,千年俎豆荐馨香。"厢房贴:"吐凤奇才传世胄,辞金盛德振家声。"门楼贴:"功垂嶺表辉春淑,望重关西喜气新。""文明世界和五族,清白家风懔四知。"书馆贴:"切勿蹉跎虚岁月,须而勤勉惜光阴。"正堂脊贴:"本固珠玑五谥流风开肇郡,枝繁端海四知介气集黄冈。"对联的意思是什么,懂多懂少并不重要,是祖先传下来的就没错,最重要的是红红火火图个吉庆。除了对联,还要在门口神位贴"门官赐福",挂上蒜和松柏叶。门楣上并列贴上五张剪了金钱孔的红纸,是招财纳福的意思。

年三十,砚工会对即将过去的一年有所留恋,更期望来年交上好运。这一天要准备丰盛的团年饭,先祭祖先、祭社坛、祭神灵。还要备祭品到祖堂拜祭祖先,到社坛敬土地神,祈求神天保佑。在社坛拜祭后,回到自家厅堂门前摆放神福祭品。设供桌香台,在正厅供奉五方土地之神。用一张红纸贴在墙上,上书"土能生翠玉,地可出黄金。五方五土地脉龙神,前后地主福德正神。"在神位前摆上供品,在神龛前点燃红蜡烛,摆3杯酒、3碗饭、3双筷子。然后,恭恭敬敬祭拜,祈求来年顺景,平安吉利,生意兴隆,这一切仪式做完后,才能高高兴兴地吃团年饭。年三十这一天,家家户户还要在供桌上和每个房间放一盏油灯,灯光通明,一直点到年初十才能熄灭。

初八响锤

一般到了年初八(有的初四、五)就要开工了。这是一个很重要的日子,砚工在自家厅堂内摆设祭品,恭迎财神进屋。所供奉的祭品以其谐音、形状、颜色等寓意吉祥接福。有猪手（发财就手）、猪脷（大吉大利）、发菜生蚝（发财好市）、年糕（也叫发糕，上放三颗红枣和一片松柏叶，意为重重欢喜，步步高）、红萝卜（日子红红火火）、生菜（生财）、葱（葱咁掂，粤语意为直，顺利）、旧蒜（初一前的蒜，意义是过去的就算）、芹菜（勤勤恳恳）一捆，用红纸包扎，上边放两个利市（红包）。有油炸过的米粉和腐竹等素菜，还有红糖、马蹄、慈姑等。供奉用的熟公鸡极为讲究：鸡冠后要留几条羽毛，尾巴也要留一撮毛，意为有头有尾，一年顺利。公鸡的头部要昂立，鸡翅向前似跪拜状。熟鸡血、松柏叶放在鸡背上。鸡内脏和三片生姜也要盛在碟子里。面条一碗，筷子三双。茶、酒各三杯。点香也有讲究，三支香为一炷，要点大香一炷、小香一炷、红蜡烛一对。香炉里放松柏和柚树叶，意为干净、辟邪。（图118）砚工初八所拜的是主管他们衣食的财神。砚工迎财神时面向门口站立，双手恭拜。拜时双手不能举过头顶，以齐眉为宜，否则视为对财神不敬。三拜后，恭迎财神进来，燃放鞭炮。仪式结束后，才可以举锤握凿，一年的辛苦也就从这一天开始了。（图119）

图118　祭拜供品

端砚

民俗考

图119　砚工年初八开工迎财神

正月十二饮鱼汤

这是黄岗村惠福坊的习俗。这一天，凡去年有男丁诞生的砚工就要聚在一起，买鲤鱼、烧酒，在端砚行会所在的营房宴请本坊砚工吃鱼饮酒，俗称"喫(饮)鱼汤"。而在惠福坊邻近的砚工庆贺小孩诞生的民俗却有不同。如应日坊吃粉丝、腐竹等素菜，大德坊则吃炆猪头。坊间俗例，各不相同，但意义是一样的，都是庆贺人丁兴旺。

（二）拜社坛

拜社坛，就是拜土地神。农历二月初二为社日，俗称土地诞，拜祭的是土地神，是守护地方之神，简称"土地"，俗称"土地公"。过去黄岗的"上七坊"和"下三坊"每个坊都建有供奉土地神的社坛，故坊也称为"社"，如"惠福社"、"应日社"、"宾日社"、"大德社"等。黄岗各坊的土地爷通常露天供奉，是二尊似人形的天然岩石，竖立于社坊，一块代表土地爷，另一块则是土地婆。有的社坛供奉四尊或六尊。社坛建筑形状像一个太师椅，后有背靠，左右有扶手，往往建于古树之下或村南河堤内外。每逢社日，备祭品三牲、美酒、果品、香茶、天金、寿宝、金银及"好意头"的供品，祭拜土地公，土地婆，祈求赐予平安丰收。在春节、元宵、中秋、冬至等节日和婚嫁、小孩诞生等节庆，砚工均要告知社神，虔诚地祭拜一番。(图120)

图120　村民拜社坛

（三）清明节

在农历三月，即公历四月五日或六日，为清明节，这天祭扫祖墓。肇庆人称扫墓为"拜山"，踏青也叫"行青"。黄岗砚工称为"鸭登高"。清明当天，砚工到祖坟扫墓祭拜祖先，在村里的祖堂祭祀先人。所用祭品有熟鸭、生果、白酒、香烛、纸钱、元宝等。因为当地风俗只有清明节才以鸭祭祖，故又称"鸭仔节"。

（四）伍丁先师节

农历四月初八，本为浴佛节，肇庆作田神节，祭祀田神。黄岗砚乡将该日作石匠先师节。拜伍丁成了砚石工匠特有的节庆。

这一天黄岗村周边寺庙佛教举行盛大的"浴佛节"，市郊石洞古庙、北岭盘古庙等举行田神节。黄岗村"凿石行"则举行拜祭伍丁先师活动。

古时候，宾日坊把拜祭伍丁先师称为"贺师傅"，拜祭地点在杨氏祠堂。据宾日村杨桂添、林洁培等老人回忆，古祠堂位于村南基（堤）围边，前有一片空地约200平方米，村民称为"滩子"，是"同乐堂"武馆石工平时教功夫（武术）、舞狮子的地方。每逢"贺师傅"当天，宾日村全体砚工集中到杨氏宗祠，隆重举行仪式。从本坊迁出的石工和入行学艺的石工均要回祠堂拜祭。"贺师傅"活动按贴对联、摆神福、贺师傅、拜师、祖师出巡、吃围餐的次序进行。

贴对联 贺师傅的对联请村里知书识礼的人书写，张贴在祠堂侧的门楼、祠堂门口和神台等处。祠堂门口对联是："伍丁凿开山成路，砚田长留子孙耕。"伍丁先师神台两侧对联："祖师传授石为业，弟子遵从砚作田"。两块伍丁神牌并列供奉在杨氏宗祠的厢房，左为"敕封工部尚书伍丁先师之神位"，右为"敕封太子太保伍丁先师神位"。牌额各系一条红布，两侧各插一支柏树枝和柚树叶，意为富贵长寿、祈福驱邪。（图121、122）

图121　宾日村杨氏宗祠 图122　伍丁祖师神牌供奉在宾
日村杨氏宗祠

摆神福　神福即供奉在神台的供品。准备供品一般由妇女来张罗。
有烧肉(生意好的年头用烧猪)、熟鹅一只、熟鸡一只、大蕉、干果(荔枝干、
龙眼干)、酒饼、油炸的绿豆细粉、腐竹、糖莲藕、红米(染成红色的米)、爆
谷花、红枣、莲子、槟榔、松柏等,还有生菜、芹菜、蒜、葱。祖师神台前摆米
酒六杯,筷子三对,所摆放的供品都有吉祥含义。如摆米酒六杯,筷子三
对取"三三不尽,六六无穷"之意;生菜——生财;旧蒜(初一前的蒜,其意
义是过去的就算);芹菜——勤劳生财;葱——掂(掂即直,意顺利、非常
好。俗语:捞到葱咁掂);猪手——发财就手;猪脷(猪舌)——大吉大利;
发菜蚝市——发财好市;年糕(也叫松糕。上放二颗红枣和一片松柏叶,
意为重重欢喜,步步高)——年年发财,日子红红火火等等。

贺师傅　仪式从四月初七傍晚开始至次日凌晨。首先请道士(当地
称喃呒佬)念经,颂祝辞,称"祝寿"。道士一般3~5人,身穿红道袍。其中
主祭一人,其他的打钹,打锣,吹唢呐,奏八音。主祭先行初献礼,颂祝文,

行亚献礼,颂祝文,一直颂到次日天亮,行终献礼,最后在乐声中辞神礼毕。期间道士献舞,以烘托气氛。此时,石工聚集在祠堂,"同乐堂"的石工敲锣打鼓、舞狮子、耍功夫助兴。然后燃放炮竹和铁炮。铁炮是用生铁铸成锥体,底径约30厘米,高30厘米,口径10厘米,内放火药,顶端放入一条火药引。点燃火药引爆铁炮时,发出巨大的响声,震耳欲聋,方圆十里都可听到。铁炮三响过后,开始正式祭拜伍丁祖师。行内砚工祭拜时,按长幼顺序向祖师上香跪拜,祈求保佑岁岁平安,生意兴隆,在家千日好,出外步步高。(图123)

拜 师 新入行的石工也在这一天举行拜师仪式。按行规,新入行的村民必须由师傅介绍担保,由师傅领到祠堂,自带元宝、香烛及熟鹅、熟鸡和干果,如荔枝干、龙眼干、大蕉等祭品,按师父的指点摆放在神牌前的八仙桌上,敬酒三杯,点香三炷,烧元宝。拜师前,先向祖师伍丁神牌三叩九拜。礼毕后,向师傅行跪拜礼,师傅站立以揖礼作答。接着拜见同行。然后,到大门外燃炮竹,办理入行登记手续,交入行费(本坊石工免交入会费),领取"长生簿"。

图123 宾日村杨氏宗祠道倌在颂祝文

图124 伍丁先师巡游

祖师出巡 拜师仪式结束后,在"滩子"(祠堂前空地)集中,听从值事的调遣,然后整队出发。

伍丁神牌用轿抬,所谓"轿"是用二条大圆木漆为红色,上置一木座,作安放伍丁神牌之用。伍丁神牌在上轿前要分别用红绳绕牌额一圈,上插柏树枝和柚叶。柏枝意为长寿,柚叶民间认为有辟邪迎祥功能。请道士献舞、献礼。再由值事人上三炷香,奠三杯酒。然后,由值事人恭恭敬敬地把两块伍丁先师神牌从神坛请到轿上。

伍丁起驾出巡,四个年轻力壮石工为轿夫,在鼓乐齐鸣中抬起伍丁神轿,缓缓而行。走在前面的是道倌,然后依次为行内值事、伍丁神轿,众石工紧随其后,兴高采烈、欢声笑语、热闹非凡。绕村子巡游一周。村里的人都出来看热闹,当巡游队伍到达自己门口时,石工都燃放鞭炮庆贺。(图124)

当巡游队伍回到杨氏祠堂时,妇孺老少纷纷拥到祠堂前的滩子观迎。由值事把伍丁神牌从神轿上请下来,安放回祠堂的神坛上。众人聚集祠堂，长幼有序，依次向伍丁先师跪拜焚香，然后和各家各户的妇女争先恐后祭拜，祈求伍丁保佑合家平安、石业兴旺。

吃围餐　在伍丁先师巡游期间，负责备餐的石工早已在祠堂的厢房宰鸡杀鹅，准备菜肴。巡游结束，全体石工共同进餐。除春节外，这是行内最丰盛的宴会。众石工开怀痛饮，联络感情，交流经验。最后值事和行内长老等人商议行业事务。至午后活动结束，众人才陆续散去。

清末民初，黄岗惠福、应日两坊成立了行会组织——"惠日端砚行"。"惠日端砚行"把拜祭伍丁祖师称为"恭祝师傅千秋宝诞"。时间也是每年农历四月初八，地点在惠福坊的营房（行会会址）。惠福、应日两坊祝寿形式和宾日坊大同小异。黄岗惠福坊当时道士唸颂的祝词很简约："功曹喏功曹，功曹大将上马提金，下马提银。今日伍丁先师宝诞，求你头带文书上九天。速速掉转马头，鸣锣响炮。"接着三声炮响，烧掉纸马和背绑经书的纸人，寓意伍丁先师上九天，功德圆满，仪式结束。

功曹即值日功曹，是天上的神仙。在各种道教仪式和宗教场合中，他们都是重要的人物。功曹本是书吏，道士们自然不会让他们闲着。他们宣称，凡是人间"上达天廷"的表文，焚烧后就是由四值功曹"呈送"的。所

图125　白石村为伍丁先师祝寿的道倌

图126　为伍丁先师祝寿的乐师

以,道士为伍丁先师祝寿都少不了这个程序。(图125、126)

　　惠日端砚行的砚工拜祭师傅后,还举行砚艺交流集会,砚工把自己雕刻的端砚送到行会来展示,众砚工互相观赏交流,由艺高的长辈现场评述,指点新手修改砚形图案,并允许砚工任意拓片。这一天是行内人最开放的交流会,行外人一律不能参加、观看。这对提高行内砚工技艺理论水平,传承砚雕技艺起到很大的推动作用。

　　1945年日本投降,祖国光复,惠日端砚行的拜师节新增加了一项活动,叫"烧烟花"。当时所谓的"烟花"是用竹和纸扎的飞机、轮船、坦克模型,是砚工自制的。据惠福坊的老砚工回忆,当时的烟花模型都是出自应日坊的雕砚高手郭桥和郭三桥兄弟之手。

　　模型里面要放置"火药"。"火药"也是自制的。即把老屋的墙脚处较为潮湿发白的墙粉(硝土)刮下来,然后再用炭粉搅均匀,放入一条药引,用很薄的纱纸包住就成了,这种"火药"叫做"墙硝"。每到节前,村里的小孩就开始"刮墙硝",交给郭氏兄弟制作烟花。

　　在拜师节那天,砚工在村子南面基(堤)围上搭建"烧烟花"的竹棚,竹棚底宽2~3米,高约3米,上面挂着3~4层"烟花"。烧烟花的时候,用一条药引把全部模型串起来,再从顶层垂下。点火后,烟花从上面一圈一圈的往下烧。烧烟花的竹棚一般有6~7座,烧完一座再烧一座,喷射出的火焰和浓烟弥漫在堤上,烧得精彩时,围观村民的欢呼声彼伏此起,非常热闹。新中国成立后,拜祭伍丁先师活动就停止了。直到2006、2008年,黄岗白石村、宾日村先后恢复拜师节,成为砚乡一项富有特色的民俗活动。

(五)中元节

中元节,亦称"盂兰节",俗称"鬼节",在农历七月十五日举行。道教以七月十五日为中元,而佛教于这天起举办盂兰法会,故称"盂兰节"。肇庆习俗,则以七月十四日晚上为"鬼仔节"。黄岗砚工叫做"上花节",这是砚工最忌讳的节日。据说从这一天起,"鬼门关"开关三天,将鬼魂放出来。山上的孤魂野鬼到处游荡,过去在砚坑遇难的先人也会被"扰醒"。所以,在山上采石的砚工这天都不敢在山上过夜,全都要下山回家。下山前要家人带来神福祭品,在岩口祭拜后才下山。回到家里,各家各户都要准备香烛、元宝在自家门口、村口、路边摆上酒肉、生果等,烧化以祀饿鬼。传说这天晚上孤魂饿鬼会来饱吃一顿,然后离开。在调查中,至今还有许多老砚工说起,古时候上山采石的砚工鬼仔节不下山而遇难的事情,听了令人毛骨悚然。所以,自古以来砚工在这天一定要拜神祭鬼,不敢怠慢,晚上更是禁忌出门,以免"撞鬼"。

(六)中秋节

农历八月十五日中秋节,这是中国民间一个大节庆。黄岗砚工除了盛行赏月和吃月饼、芋头、田螺、栗子及剥柚等传统活动外,还流传一种民间游艺活动,叫做"甩火球"。

村民每家每户在农历八月初十,甚至更早些就开始忙着"扎球",球的材料是砍下龙眼树枝叶阴干,用鸡屎藤捆绑成球状,由于龙眼枝叶阴干后不掉叶且易燃,湿的鸡屎藤坚韧不易燃用来捆绑是最好的材料。球的直径约50～70厘米,每家一般准备2～3个。

在中秋那天,采石的砚工下山回家,制砚的砚工也早早停锤,吃过团圆饭后,村民在球内塞入鞭炮,然后在男女老少的簇拥下提着球陆续集中到村南边的堤围(俗称基围)上。当夜幕降临,先由村里的长者将第一个球点燃,然后用手抓住捆树叶球的长藤末端,由慢到快甩圈。点燃的树叶受风的吹动越燃越烈,成为一团红彤彤的火球,此时球内的鞭炮也劈劈啪啪地响起来了。在"甩"的过程也讲究技术,要上下翻动,使大球成弧线起伏,当火球越舞越快时,只见一条大火龙时上时下腾游翻动,发出"呼呼"的声响,拉出长长的火苗,飘散着一串闪烁的火星,在夜色的衬映下煞是好看。在人们此起彼伏的欢呼声、鞭炮声和火球的飞舞中,活动达到高潮。当长者舞的火球逐渐熄灭,停了下来,一个接一个舞火球,一直持续到半夜,月上中天,才有说有笑陆续散去。基围恢复往日的寂静,留下村民良好的祈福,祈望日子过得红红火火,生活美满幸福,代代香火传承,丁财两旺。

据说甩火球的由来是清末太平天国约定在中秋之夜起事,以舞火球为信号。这一事件后就成为这一带的习俗。有这习俗的还有西江对岸的金渡村民。在夜色下,两岸数十处火球时隐时现,翻腾飞舞,颇为壮观。两岸村民互相竞技,当有人舞到精彩时刻,欢声雷动,两岸均可闻见。现在,这习俗黄冈村民每年还在延续,隔江的村民也偶有呼应。(图127)

黄岗村里的妇女在月圆时,在自家的院子里摆上一张桌子,供上鸡、猪肉、月饼、松糕、苹果、栗子、元宝蜡烛,烧酒三杯,拜祭月亮,祈求年年团圆、太平幸福。

烧番火塔

每到中秋之夜,黄岗各坊的男女老少,集中到基围外的大路上,儿童

端砚

民
俗
考

图127 村民舞火球的热闹场面

用砖砌塔,按"丁"字形砌,中空,四周有方孔。塔宽、高各1米许,需3~6人一起做,塔身砌好后,顶部搭瓦片。晚上在塔里燃烧木柴,树枝和稻秆。火苗由底向塔顶冲腾,从四围孔口向外窜,火星随着火苗飘上空中,照亮一片夜空。塔砌得好,风向位置合适,火苗就越大,火星飘得越高,整座塔变得通红。人们往塔里扔大颗粒的生盐,发出噼噼啪啪的响声和彩色火焰,烧得越旺,象征今后的日子就越红火。

十　端砚的口头文学

口头文学是人民群众集体创作和传播的，主要反映人民群众现实生活和思想感情，表现他们的审美观念和艺术情趣。这些口头文学，大多是口口相授，代代相传，没有形于笔墨，而千百年来却流传不息。

黄岗石工是一个勤劳、勇敢、智慧的群体，在千百年来的生产劳动和社会斗争中，他们以自己的聪明才智，不仅创造了丰富的物质文明，而且创造了优美的文学艺术。这些民间口头传承的文学作品，色彩斑斓，蕴藏十分丰富，通过黄岗采石制砚艺人喜闻乐见的形式，深刻反映了石工的生活劳动的历史面貌，表现了他们的喜怒哀乐，抒发了他们的思想感情。其中有行业故事、端砚传奇、民间神话传说、民间故事、民间歌谣等。

（一）行业故事

砚坑的传说

古时候，有只官船从羚羊峡经过，有位太监站在船头，看见一只凤凰立在峡山的石头上，他想：凤凰无宝不立，这个山一定有宝贝。太监回到京城，把这件事禀告了皇上。皇帝就派人来，把这山头凿开。果然，石头里有鸲鹆（了哥）眼，石眼中有眼仁（瞳仁），有眼白，非常好看。于是，太监把这些石头取下来，带回京城奉献给皇上。皇帝叫工匠将这些石头做成墨砚，砚台紫花色，质地幼滑，色泽滋润，口呵气，就可以磨墨，而且水气久久不干。皇帝见了很高兴，就将端砚封为文房之宝。

后来，皇帝又派人来，把羚羊峡出砚石的地方围圈起来，由太监专门看守，这个砚坑就称为皇坑（即老坑）。太监死后，人们在坑口建了一座太监庙。

（口述者：彭根；整理者：覃志端）

师傅看穿山

古时有个采石师傅好犀利，据说双眼能"看穿山"。有一次他独自到北岭山上找岩口，在古时开采的陈坑，即是马头右边的地方，认为这里有结石（好石），但外面都是泥沙。于是，这位师傅就在这里住了下来，开始挖泥开坑，为防止泥沙滑坡，他到山脚下把溪坑石一块一块搬上山砌岩路，岩顶放石板，岩侧用坑石砌，挖多深就砌多深，挖到岩石未见有好砚石，又继续向里挖，共挖了三年多时间，真的让他找到靓石。黄冈石工知道后，无不佩服。说师傅是"三造糠米，二造芋荚（芋头的叶茎）"。南方稻米一年二造，三造是指一年半时间，芋头是一年一造，二造即二年，加起来是三年半的意思。由于年长日久，这个坑后来被沙石覆盖了，找不到洞口。新中国成立后，黄岗公社端砚厂（位于厚岗）曾派人去开采，但采不了石。后来肇庆市端溪名砚厂派有经验的石工去挖，用斗车运泥石，最后只找到了一块石料，石质相当好，有七颗眼，也有冻，制成"七星伴月砚"。这个师傅真是犀利，能看穿山。

（口述者：杨岳章，男，汉族，黄岗宾日村人）

剃头二托大石

宾日村砚工赵茵的爸爸叫赵荣梁，外号剃头二。有一次他在山上采石，正在摘一块大石时，石块被震动突然断开滑下来，就在大家还未回过神来时，剃头二立刻用肩膀把石块托住，保住了石下同行的一条命。这块石估计有200多斤重，加上高处向下滑的重力，还远远不止200斤重呢，剃头二用力托石，真是够胆醒目又好力。

（口述者：杨岳章，男，汉族，黄岗宾日村人）

拦街递品

清光绪十二年(1886)，端州出现了各方霸占砚石矿坑而又开采无序的情况，再加上民间谣传开坑采砚石有伤风水，一时间民众缠讼不休，白石村人因此深受困扰。光绪十五年(1889)，时任两广总督兼广东巡抚的张之洞路经端州。白石村人"拦街递品"，当面向张之洞呈上诉状。随后，张之洞亲自带领随从巡视羚羊峡，对砚坑进行实地调查。当场裁定当地不许白石村人采石为"不当封禁"，并且核定由黄岗石匠梁念忠等人进行开采砚石以备贡品，同时还严令当地官员不得私分或者私受砚石等。张之洞的裁决，让白石村人受惠不浅，村人将判词雕刻成碑，虔诚供奉。

（二）端砚传奇

贡砚的由来

故事发生在唐代。某年，端州有位梁姓的举人赴京会试，适值考试那天京城降大雪，一片白茫茫，冰天雪地，应试者被突如其来的坏天气搞得束手无策，因为研磨出来的墨汁很快就结成冰，无法再写字。唯独这位来自端州的举人，用家传的端砚研磨的墨汁不结冰。但当他用完墨汁再想倒些水研墨时，发现水壶中的水已经结成冰。梁举人非常失望，边揉着手，边对着端砚喃喃自语："端砚呵，人家都说你是文房四宝之一，如今你宝在何处？"谁知话音刚落，砚堂中出现一片水蒸气，梁举人恰如绝路逢生，拼命向着砚堂"呵气"，然后磨墨，顺利做完试卷，考取了进士。端砚的"呵气成墨"以及"隆冬极寒，他砚常冰，而水岩独否"的佳话从此传开，端砚也名扬海内外，"贡砚"，"赐砚"也随之盛行。

端 砚

端溪名砚,已有1350余年历史,名列全国四大名砚之首。与宣纸、湖笔、徽墨一向誉为"文房四宝"名扬艺林。因它产自肇庆西江羚羊峡斧柯山端溪一带而被称为"端砚"。

唐朝时,在端州城附近的斧柯山村子里,有个叫阿端的穷秀才。他人虽穷而志不衰,无论上山砍柴,进城卖柴都手不离书。晚上在微弱的油灯下攻读,没有笔就砍菠萝麻自制;没有墨,就用镬罐开水代替;没有砚,就在斧柯山端溪畔拾块紫蓝色的石头琢磨充当。

某年,阿端进京赴考,刚好碰上冬令奇寒,众举子不停地磨墨,考场里生着火盆也不顶事,因为手一停,砚上的墨水就冻固。而阿端自己雕琢的那块砚,却墨汁盈盈,令他思潮迸发,挥笔疾书,写出满篇华章,第一个交了卷。

考官端详着阿端的考卷,不但字体清秀,而且墨迹鲜艳,散发出阵阵兰麝香味,倍觉奇怪,遂问阿端原因。阿端呈上墨砚,考官当即在砚堂按墨研磨以试,只见砚中初似砚心吸墨,后似砚石滋生清露,风起云移,墨云浮空,墨彩生辉,不禁连连称奇。

阿端见考官对自己带来赴考之砚爱不释手,欲赠之,考官不受。阿端说:"考官大人,这砚石在我家乡端溪随手可拾,你喜欢,就收下吧!"考官听罢便收下了,后来,他把这砚视为珍奇,献给了皇帝。

皇帝听禀,亲自试用,果然玉肌腻理,着水研墨,水与墨相恋不舍,如胶似漆,墨色鲜亮,挥毫写字墨酣笔畅。皇帝心中大喜,把此砚名为"端砚",并封赐阿端为端州地方官,督派工人采石制砚作为贡品。

端砚自唐初问世,产于古端州羚羊峡斧柯山端溪一带。端砚石质特别纯净、优美、细腻、娇嫩、滋润,具有"秀而多姿,呵气研墨,发墨不损毫"的特点,有"龙无定形,云无定志,形态万变"的独特雕刻工艺,从而具有既供实用又堪欣赏的双重价值。因此,历千年不衰,受历代士人珍重。而今,端砚畅销日本、新加坡和东南亚各国,饮誉海内外。

双凤石和鸲鹆眼

古时候，端州有个老石匠，他孤身一人，陪伴他的只有一只不会鸣啭唱歌的八哥鸟。老石匠靠雕刻白端石为生。他雕刻的凤凰，活灵活现，栩栩如生，远近闻名。因此，人们都亲切地称呼老石匠为凤伯。

一天，凤伯带着八哥，到住在羚羊峡南岸端溪旁边的老朋友家作客。老朋友想打几尾鲜鱼招待凤伯，便拿着渔网往江边走去。夕阳西下，映照着羚羊峡点点归帆，晚风轻吹，满江浮光跃金。

忽然，天空祥云缭绕，金光灿烂，百鸟欢鸣。只见远处飞来两只紫色的凤凰。凤伯的八哥和百鸟向凤凰施礼朝拜，拜毕，围着凤凰翩翩起舞。羚羊峡两岸的高山百溪欢腾，山花吐艳，向凤凰致意。

凤凰舞罢，竟落进西江中，不见了。凤伯大惊，急忙夺过老朋友手中的渔网，撒进江中，要把凤凰捞起来。捞到天黑也不见凤凰的踪影，却网住了一块紫色的石头。这紫石滑腻无比，幼嫩如小儿肌肤，真是一块上等的好石料呀。

回到家里，凤伯把紫石雕刻成一只墨砚，并把那天在羚羊峡见到的凤凰百鸟舞蹁跹的景象都刻在砚上。说也奇怪，刻在砚上的两只凤凰，遇到风雨晦冥之时，身上就会蒙上一层灰白色的水珠；天晴气爽的日子，就会显现出一层金色的光泽。

凤伯刻了一只神奇墨砚的消息一传十，十传百，很快就被州官知道了。师爷对州官说："自古以来，墨砚都是用泥土烧制的，哪有用石头雕成的？此必妖物，留之不祥，快把它扔进江里去。"州官听后，立即派衙役到凤伯家里搜出双凤砚，把它扔进西江。

凤伯非常伤心。这时，历来不会说话的八哥忽然开口了："凤伯凤伯别伤心，我带你去把双凤砚寻回。"

八哥领着凤伯和他的徒弟们到了羚羊峡的端溪旁，它对羚羊峡上空的白云叫了三声，霎时间，白云变成一只只白鹤落在江面上，把上游的河水拦住，河床裸露了。大家在八哥的带领下，欢呼着奔向河底，拿回双凤砚,还在河床里捡了好些紫石回来。

凤伯指导徒弟们把紫石雕成砚台。用这些砚台磨出的墨油润发亮,不伤笔毫,冬天也不结冰。这些砚很快便名扬全国,人们称这些砚为端砚。州官思忖:想不到双凤砚是这么了不起的宝贝,把它弄到手,送给上司,一定可以升官!

州官把师爷叫来,训斥道:"你这家伙胡说八道,要我把双凤砚抛入江中。双凤砚是难得的宝贝啊,限你三天之内,到那石匠家中把双凤砚给我拿回来!"

师爷带着几个如狼似虎的差役来到凤伯家里,厉声喝道:"老家伙听着,双凤砚是州官老爷掉到江里的,你立刻把它交出来!"

凤伯捧着双凤砚,越看越伤心,泪水滴到砚上,紫色的砚染成白色了。

州官见砚已变了颜色,在砚上磨出的墨粗糙异常,暴跳如雷,喝令左右打凤伯二百大板。可怜年过花甲的凤伯被打得皮开肉绽,顿时气绝身亡。州官见凤伯已死,气呼呼地把白色的砚往地上一摔,办只听"啪"的一声,一对白色的凤凰从砚中飞出,穿过州衙,翱翔而去。州官再看地上,摔碎的端砚和凤伯的尸首也不知动去向。

原来,凤凰背着凤伯往七星岩方向飞去,落在石室岩顶东端的宝陀岩上。凤凰把凤伯放在舍身崖边,飞进紫竹洞,向正在打坐的观世音菩萨讨来龙潭圣水。水轻轻洒在凤伯身上,凤伯渐渐活转过来,他见一对凤凰守候在身边,便说:"你们就在这石室岩洞里安家,供万民观赏吧,免那贪官再起歹心,也不枉我花费心血把你们雕刻出来。"凤伯想了想又说,"只是这洞里太暗,光线不足。"说着从袋里掏出凿子向岩顶上凿起来,只听得"轰隆"一声巨响,岩顶裂开一条大缝,黑岩洞顿时光亮起来,两只凤凰绕着凤伯飞了三圈,然后飞进黑岩洞中,化成了双凤石。

双凤飞进黑岩洞成了化石的消息很快又被州官知道了。他想:"我任期快满,得赶在离开这里之前把奇异的双凤石凿下来,进京时献给上司,保险会升官发财。"

州官带着兵丁来到黑岩洞的璇玑台上，抬头一看，见两只石凤正瞪着愤怒的眼睛注视着他。州官顾不得那么多，命令兵丁架上梯子把石凤凿下来。凿呀，凿呀，兵丁们凿得大汗淋漓，手酸臂软，石凤还是纹丝不动。州官气得咬牙切齿，便自己爬上梯去，从腰间拔出利剑，向石凤下腹捅去。石凤一惊，现出原形，跌落在璇玑台上，被兵丁们七手八脚用绳子捆住了。另一只石凤也慌忙现出原形，惊叫着，从石缝里飞走了。

一连几天，飞走的凤凰都回到石室岩洞中寻找同伴，在石室岩和天柱岩之间盘旋。可是，总不见同伴的踪影，不禁悲愤异常，泪如泉涌，双眼滴血。后来，血泪滴下去的地方长出了相思树，从树上落下的那些血红血红的相思豆子，据说就是璇玑台上的石凤伙伴的眼泪。

再说那州官把凤凰运回家里，怕夜长梦多，迫不及待起程赴京。大船来到两岸高山对峙，水流湍急的羚羊峡。凤凰的伤口淌着血，痛苦地呻吟着。凤凰是百鸟之王呵，山上的小鸟听到凤凰的呻吟，纷纷离巢，飞到大船上空盘旋，啼叫，商量搭救凤凰的办法。羚羊、黄猄听到凤凰的呻吟，默默地站在坡上，洒下同情的泪水。

突然，万里蓝天铺满愁云，西江波涛汹涌，大浪像一座座山岗向大船压来，吓得鱼鳖惊逃，百鸟回巢。闪闪的电光、隆隆的雷声使州官心惊胆战，他跌跌撞撞走出船仓，只见大雨倾盆，怒涛拍天，吓得他双脚发抖像筛糠，脸色死白，屁滚尿流。

师爷爬在船舷，哆嗦着对州官说："老爷，快把凤凰投到江中吧。"

州官犹犹豫豫，舍不得。师爷又说："再不把凤凰扔掉大家都要喂鱼虾啦！"

兵丁把凤凰投进江里后，立刻雨住天晴。州官传令把船开回肇庆，他很后悔，埋怨师爷不该叫他把凤凰扔掉。师爷赔着笑脸说："看来，凤凰是不能从水路运的，得从驿道运走才行。"他嘴贴着州官的耳朵，如此这般地嘀咕了一通后，州官马上眉开眼笑。

船到了肇庆，州官和师爷带上几个差役，如狼似虎闯进凤伯家中。

州官指着凤伯说:"老不死听着:我的凤凰掉到河里去了,你去给我把它找回来!"

凤伯怒视着他,一声不吭。

州官暴跳如雷:"你斗胆不去? 来人,先打他一百大板!"

这时,凤伯的那只八哥飞到州官面前说:"老爷息怒,你放了凤伯,我就带你去端溪把凤凰找回。"

州官很诧异,问师爷:"八哥真的有这个本事?"

师爷说:"八哥口齿伶俐,大概是只神鸟,有这个本事。"

州官把凤伯释放了。

八哥带着州官一行到了端溪旁,对着羚羊峡叫了三声,天上的白云马上向羚羊峡口集中,变成了一只只白鹤,压在水面上,把江流截断了。凤凰和紫石都露了也来。州官、师爷和衙役们十分得意,蜂拥而下,到河床去捉凤凰,拾紫石。这时,八哥又叫了三声,河水马上合拢,八哥和州官一伙都被河水淹没了。

凤伯很伤心,他带着众徒弟,要在端溪旁挖一条直通河底的地道,把八哥救出来。

地道挖成了,找不到八哥,却采到许多可雕刻墨砚的石头。于是,这地道便成了砚坑,人们还经常从开采出来的砚石中发现石眼,据说,这些石眼就是八哥的眼睛变成的。八哥又叫鸲鹆,所以,人们把这些石眼叫做鸲鹆眼。

(刘伟铿、覃志端搜集整理的《名城肇庆民间传说》)

宝鸭砚

很久以前,白石村有个砚工刻了两只端砚,雕成一对宝鸭,栩栩如生。刚刻好,门口有人叫他,就离开了。

他办完事回家,工夫台上的一对宝鸭砚不翼而飞。他怀疑自己记性差,放到了其他地方,就在屋里到处找。砚找不到,却见到两只鸭在厨房的水缸里游来游去,拍翼"呷呷"欢叫。这捣蛋的鸭子岂不把缸里的水弄脏了?他有点恼火,便拿起灶窟的烧火棍赶鸭。鸭子从水缸跳出,"哒哒哒"跑进厅堂。他追了进去,转眼不见了鸭子踪影,却见一对宝鸭砚又出现在工夫台上,砚身是湿漉漉的。原来他的手艺太好了,宝鸭砚有了灵气,成了砚精。

(1987年7月9日采录于白石村。口述者:程炽林;整理者:覃志端)

包公掷砚

宋朝康定元年,包公出任端州知郡事,他为官清正,体恤民情,为百姓做了不少好事,深得老百姓爱戴。人们称他为"包青天"。

庆历二年,包公接到圣旨,调回京城,擢升要职。眼看分别在即,端州百姓,总想送点什么给包大人留念。但又想到包公为官清廉,金银珠宝,他决不肯接受,左思右想,到底送他什么好?后来有一位老人想出一个办法,由他亲自把一件端溪名砚,用黄缎布包好,交给包公侍从包兴。老人说明这是他自己雕刻的砚台,不费分文得来的,给包大人留作纪念。但要包兴在包公离开端州之后才好交给他。包兴见老人家一片诚心,也不好拒绝,答应收下。

起程这天,地方官员,黎民百姓,都来送行。大街小巷,人头涌涌。包公和平日一样,仍然穿着上任时穿着的旧官服,脚上还是那双破靴,一路上与送行的百姓频频招手告别。当来到城门时,包公脱下那双破靴,叫包兴吊在城门上,以示警戒继任州官,要廉洁奉公,要多为黎民百姓造福。

包公一行,乘船沿西江而下,谁料刚出羚羊峡口,那风和日丽的天气,便骤然发生变化,乌云滚滚,狂风大作,雷电轰鸣,暴雨倾盆而下,西江河面掀起滔天巨浪,木船被抛进浪谷。包公在船舱内,见此情景,连忙探出头来,看看木船就要翻沉了,他心里思忖起来:我任端州知州三年,而今卸任回京,刚出羚羊峡口,上天如此发怒,莫非我包某有对不起端州父老的地方?于是,他找来侍从,逐一盘问,当问到包兴时,包兴便将那老人赠送

端硯

民俗考

图128　包公掷砚(黄永炬绘)

的端砚交给他。并说明前后经过。包公感激百姓爱戴,但又惭愧自己对侍从教育不严,才发生这样的事情,深深感到内疚。包公庄重地接过端砚,步出船头,向上天默默祷告一阵,然后将端砚抛入江中。说来也奇怪,当即风停雨止,云开日出,风平浪静了。

端砚被包公抛入江中,随水漂流,到了广利对面,沉入江底。那块包端砚的黄缎布,漂流稍远了一点,也相继沉下。在端砚沉没地方出现的岛叫砚洲,黄缎布沉没的地方出现的沙洲,叫黄布沙,这就是砚州和黄布沙的来历。(图128、129)

（口述者:苏英荃;整理者:蔡廷芳、罗乃惠）

图129　砚洲岛航拍图

以武服人

旧时黄岗凿石工匠上山采石,有时会遇上强盗打劫,或被当地村民以破坏村的风水为名阻拦刁难,甚至动手打人,所以,石工从小就要学功夫。有一次,水坑村武馆有二、三十人到宾日同乐堂切磋武艺。当时练功人在馆前空地上摆着梅花桩。同乐堂围墙上坐着个小个子,黑黑实实,他从围墙上跳下来说:"木桩阻住晒,等我搞掂先。"接着左一脚右一脚,将几十根碗口粗的木桩全部踢断。水坑人见小个子都咁(这样)犀利,心想还是算了吧,就找个借口回去了。

(口述者:杨岳章,男,汉族,黄岗宾日村人)

有钱有架势

清朝道光年间,黄岗东禺村有个叫梁大王(梁汉彬的高祖)的人在广州开了间墨砚店。一天,两广总督的儿子在奶妈陪伴下上街玩,不慎走失,被梁收留。梁问清楚小孩的情况,亲自把小孩送回总督府。总督为答谢他,放出风声,说自己平生最爱端砚,并说梁氏的端砚最好。于是,官员豪绅都到梁氏端砚铺购砚送给总督。总督收到端砚后又转赠给梁氏再卖。如此一来,梁氏就开始发家了。他回到家乡东禺建了一间靓屋,并出钱铺了一条咸水石路,这是当时整个黄岗最好的巷路。这叫做"有钱有架势"。

(口述者:杨岳章,男,汉族,黄岗宾日村人)

十 端砚的口头文学

麻子坑的由来

传说在清朝乾隆年间,端州有个采砚石的工人姓陈,因为小时候出水痘,留下一脸麻子,所以人们都管他叫陈麻子。他不仅有采石的专长,还喜欢打猎。徒手抓小猎物,是他的拿手好戏。

有一次,他在宣德岩采砚石时,突然发现树丛中有一只野兔窜出来。陈麻子喜出望外,心想今天晚饭又可以开荤了。凭他敏捷的身手,捉到这只野兔不成问题。可是,这只野兔一受惊就向一堆野草灌木丛疾跑,敏捷地钻了进去,霎时没了踪影。陈麻子拨开树丛,发现这里只有一个洞,而且洞内全是水。野兔究竟哪去了?他感到很奇怪,心想,难道兔子会潜到水里?为了弄清情况,生性好奇的陈麻子便找来伙伴们,齐心合力把洞内的水全部戽干。

洞内的积水全部排干后,这才发现,原来这是一个富藏砚石的山洞,而且这里的砚石和宣德岩的砚石很相似,不仅石质细嫩,滑不留手,更为特殊的是石璞上石眼较多,在陈麻子发现的第一块小小的石璞上,就有五只石眼。就这样,端州又一个砚石名坑被发现,人们便用陈麻子的名字,将这个砚石坑取名为"麻子坑"。

麻子坑的砚石,以石质优良,石眼多而闻名于世,石品仅次于老坑。之后,麻子坑与唐代开采的老坑、宋代开采的坑仔齐名,成为传统的"三大名坑"。

龙船岩的传说

隆冬时节,正在凿石的小石工听到外边有赛龙舟的锣鼓响声。他说,大海(对西江的称谓)有好东西看,我们快出去吧。洞里的师傅说,白日开口讲梦话,划龙船是五月初五的事,如今是十一月了,哪会赛龙船敲锣鼓?想偷懒你就歇一会,不要乱讲一通。小石工说,我明明听到龙舟锣鼓响,你们侧耳听听,如今越来越响了。你们不看,我去看。

他出了洞口东张西望,真的没有龙舟,锣鼓声也听不到了。正诧异之时,猛然听到轰隆一声巨响,砚坑塌方了。

原来,山神爷已知道砚坑将要塌方,但天机不可泄漏,只得用赛龙船敲锣鼓的办法"通水"(暗中传递信息)。其他石工懵然不知,全被塌方困在了洞中,只有小砚工一人逃了出来。

小石工哭喊着,引来其他砚坑的砚工和路经途人抢救,终于使被塌方泥石困在洞里的砚工逃了出来。令人惊奇的是,抢救石工的时候,在这个坑也挖出了另一条石脉,砚石的色彩如坑仔岩底板一样。后来人们称这洞坑为龙船岩。

(梁星带讲述,覃志端整理)

(三)民间歌谣

黄岗历代采石工匠在劳动生产过程中创作了许多歌谣。这种歌谣体裁比较短小,字句比较整齐,触景生情,随口编唱,与劳动生活结合紧密,反映了砚石产地的地理环境、石工的生活状况和社会风貌,以及石工的所思、所想、所愿、所求。其表达感情方式独特,比喻生动、形象,方言词语丰富多彩。音乐工作者在民歌普查时发现,这些在西江两岸流行的曲调,并非砚农创作。曲调"问字行腔",变化无穷。歌词大都随编随唱,即兴创作。唱歌谣,视听者的不同,单句的最后称谓也不同,例如:

唔好阴功梁炳汉,

封了黄岗凿石行。

唔攞石头点得饭喫……

如是男听众,一三句的后边唱"露罢哥",是年轻女听众唱"露罢妹",年老听众唱"露罢婶"等等。双句末尾唱向下滑音"呀"。本节所采集整理的歌谣除署名外,均根据宾日村老砚工林洁培等演唱整理。按照题材和内容分为采石歌、生活歌、爱情歌、仪式歌、时政歌等几大类。现把主要的种类介绍如下:

1、采石歌

采石工匠每次上山采石少则几天,多则一二个月,山上的生活极为艰难,环境恶劣。山高岭峭,行走的是崎岖小道。春夏雨季,山上经常云雾遮天,一丈以外看不见人,上山斩柴或下山到坑湖打水,经常遇上云阴雾黑,便有歌谣唱出:"食着采石个(这)碗饭,云盖山头也要行。"石工的住所是"竹仔做床茅做瓦,手搓藤仔做门环"。山上气温较低,天气寒冷,过了中秋就要盖棉被。冬天山风凛冽,寒风刺骨,"孤枕独眠双脚冻,无人盖被冷伤风"。这类歌谣反映石工生活艰难又不能改变现实的苦闷心情,同时也寄托着石工的良好愿望。

端砚

民俗考

（一）

七七采石在陈坑,

箕伯①猖狂毁折棚。

衣食住行不需说,

青女②依期又下凡。

褴褛披身如讨丐,

觅(陌)路相逢实羞颜。

离乡别井求家计,

劳碌奔波为两餐。

（根据宾日村杨桂添老人演唱整理）

（二）

别离茅舍到山中,

皆因淡薄咁贫穷。

日间采石生涯唔中用,

可恨无能聘卧龙。

若有能人提拔我,

免受凄寒念我穷。

（三）

麻坑条路确难行,

---

① 箕伯:神话中的风神。

② 青女:神话中的霜雪之神。

弟子继承石为生。

采得砚石人赞叹，

兄弟孙儿为两餐。

（四）

麻山步路怨艰辛，

子劳工艺为寒穷。

砚坑之中常奇品，

岩藏名石振超群。

（白石村已故端砚老艺人罗中坪，又名罗辉、罗松富，于上世纪30年代在麻子坑采石时所作，并刻于岩壁。罗沛鸿老人抄录）

（五）

麻坑山路曲弯弯，

悬崖峭壁确难行。

数九寒天无水用，

夏日到来水浸岩。

（六）

北岭山上是钱庄，

岩藏砚石如金矿。

兄弟儿孙需勤奋，

采石制砚多攒银。

十　端砚的口头文学

（七）

白日登程行到晚，

到来采石实艰难，

采得靓石人称赞，

岩藏宝砚振声环。

（八）

岩中思想叹家穷，

觅食到来养家翁。

但能出得生天路，

老后儿孙步步高。

（根据宾日村林洁培老人演唱整理）

（九） 白线岩

初开地辟石岩先，

未曾听过事碑言（口头禅）。

几位张梁根理小（根底浅），

回求师祖教一言。

（根据东禺村梁星带演唱整理）

2、生活歌

从前，宾日村砚工在北岭山采砚石，妇女负责挑石。她们经过岩前、石牌等村落，攀上北岭山到砚石岩洞，往来需要七至八个多小时才把石材担回家，十分辛苦。石排、岩前村妇女到砚石岩洞附近打柴，看见石工或挑石的妇女常互相对唱，有时称赞、有时互嘲，苦中作乐。真是你一句来我一句答,就像竹篙晒腊鸭。

打柴妇女嘲笑宾日村砚工辛苦,有女儿也不要嫁给宾日的石工:

有女唔嫁黄岗宾日社,

食饱唔消(吃饱了不消化)担石头(意即吃饱了撑的)。

宾日村砚工答:

你无眼个时(没有眼睛的时候)还有对耳,

你唔知我黄岗凿石行?

唔采石头点(怎么)得饭食?

先养贤妻后养儿。

唔讲(不说)你阿姑年纪咁(这么)老,

讲到姓区名九娶你阿爱姑娘。[①]

又如,北岭山下的村庄有位女青年常到山上打柴,对砚工的生活情况十分了解,她的咏唱先是赞叹后是嘲笑,令砚工脸红耳热,你眼望我眼,一时之间难以对答。后来,砚工查知那个女青年已与肇庆郊区一个菜农订婚,常到肇庆取大粪淋菜。于是,砚工以种菜为题材,作歌对答,也是先赞叹后嘲笑,以其人之道,还治其人之身。

打柴女青年唱:

问你个呢(这些)采石阿哥有乜嘢(什么)菜,

象牙筷子衬金台。

攞石亚哥山上挖,

石头咁硬都挖成岩。

黄茅搭棚在坑边住,

饭仓埕(陪葬品)打水有得煲粮。

竹仔做床茅做瓦,

---

① 当年宾日村有个男青年,名字叫区九,已同石牌村女青年亚爱订婚,并已择日举行婚礼。意思是别说年纪这么大啦,就是年轻的阿爱姑娘也嫁石工。

手搓藤仔做门环。

苏州面盆唔使(不用)买,

坑湖洗脚石头琼(晾干)。

天阴落雨日难过,

多见山林树木少见人,

天麻底翳日难过,

老虎唔拖鬼又迷。

宾日村砚工答:

你系(是)牡丹花开人叹你靓,

牡丹开来又有香材(味)。

你系白玉兰花香十里,

点知你系米仔花容香过隔离。

山下有个尖督(底)黄埕无处坐,

坐来坐去坐返种菜村场。

种菜男人猫咁(这么)饿,

饿猫寻衬你好颜容。

你贪种菜村场有乜嘢好?

十分容貌俾(给)屎熏黄。

人家出街个时(的时候)钩遮(雨伞)咁戴,

你出街担担便桶又有乜斯文?

黄泽咸鱼挂在便桶上,

膊头担屎返到村场。

人家五更之时还在床中睡,

你门隙未光揾定菜篮。

人家天阴落雨关埋门仔坐,

你身披茅衣去摘菜芽。

踹(伸)脚落湖好似刀子切,

手扶射桶(淋菜水桶)好似走沙城①。

你攞柴越攞越埋(近)偷看我，

行埋棚边偷睇我咁多兄台。

我今日攞石明日卖，

石头好市娶你返来。

又如，岩前村打柴妇女嘲笑宾日村担石妇女唱：

星仔亚(还未)明鸡仔未叫，

爬匀(遍)九坳(九个山坳)都未天明。

你经我石岗岗裙(下)来过往，

吵人眠觉攞(找)人嫌。

宾日村担石妇女答：

你二更磨镰三更煮食，

四更将来起脚行。

行到东岗村场经村过，

吵人睡觉攞人嫌。

十个山头九个坳，

爬匀九坳都未天明。

去到柴位柴枪随手插，

低头割草都未天明。

石工翻山越岭挑砚石，在歇息时常常天南地北聊天解闷。石工歌唱
这样的情景：

松香之地歇脚头，

扛石之人把息休。

食口名烟和冷水，

谈天说地讲《西游》。

十　端砚的口头文学

---

① 沙城：古时黄岗办丧事的一个程序，喃呒佬唱着喃呒歌，追着亲友，绕着死者
走一圈，叫做走沙城。

　　除了以上"采石歌"和"生活歌"之外,还有针砭时政的歌谣,这是石工有感于切身政治地位而创作的,它鲜明地反映出社会政治的面貌,具有重要的历史价值。这类歌谣编唱不多,收集到的也少,不到忍无可忍,砚农也不会编唱,以免惹来麻烦。例如民国年间,高要县官员梁炳汉霸占砚坑,不许黄岗石工上山采石,强行解散黄岗民间端砚行会组织。黄岗石工绝大多数无田可耕,生活无着落,唱此歌表示愤懑和无奈,反映了当时社会的黑暗和无情。

　　唔好阴功(没有阴德良心)梁炳汉,
　　封了黄岗凿石行。
　　唔攞石头点得饭喫?
　　无钱籴米几咁(多么)凄凉!

十一　端砚世家

黄岗村是一个杂姓聚居的自然村落。民国《高要县志》记载，宋代落籍黄岗的有宾日杨氏，明代落籍的有大德梁氏、文星李氏、应日郭氏、惠福罗氏、宾日林氏等，清代落籍的有应日程氏、宾日朱氏、区氏等。村民落籍黄岗主要原因是为躲避战乱灾荒，此外，还有联姻和其他一些原因。其初迁入是一个人或家庭单元，后分支为房，枝叶益繁，血脉相贯，逐渐发展为有若干家庭组成的家族。

这些家族是以血缘为纽带，拥有共同祖先的群体，又是按照行政区域组成村落，结成为以地缘为纽带的群体。（图130）同时，在落籍的人口中许多南迁汉人带来先进的生产技术，其中包括各种手工技艺，同时，因以采石制砚手工技艺谋生，而形成以端砚手工业为主的业缘纽带群体。

黄岗村的血缘、地缘和业缘纽带维护着家庭、家族和村落之间的和谐关系，千百年来，

图130　门楼仔。走进门楼仔都是一家人

村民和睦相处,繁衍生息。有时地缘和业缘所培育的乡土情结,甚至超过血缘关系。

黄岗村民,历史上以"坊"为区域聚居。古有十坊,每个坊有若干巷,每条巷居住若干家庭。每条巷由若干院落组成,一般父子兄弟同住一个院落,有独立的生活空间,在院落大厅装有栏栅以防盗。同房叔伯兄弟都在巷子里建房居住。巷子两端均建有门楼,装有栏栅以防盗。有的巷子的门楼以家族相关的文字命名。如宾日社杨氏的门楼有"西关里"、"经华里"等。村民则习惯以姓氏命巷名,如郭巷、程巷、罗巷等。民间习俗认为每个坊都有社神,故建社坛以祭祀土地。社以坊名,叫惠福社、应日社、宾日社等。

各坊异姓村民可以联姻,使村民之间的关系更为牢固。有的家庭随着人口增多,成为大家族,其分支迁至邻坊居住,祭祖等活动仍回原祠堂举行。(图131、132)

 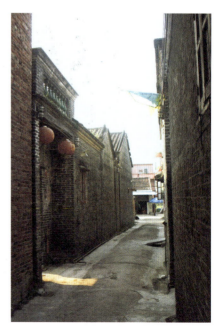

图131　同姓兄弟住在一条小巷,以姓为巷名　　　　图132　文星坊李巷

（一）端砚家族组织的民俗

黄岗"凿石行"开枝散叶，人丁兴旺。明清以后家族组织的民俗已经完备。主要表现在丁口、族谱、祠堂、祖坟、族产、家训族规、族房长等七方面。

丁口

黄岗村民一有小孩诞生，就需向家族报丁、拜社坛、祭祖先，在祠堂备酒席祝贺，称为"摆鸡酒"，家族成员均前来贺喜。为保佑小孩祛病平安，黄岗村民有为小孩契华光或观音的习俗。男丁16岁成年，举行入谱的仪式，真正成为家族成员。如果未成年而夭折，族谱一般不录入。

古时村落以丁口来体现族群的地位，丁口少的姓氏在村中是弱势群体，为了提高地位，有的选择"入族"，就是改随大姓，或者搬到村子的边缘居住。古时宾日村的姓有"杨、胡、汤、白、马"和"朱、区、岑、林"。以杨为大姓，后来其他姓或改姓入族，或迁出本村。其中胡、马两姓于明末入族，改姓杨，其祭祀祖先有两姓，原来的胡姓，其祖先为"胡杨公"。汤姓迁到佛山，白姓不知去向。杨姓人口增多，成为村里的大家族。朱姓于清代迁入，后繁衍成为宾日村第二大家族。

另据《肇庆市志》记载，明代，高要砚洲罗亚二之孙罗廷才，明末始迁至惠福坊，民国时传10世，有丁口60余人。白石村程氏，清康熙间原居肇庆城郊岗尾村，其先祖程乐山9世孙程仕千迁居黄岗圩惠福坊。民国时传11世，丁口20余人。家族丁口增多，由单一家庭繁衍为家族，家族大了便分"房"迁到邻坊居住。有的分房起房名以示区别，如宾日社朱家，始祖下分3房，称九凤房、九鸣房、九鸾房。

黄岗族人虽然迁出本坊，但只要在黄岗范围居住大部分仍以采石制砚为生。据宾日村老人回忆：

泰宁村董氏，旧时居住在宾日村，因西江洪水泛滥，绝大多数房屋被冲垮，后来在水塘以东泰宁村边重建住宅。董氏族人在旧社会至"文革"

前，与宾日村各个姓氏村民同拜一个社坛："宾日社"。清明节，白石村杨氏人还是回到宾日村杨氏家族，同拜祖坟。白石村惠福坊、应日坊梁氏，除了梁跛荣一户从下瑶迁来，其余全是东禺村梁氏家族人。解放初土改时期，以梁家祠堂为界，把祠堂以东梁氏划入白石村。现在，白石村惠福坊、应日坊梁氏，清明节还是回到东禺村与梁氏家族同拜祖坟。东禺村陈氏与阜通陈氏，原是同一个家族，另有塘尾村陈氏，亦同拜祖坟。

族谱

各姓族谱记述宗族源流世系为主。有的族谱在开篇就点出祖先源流。文星坊李氏族谱上有对联："高高祖是父子粤桂相隔情不变，世世子千里迢迢语言不同义难分。"杨氏祠堂联："本固珠玑五谥流风开肇郡，枝繁端海四知介气集黄冈。"宾日坊朱姓九世孙朱乾初题民国二十五年订辑的《朱氏家谱》诗："谱胄稔塘是故乡，枝苹发衍题宾日。血脉郁葱贻燕翼，宗桃鸿阴儿孙盛。宏开图籍泽绵长，葛藟流传溯紫阳。千年瓜瓞绍麟祥，启后光前俾炽昌。"

有的记载家族大事。文星坊李氏族谱详细记录了其先祖在阳春为官，后在肇庆为官，辞官后在黄岗定居，以耕读传家。其子孙清代在广州天成路开设"广泰"端砚店铺的情况。

有的族谱记载每个家族的安名字派。宾日朱姓族谱记载朱姓字派为：朝、宗、永、远、吉、兆、国、家、安、庆、延、年，共十二字。宾日杨姓六世祖仁斯(庆夫)迁至黄岗应日坊居住(即今白石村)。由十八代起安名以十字为派系：德、进、家、星、远、财、华、国、伟、昌。

由于经历西江洪水之患，特别是1915年洪灾冲崩堤围，许多房屋被冲垮，族谱大多散失。现见族谱多为家族长老所重修、续修。据笔者初步调查，记载完整或较为完整有罗、梁、程、郭、李、杨、朱、岑等姓族谱。

祠堂

黄岗现存的祠堂都是明清时期的建筑。据初步统计，现存有梁、李、陈、朱、马等姓氏祠堂6座，宾日杨氏祠堂2007年在原址重建。(图133)

图133　梁氏宗祠

　　宗祠供奉祖先神主牌位。宗族供奉始迁祖以下神主，清明节合族公祭。每一家支有家户祠堂，称为"祖堂"。祭祀四代内祖先，年节各房老幼集中祭祀，平时可以随时祭祀。先祖牌位供奉在中堂的二楼，除了贴对联和打扫外，一般不能上人，祭祀之日方可上香。(图134)

　　宾日坊杨氏是大家族，自古以采石制砚为业，其宗祠除了供奉家族先祖外，同时供奉采石制砚业祖师伍丁的神主牌，每逢拜师入行和祖师节都在这里举行祭祀活动。祠堂也是处置宗族纠纷等事务的场所。若有不教、不悌、赌博等大事，即要在祠堂公处。

　　祠堂的对联也反映了家族家风和传统道德观念。宾日坊杨氏经华祖堂对联："泗知重顺家声远，三相遗风世泽长。"杨氏祖先铭盆公生二子，念山、念江，其中念江祖堂有对联。门口为："宗祖敦庞培福泽，儿孙肇记振家声。"正樑为"春复春春春宝贵，代传代代代荣华。"中廊对联中的"四知"、"关西"等皆出东汉杨震的典故。(图135)

十一　端砚世家

端硯

民俗考

图134　宾日坊胡杨公祖堂

图135　宾日坊胡杨公祖堂内景

"关西"，成语考云：人称杨震为关西夫子。"四知"：杨震做官不受贿，有人夜送十斤金，说："暮夜无知者。"杨震说："天知、神知、我知、子（你）知，何谓无知？"故有"四知"之号。"三鳣"：有鹳雀衔三鳣鱼飞集杨震讲堂前，人们以为他将任大官，后果任至太尉。

应日坊李氏祠堂门口对联："登龙世胄，射虎家声。"头柱对联："户外青山常挺秀，门前绿水永朝宗。"二柱对联："学问传家尊首先，文章寿世奏清平。"堂柱对联："思路无偏承祖德，源泉有本报宗功。"

族产、祖坟墓地

黄岗村的家族一般都有自己的族产，包括位于西江河边的少量耕地，称为"河坦（滩）地"。族产的来源通常由族人捐献集资和族产的经营收益的不断积累。族产一般为按房轮值或专人承租两种。民国十四年东禺梁氏进支单所记的进账就有地租、新丁、娶亲等的收入。他们通常将日常的族产收益集中起来，集中使用。清代雍正九年（1731）东禺村梁氏族规碑记规定：

总理一人，加胙□□，收贮田契、生放数目银钱，押封仓门，封锁银戥、木秤、灰印、谷斗、祠堂大门、仓门锁匙，俱系所管；二造未晒分收谷堆，俱要印号，庶无偷窃之弊。但不得收取银钱，如私收私取，不交还数母，罚其

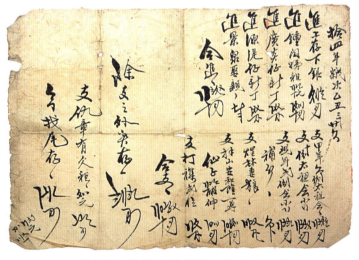

图136 黄岗东禺村民家族开支记录

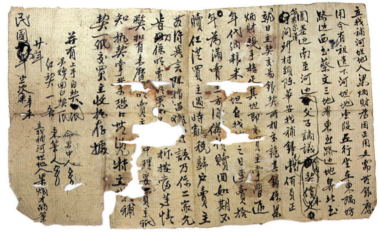

图137　黄岗东禺村民租地契约

加胙。仍要置流水簿一个,收支数目与数母之簿相同,以备参考。倘有与数母通同作弊者,查出照赃倍罚。(图136、137)

朱氏族产:如御廷所遗下的族产有塘鼓坑田一坵,税八分二厘,又桥头田六坵,又坭墩田二坵共税一亩六分七厘,以上共税二亩四分九厘五毛。

族产的支出主要有如下几项:一是定期的宗族祭祀活动,是族产的主要开支。二是资助子弟读书科考。东禺梁氏族规规定"读书递年受过太祖帮学、卷资、书金、路费等项。""若读书逢试期不到亦与,此重读书人意也。"三是救济族人。对穷苦人家,孤寡老人都给予救济。如东禺梁氏家族的进支单所记"支煜林妻粮……"就是。四是公益开支,如铺路、建社坛等。

每一宗族都有自己的坟山墓地,族人轮房祭祀。东禺梁氏规定"始祖考妣忌辰,及冬至,祀主各出钱一千文,多支系众出。以上墓祭,各仪起至此,系轮房祭祀"。

族长

每个家族都有德高望重的长辈负责管理宗族与家支事务。大的家族设族长一人，族正一人、总理一人，管理日常事务。族长职责一是主持祭祀活动。"清明、冬祭，俱前一日拜祖"，"族长主祭，族正副长陪祭，须要先期一日习仪，临祭方无舛错"。二是管理族产。三是主持调解家族内部矛盾，公平解决家族成员争端。四是代表本族和其他家族或官府交涉。

每个宗族都有不同的家支，称为"房"。各房推举房长协助管理本房事务。"每房举出一人……递年看禾、晒谷、催收生放利息"。"内要推出一人，以为数母设流水簿一个，银钱俱交所管，出入俱要登记，不得私瞒盗用。如有买田支用，要说知总理验明封皮，然后开拆；倘封号不同，挪移作弊者，即要照数行罚，每年清明祭祀后，即将一年收支本利、入仓出仓谷数算明标出，送总理核过，然后贴于祠堂，俾众观察。"族长、族正、总理和房长是家族事务管理执行人，确保宗族生活生产井然有序。如果不履行职责就会受到惩罚，并可以通过公众会议将其罢免。

家训族规

家训族规主要功能是在于调节个人和家族、社会的伦常关系。其主旨是以儒家伦理道德原则规范家族成员的思想行为。从现存族规来看，宗族事务主要有以下内容：管理宗族的机构，宗祠活动，族谱修编，族产管理，祖墓祭扫，族学教育，尊卑区分，族谊互助等，此外为调整与乡里社会及国家的关系，家法族规也做了许多具体的规定。如和睦乡邻、规避词讼、不损他人、调解纠纷、捍卫宗族、严惩盗贼、保护环境、按时完粮纳税、"莫谈国事"以及"禁入会党"等。

刻于清雍正九年（1731）的东禺村梁氏族规碑记，是黄岗仅存的族规，碑在东禺村梁氏宗祠内，高1.30米，宽0.61米，楷书，端砚石质，族人梁端山撰文。碑文约1500字，记述族长等人在族内的职责，祭祖所规定的仪式、仪物，以及训诲族人的规条。其中有经当地县令批准在案并勒石于祠堂的箴规。男规十条是："孝顺父母、尊敬长上、和睦乡里、教训子孙、各安生理、毋作非为、勤力耕种、早完钱粮、忍性为高、为善最乐。"女箴六条是："侍奉翁姑、尊敬丈夫、和睦娣姆、闺门谨守、夜眠早起、勤俭家务。"碑文中还订出严格的奖罚办法,使族人能"人人乐善,个个循良"。该碑为研究黄岗的家族组织习俗、宗法制度等方面的重要实物资料。据1987年出版的《肇庆市文物志》辑录该碑原文如下:

众举族正一人,以辅佐族长,专司教训之权,加胙一分。族内如有事到投,若不教、不悌、赌博等大事,即要在祠堂公处;如小故,俟时节祀祖或朔望然后公处。总理一人,加胙□□,收贮田契、生放数目银钱,押封仓门,封锁银戥、木秤、灰印、谷斗、祠堂大门、仓门锁匙,俱系所管;二造未晒分收谷堆,俱要印号,庶无偷窃之弊。但不得收取银钱,如私收私取,不交还数母,罚其加胙。仍要置流水簿一个,收支数目与数母之簿相同,以备参考。倘有与数母通同作弊者,查出照赃倍罚。理尝数,每房举出一人,各加胙一分,递年看禾、晒谷、催收生放利息,不得懒惰偷安,屡次不到理者,罚其加胙。内要推出一人,以为数母设流水簿一个,银钱俱交所管,出入俱要登记,不得私瞒盗用。如有买田支用,要说知总理验明封皮,然后开拆;倘封号不同,那移作弊者,即要照数行罚,每年清明祭祀后,即将一年收支本利、入仓出仓谷数算明标出,送总理核过,然后贴于祠堂,俾众观察;倘开列糊涂,总理不行稽查,必系同弊,均应倍罚。清明、冬祭,俱前一日拜祖,用仙桌三张,桌围三条,香案二副、毡五张、攒盒一个、茶酒各三盅、京时果各五品、茶食、斋熟食各五碗、全猪一只、全羊一只、祝文一通。执事、大乐、小乐、大赞、引赞、司樽、司爵、财帛、读祝,族长主祭,族正副长陪祭,须要先期一日习仪,临祭方无舛错。各子孙俱衣冠,分昭穆礼拜,其羊以五钱为则,多则众补,少则出众,此轮房祭礼也。凡祭礼俱以三炮为号:初炮或各人在外,即要回家;二炮要穿衣到祠;三炮祭祀。如祭毕不到者,止以未冠之胙与之,如□年不到祭者,全不与胙。墓祭仪物:熟猪首一个,熟鹅一只,熟鸡一碗,熟肉四碗,共重六斤,猪下水五碗,重三斤,斋五碗,重二斤,净皮蔗五斤,鸭蛋十五个,羹饭各三碗,茶一壶,酒一壶,香一百,中烛二对,二罡宝十对,长钱足用。行祀照祠堂一色,各子孙俱衣冠礼拜,祭毕有双胙,方得饮食,鸭蛋每人一个。外猪首连骨共重二十五斤,鹅

220

民

俗

考

一只重四斤,熟肉二十斤,下水一十三斤,酒二埕,净皮蔗三十斤,成丁到山,每人鸭蛋一个,熟食以到山照人均分,有双胙,不到亦与。羊肉煮熟,将一斤与有双胙同食,余同熟食均分。以上各仪俱轮房祀主所办,务要虔诚精洁,以邀鉴享。如各物煮生出血或下水不洁,罚生肉十斤。其肉煮生,有熟肉换过,不罚。下水不洁,有换过,亦罚,以其秽及各物也。如分生胙以尝秤称起,如有三五分少者,则俱照数补起,仍罚生肉十斤;如一二分少者,恐跌了搭头,不罚,换过即是。始祖考妣忌辰,及冬至,祀主各出钱一千文,多支系众出。以上墓祭,各仪起至此,系轮房祭祀,然后如是。若众祭祀,则不在此论。未冠原不到祠,不得领胙,此亦以杜冒领之弊。若读书逢试期不到亦与,此重读书人意也。新丁有壶盒奉祖,不到亦与。倘路远或一二岁尚在乳哺者,不到亦与,此慈幼意也。如有假冒查出,除不与外,仍罚生肉五斤。三四岁以上不到不与。如新丁在未元宵前生,不开灯奉祖,不得领胙。元宵后生者得领。读书递年受过太祖帮学、卷资、书金、路费等项,如出仕,应量捐俸薪以置义田,以广祭祀,文武一体。又将男妇女箴规一十六条,业经呈明姜、戴、杨三位太爷,俱批回宣谕训话,兹并勒石训诲,以垂永久。男规十条:孝顺父母、尊敬长上、和睦乡里、教训子孙、各安生理、毋作非为、勤力耕种、早完钱粮、忍性为高、为善最乐。女六箴:侍奉翁姑、尊敬丈夫、和睦妯娌、闺门谨守、夜眠早起、勤俭家务。此十六条俱有注解,但字多难于勒石。兹将十六条目录刊刻,其注解每逢朔望及时节祭祀,在祠宣讲;但日间士农工贾各勤其业,未尽周知,仍于午夜鸡鸣击铎儆众,务得人人乐善,个个循良,吾族岂不深幸耶!但各子孙有能尽十规无忝者,加胙一分;各妇女有能尽六箴无亏者,加胙一分。此家法条例勒石永远训诲外,另书六本,每房房正各执一本,早晚教训子孙。其男女箴规一本,记过一本,族正流传收执,时节祭祀宣讲。如有善者加胙奖赏,如过即行责罚,略轻者书于过簿,俟时节祭祀宣讲箴规家训,俱蒙批勒石宗祠在案,原非私设,皆是从轻教诲,无非欲吾子孙孝贤,以成淳俗。自始慎之勉之,犹望世世子孙,相继而行,则家声有厚赖矣!

奉旨特授正八品农官、吏部候选修职郎、充通都约正十一世孙端山顿首拜撰。

（按：以下人名及勒石年月不录）（图138）

图138　东禺村梁氏族规碑

(二)技艺传承与发展

采石制砚技艺传承原以家族为主,直到1958年,肇庆市成立国营端砚厂,聘请黄岗的采石制砚艺人进厂工作,面向社会招工,带徒授艺,从此打破了家族传承的传统,以新的师承方式培养了大批青年技艺能手。改革开放后又出现了新的创作力量,其中一部分人有较高的文化水平和社会阅历,先从事其他行业然后再转入端砚业,或在集体、个体端砚厂打工学艺然后自立门户,独立创作;还有一些有高等学历的文化学者和书画艺术家加入端砚创作行列。他们的作品富有创意,表现手法变化多样,工艺精湛,使端砚艺术创作出现百家争鸣、百花齐放的新气象。

1、家族传承

指端砚技艺在家族内,如父子、兄弟、叔侄等直系亲属之间相传。技不外传,传男不传女,体现了职业世袭性的特征。古代砚工为了在激烈的竞争中取得优势,让自己的产品占有垄断地位,在生产过程中往往有所发明和创新,或者对某类造型、纹饰有独到之处,使他的产品类似于现代意义的专利产品。为尽可能长时间维持生计,迫使砚工将技艺一代一代传下去,于是采取这种具有强烈排他性的方式。家族直系传承成为技艺传承的主要方式。在一些特殊情况下,也会传给另外有血缘或地缘关系的家族,这是由于有些精湛技艺的砚工很难保证自己的子孙都能继承祖业,更何况,他们能否完全继承其技艺也是未知数,所以要物色家族以外的继承者。另外,村内有相当数量贫困家庭的子弟为了谋生,不得不拜师学艺,他们严格遵从师训,遵守师家的族规族例。得到允许之后,也可以传给自己本族的子孙,进而发展成为新的制砚家族。

家族传承对于整个端砚业的发展来说,存在一些不利的因素。一方面,持有技艺的砚工为了自身利益的最大化,故步自封,对前人所传手艺更多的是守旧沿袭,缺少创新意识,即便是有所改进,也会对彻底打破前人技艺顾虑重重,缩手缩脚。另一方面,采石制砚技艺的发明和新技法只是在很小的范围内流传,难以在社会传播,使其他拥有聪明才智的人失去了传承和改革技艺的机会。同时,由于产量相当有限,不利于消费群体的扩大。

但是对于拥有技艺特别是精湛技艺的砚工及其家庭而论,毫无疑问是最为有利的。在古代,由于没有相应措施保护专利,维护新技艺发明人的合法权益,这也是迫不得已的办法,从保护品牌这个角度来说,有其进步意义,对保证产品质量和维护生产者信誉也有重要的作用。对于端砚的消费者而言,这种经营方式有利于他们识别真伪,保证其合法权益。

家族技艺传承使家庭成员秉承祖业,世世代代以石谋生,以砚为田,形成枝叶繁茂的采石制砚世家。由于他们大都没有文化,制砚的主要目的是为了生计,所以历史上留下来的文字记录很有限。即便是家谱也因年代久远,记载不全,特别是"文革"期间多已散失,除了少数家族的传承关系可以上溯宋明两代,传承关系较为完整外,一般追记到清代甚至只有前三代。

白石村惠福坊罗氏

先祖系宋代罗怀奇、罗怀德兄弟,相传他们自南雄珠玑巷入粤。罗怀德落籍惠州,罗怀奇落籍肇庆高要县砚洲(今属鼎湖区)。传至18代罗廷才,于明末迁出砚洲落籍黄岗惠福坊,为罗氏黄岗始祖。第2代罗鸣琦,第3代罗万举,第4代罗火山,第5代罗澄、罗树,第6代罗啟宗、罗耀宗,第7代罗理惠,第8代罗崑玉、罗崑球。自此罗氏兄弟分房,枝叶繁茂。罗氏砚雕技艺代代相传,名手辈出。代表传人有罗崑玉支房的第12代传人罗林胜,第13代罗廷耀、罗廷杰,第14代罗鉴培、罗星培、罗均培、罗妹,第15代罗明忠、罗海、罗其森,第16代罗建鸿、罗建祺、罗建清、罗建泉、罗建强。罗崑球支房的第18代传人罗富兰,第19代罗松盛、罗松彪,第20代罗沛林、罗沛熙、罗沛佳、罗耀,第21代罗仲、罗球、罗洲,第23代罗伟星、罗伟雄、罗伟宽、罗伟明、罗伟滔、罗伟钧等。罗氏家族以砚艺传家,至今传

24代。(图139、140、141)

惠福坊罗氏族谱（一）
（维新世系）

		始祖
		二世

图139　罗崑球族谱(维新世系)

民

俗

考

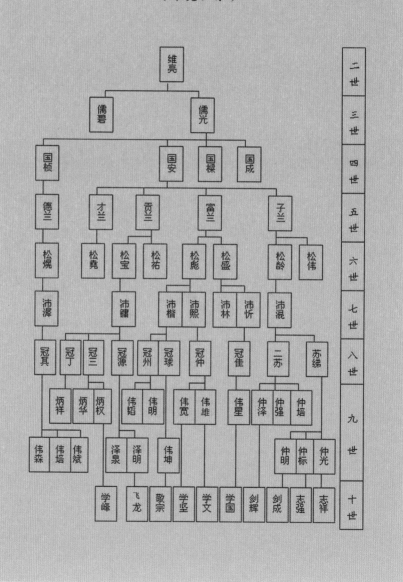

图140　罗崑球族谱(维亮世系)

惠福坊罗氏族谱（三）
（林胜世系）

罗林胜

罗廷耀　　罗廷杰

罗妹

罗均培　　罗星培　　罗鎏培

亚七　亚六　亚五　亚四　罗群娣　罗群好　罗群芳　罗明忠　罗桂三　亚妹　亚友　罗其森　二妹　亚妹　罗海　罗桂芳

罗建清　罗建祺　罗建鸿　罗建璇　罗建哲　罗建强　罗建泉　罗月珍

罗梓杰　罗梓皓　罗晓炘　罗淼铨

始祖　二世　三世　四世　五世　六世

227

十一　端砚世家

图141　罗氏族谱(林胜世系)

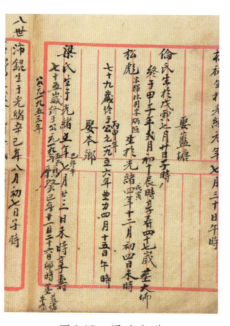

图142　罗氏家谱

相传罗氏家族明代以刻山水著称的有罗发、罗澄谦二人。罗发又名苏虾发,东屯乡二图九甲人(今黄岗镇白石村)。他善以轻力浅刀雕镂山水。罗澄谦是罗发的侄子,以刻山水、人物、龙凤、鸟雀、松竹、花卉见长,他所刻的名砚有《西厢记》的"借厢"、"听琴"、"酬柬"等。人物精美,毛发毕现。明代就有人写诗称赞他:"君不见端城澄谦刻砚石,毛发须眉皓如月。"清代罗林盛、罗松彪也是罗家的代表性传人。(图142)

1958年10月,北京人民大会堂动工兴建,政府在全国各地选调能工巧匠赴北京参加该工程的建设。当年12月,罗氏传人罗沛佳、罗耀、罗星培和罗均培四人同时被肇庆政府选送,参加人民大会堂及华表柱等建筑的雕刻工作。在京期间,他们和其他艺人多次接受周恩来总理的视察、慰问。1959年5月1日,罗氏兄弟参加了国际劳动节游行,受到毛主席的检阅。是年8月,人民大会堂工程竣工,罗氏兄弟离京前,大会堂工程的负责同志专门安排人员陪同他们游览了十三陵水库。

1959年,端砚业开始复苏。肇庆市成立文教社(后合并肇庆市工艺厂,下属端砚、象牙、书画车间),在黄岗招收了一批采石制砚艺人,其中罗星培、罗均培、罗耀和应日坊程泗等四人任雕刻师傅,带徒授艺,培养了新中国第一批端砚技术人才。罗氏后人继承家艺,薪火相传,也是人才辈出。(图143)

图143　罗氏兄弟在北京十三陵水库合影留念。自左至右为罗耀、罗沛佳、罗星培、罗均培

主要传承人：

罗松彪（1879~1956）。字炳垣，号玉铨。传承惠福坊罗宝、罗赞兄弟的砚雕技艺，以雕刻梅雀、花卉及仿古纹饰见长，刻工细腻，线条流畅。其作品曾获1901年巴拿马工艺美术大赛二等奖。他还是远近闻名的雕刻字画高手，现鼎湖山庆云寺的"百梅诗"和"墨梅"石刻均出其手。由于砚艺精湛，加上为人正直，精明能干，在砚界颇有口碑。后被推选为"惠日端砚行"值事（行长），管理行会事务。创办"玉铨斋"端砚店铺。（图144、145）

罗星培（1918~2003）。肇庆市端溪名砚厂创始人之一。师承前辈罗亚成。技艺精湛，雕工豪放粗犷，其作品构图严谨、豁达端庄、古雅朴素、

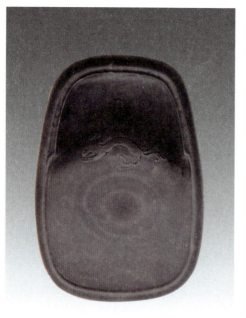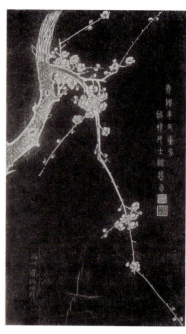

图144　罗松彪于清末民初创作的《螭龙砚》　图145　罗松彪《墨梅砚》拓片

雍容大方。擅长花鸟虫鱼、山水、云龙、瓜果、梅雀砚的雕刻,亦长于大理石、象牙立体雕刻。尤其擅长利用砚材的天然石品,奇妙构思,灵活运用传统技法因材施艺,其作品大都极具艺术价值和珍藏价值。花鸟虫鱼、飞禽走兽形神兼备,栩栩如生。松、竹、梅、荷等老枝残荷巧夺天工,受到同行及海内外人士的高度评价。代表作有《丹凤朝阳砚》、《万象更新砚》、《教子朝天砚》、《古树迎春砚》、《南瓜砚》、《荔枝砚》、《凉瓜砚》、《比翼齐飞砚》、《金鱼吐珠砚》等。《金鱼吐珠砚》是在延安从事文艺普及教育时的作品。1958年12月,被地方政府选派到北京参加人民大会堂及华表柱等建筑的雕刻工作。1959年,他和罗耀、罗均培、程泗等人被聘为为肇庆市文教社雕刻师傅。1963年参与创办肇庆市端溪名砚厂,曾任端溪名砚厂负责人。1964~1965年间受国家工业部的指示,参加革命圣地延安的文学艺术的普及教育工作,培养了一批雕刻骨干人才。

罗星培毕生致力于端砚创作和培育新一代端砚艺人,毫无保留地把家传砚艺传授给学徒,为中国砚都肇庆培育出一批国家级工艺大师和省、市级工艺师及众多的砚艺人才,中国工艺美术大师黎铿就是其中杰出的一位。

　　罗星培还致力于新的端砚艺术创作。在继承传统技法的同时,又开拓了新的道路,在现代端砚艺术界有重要的地位和影响。(图146、147、148、149、150、151、152、153)

图146　罗星培在雕刻

图147　罗星培与延安学徒合影

图148　罗星培在端砚厂雕刻车间

端硯

民
俗
考

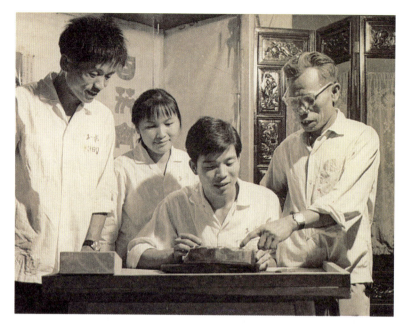

图149　罗星培与学徒

图150　罗星培在教授女学徒砚雕技艺

图151　罗星培《苍龙教子砚》

十一　端砚世家

端硯

民

俗

考

图 152　罗星培《古树迎春砚》

图 153　罗星培《星云砚》

罗均培（1920~1972）。罗星培胞弟，自幼随父辈学艺。虽因家庭贫苦，没上过学，但由于勤奋好学，聪敏过人，又在长期端砚雕刻中积累了丰富的经验，达到很高的水平。刻工精细，造型准确，构图严谨。擅长运用浅刀浮雕技法雕刻云龙、云蝠、松鹤。所雕云龙栩栩如生，祥云飘逸，云彩或远或近，若隐若现，富有真实感和立体感。1958年12月，他被地方政府选派

图154　罗均培《三友图砚》

到北京参加人民大会堂及华表柱等建筑的雕刻工作。1959年，他和罗星培、罗耀、程泗一起受聘为肇庆市文教社砚雕师傅，把家传技艺毫无保留地传授给青年艺人，备受尊敬，和胞兄罗星培一起带出了黎铿等一批杰出的新一代艺人，可惜英年早逝，享年50岁。传世作品有《三友图砚》、《百蝠穿云砚》等。他和罗星培均是建国后端砚发展新时期的"承前启后"的老艺人。（图154）

罗鉴培（1916~1995）。自幼年起便和兄弟罗星培、罗均培等一起潜心学艺，擅长雕刻瓜果、夔龙、虫鱼等。新中国成立前，随老砚工"跑江湖"，把端砚带到广州、杭州等城市销售。新中国成立后，参加创办白石端砚厂、下黄岗大队端砚厂，先后在两厂担任技术指导，负责端砚设计、质检等工作。传世作品有《山水砚》、《夔龙砚》等。（图155、156）

罗焯培（1918--1994）。又名罗妹，传承家艺。早年在香港"月古斋"、澳门"汉古斋"、广州"清秘阁"等地雕砚卖砚为生。作品多以大型的自然砚坯因材施艺，构图古朴，立意清新，题材广泛，雕工精湛。代表作有《古琴砚》、《十八罗汉砚》、《兰亭砚》、《百鸟争鸣砚》等，传世作品有《鸾凤和鸣砚》（广州博物馆藏）、《梅雀砚》。（图157、158、159）

图155　上世纪六十年代,罗鉴培(前排左二)和肇庆市工艺厂的端
砚学徒在七星岩牌坊前合影

图156　罗鉴培《山水砚》

图157　罗焯培

图 158　罗焯培作品　　　　　　　　　图 159　罗焯培作品

　　罗耀（1919~2006）。12岁入行学艺，成年后到罗松彪的"玉铨斋"从事端砚和石制工艺品的雕刻工作。新中国成立后，和罗星培、罗均培、程泗一起担任肇庆市文教社砚雕师傅。1958年12月，被选派到北京参加人民大会堂及华表柱等建筑的雕刻工作。其砚作古朴天然，素雅大方。传世作品有《罗汉图砚》、《百鸟归巢砚》等。代表作"端溪百龙砚"在山东烟台第二届中国艺术博览会上荣获一等奖。2004年，被肇庆市人民政府授予"肇庆市端砚事业贡献奖"。（图 160、161、162、163）

十一　端砚世家

图 160　罗耀

图161　罗耀为罗仲、罗伟雄父子示范雕刻技艺

图162　罗耀《罗汉图砚》

图163　罗耀作品

罗沛熙（1909~1992）。罗松
彪长子，玉铨斋传人。1917年在
端州海星学校读书，肇庆师范毕
业。曾为肇庆双东小学首任校
长，继在德庆悦城小学任教。期
间秉承祖业研习砚艺。上世纪
70年代在白石端砚厂负责经营
管理。代表作有《琴书宝剑砚》，
著有《东厢乡惠福坊罗氏家谱》，
是民间端砚艺人中的"知识分
子"。（图164）

罗沛佳（1922~1960）。罗松

图164　罗沛熙《琴书宝剑砚》

端硯

民俗考

图165　罗沛佳《刘海戏蟾砚》

图166　罗仲《仿古双龙砚》

彪二子,自幼在父亲教导下承传祖业,工艺精湛,为玉铨斋传人。1958年12月,被地方政府选派到北京参加人民大会堂及华表柱等建筑的雕刻工作。1959年参加肇庆文教社工作,为首批端砚制作师傅。1960年被评为"广东省先进工作者"。传世作品有《刘海戏蟾砚》等。(图165)

罗仲。生于1942年。自小跟祖父罗松彪、父亲罗沛熙以及堂兄罗耀学艺,深得罗家砚艺真传。建国后在肇庆市端砚厂授徒,培养了一大批年轻端砚艺人。肇庆市端砚厂创始人,曾担任肇庆市端砚厂厂长,参加雕刻鼎湖山荣睿纪念碑。代表作《江楼晚眺砚》获国家轻工部二等奖,并授工艺美术师称号。其门生陈日荣为联合国教科文组织一级民间工艺美术家,世界教科文组织专家成员。(图166)

罗海。生于1951年。少年时期就随父亲罗鉴培学艺,后师从前辈罗星培、罗均培。其技法精湛,在雕刻表现手法上富有创意,形成古朴大气的风格。擅雕云龙、瓜果、飞禽走兽。代表作《锦绣山河砚》被北京故宫博物院收藏,《江山多娇砚》被北京人民大会堂珍藏。现为广东省工艺美术大师、高级工艺美术师、中国端砚鉴定委员会专家、肇庆市工艺美术行业协会顾问、肇庆市端砚协会副会长。改革开放后创办肇庆市艺海端砚厂,2008年创办"罗海砚斋"。(图167)

图167　罗海《锦绣山河砚》(此砚被北京故宫博物院收藏)

图168　罗星培父子共研砚艺

图169　罗其深《千年硕果砚》

罗其深。生于1955年。从小跟随父亲罗星培习艺,是罗氏砚艺的主要传承人。所制云龙、云蝠、梅雀、松鹤等传统题材娴熟自如。后来师从广东画院著名画家李国华学习中国画艺术,广泛涉猎吸取相关门类艺术元素,使作品既保持了民间传统特色,又有时代风韵。代表作有《千年硕果砚》、《夜渔砚》等。(图168、169)

罗建泉。生于1976年。继承家艺,师从中国工艺美术大师黎铿。结业于中国工艺美术研究院和中国工艺美术协会主办的"2009中国工艺美术保护国家级培训荐目"培训班。《肇庆春色砚》获第二届中国端砚文化节金奖,代表作《独钓寒江砚》被中国工艺美术馆收藏。为纪念叶挺独立团团部旧址纪念馆建馆50周年创作《江楼浩气砚》,赠予该馆珍藏。其设计制作的《和谐亚运砚》被广州亚运组委会选定作为广州2010年亚运会端砚独家特许生产。现任政协肇庆市第九届委员会委员、中国工艺美术协会会员、肇庆市工艺美术行业协会副会长、肇庆艺海端砚厂艺术总监。(图170、171)

罗建强。生于1978年。自幼随父亲罗海学艺,并师从中国工艺美术

图170 罗建泉《肇庆春色砚》

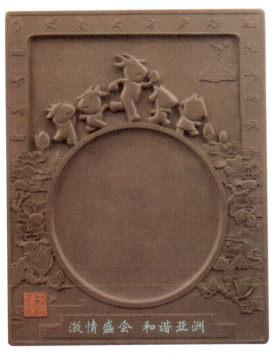

图171 罗建泉《和谐亚运砚》

图172 罗建强《开卷有益砚》

大师黎铿。代表作《星湖春色砚》获2004年第二届中国端砚文化节银奖，《明月松间照砚》获2005年"金凤凰"原创旅游工艺品设计大赛金奖。现为中国工艺美术协会会员、工艺美术师、肇庆艺海端砚厂厂长、政协肇庆市鼎湖区第五届委员会委员。(图172)

白石村应日坊郭氏

郭家先祖于明代迁入肇庆，至今传18代。第7代郭再多(字应祥，号原礼)迁居黄江乡(今黄岗镇)。第13代的刻砚名家有祯祥(字兰祥)、兆祥(字澄初)、祐祥(字礼泉)。第14代有铭培、德培(郭桥)、顺培(郭二桥)、志培(郭三桥)。第15代有炳南(字坤林)、亚强(字炳强)、坤铨、济强、济英、郭超(字炳超)和郭跻。第16代有汉彬、汉文、汉宜、桂玲(字桂华)、杰玲(字杰华)、郭秀(成辉)。第17代有树炎、树清、树恒、树聪、永光、永乐、树坚。(图173)郭家砚艺传至现代已经没有传统的"传子不传女"、"艺不外传"的观念，郭超之女郭瑞芬，郭跻之女郭丽珍、郭丽容，郭坤强的媳妇杨玉蝉，郭超的媳妇朱金凤，孙女郭艳芳和外孙杨沛恒也继承郭

应日坊郭氏族谱（一）

（耀辉世系）

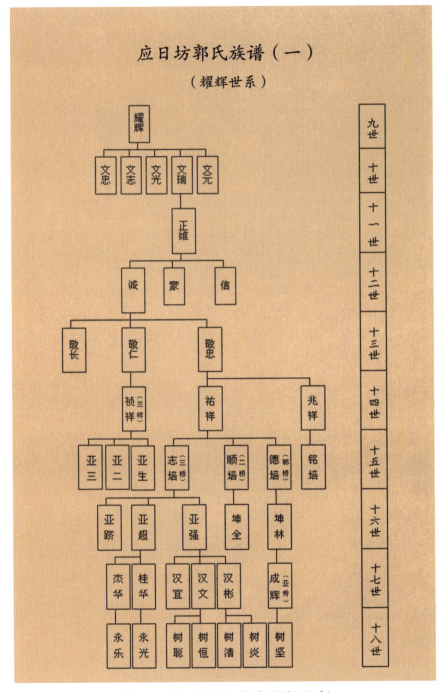

图173　应日坊郭氏族谱（耀辉世系）

图174　郭氏家族合照。左起：郭桂华、郭树清、郭成辉、郭树炎、郭汉彬、郭树坚、郭跻、郭丽珍、郭超、朱金凤、郭艳芳、郭丽容、郭永光、杨玉蝉、郭树恒、郭瑞芬

家技艺，现郭家共有10多人从事端砚雕刻工作。郭家嫡传砚艺以仿古为主，多以家传砚谱的样式为蓝本，在传统基础上进行创新。作品典雅端庄、方正圆润、古朴厚重。技法以浅刀浮雕为主，刻工精细，线条流畅。（图174）

　　主要传承人：

　　郭祯祥。字兰祥，生于清道光年间。据郭家后人说，他曾为清廷制作贡砚，但没见有史籍记载，也缺少实物佐证。其子亚生、亚二、亚三不事砚业，均迁出黄岗不知所终。郭兰祥的技艺为族人郭德培（郭桥）、郭顺培（郭二桥）、郭志培（郭三桥）三兄弟所继承。

　　郭兰祥擅仿古、山水、花鸟砚刻，以浅雕刀法入砚，巧用石品，因形而作，技艺精湛，为乡人所称道。传世作品《千金猴王砚》、《松鹤砚》和《鱼脑冻碎石砚》为广东三大名砚，其中《千金猴王砚》现藏于广东省博物馆。另有一方首都博物馆藏砚，应为郭兰祥遗作。（图175、176）

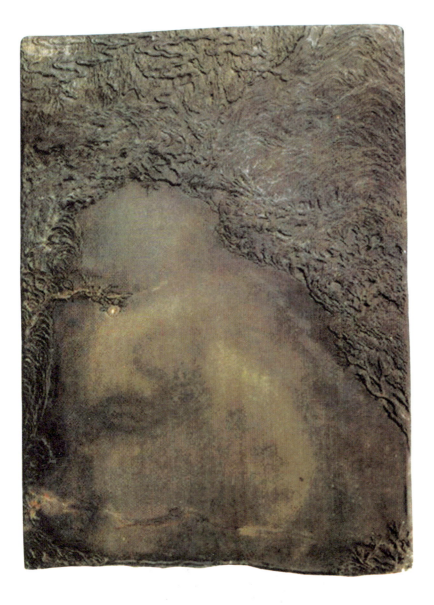

　　图175　清《千金猴王砚》及拓片。《千金猴王砚》为老坑大西洞石。
石色青苍微带紫蓝,有鱼脑冻、火捺、青花与金线等,石品花纹绚丽多姿。
砚堂中之石脑冻状似猴王侧坐。刻者遂于周围雕饰山石、岩洞、瀑布、桃
林,宛如美猴王坐于花果山水帘洞。砚之右侧有铭文:"千金猴王砚。光
绪壬辰禺山何氏闲叟珍藏。"左侧铭文:"郭兰祥作砚,项信南刊字。"此砚
原为广东番禺人、古文字学家、书法家及古文物研究专家商承祚先生
(1902~1991)所收藏,后赠予广东省博物馆。

端硯

民

俗

考

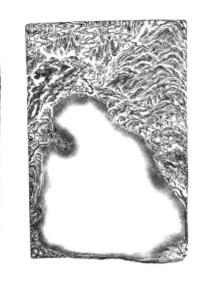

图176　郭成辉藏山水砚谱

郭桥(德培)。郭家砚艺的代表传人,精于雕刻山水、松鹤、梅雀等题材。其砚艺精湛,并精于刻字。据其后人说,端砚历史最重要的见证物清光绪十五年立的《张之洞为开采砚石以备贡品事碑》即为郭桥所刻,佛山祖庙的部分碑刻,亦出其手。遗作有《梅雀砚》、《竹节砚》、《云龙砚》等。(图177、178、179)

图177　郭桥《云龙砚》

十一　端砚世家

图178　郭桥《梅雀砚》

图179　郭桥《梅雀砚》

图180　郭三桥照，摄于1940年

郭三桥（志培）。技艺精湛，善刻云龙、梅雀、人物。上世纪三十年代，带妻儿、侄子郭坤强和罗焯培等人一起到香港闯江湖，在当时警察署旁边租了一间店铺制砚卖砚。由于石佳工精，生意很快便有起色。但好景不长，抗日战争爆发不久，香港沦陷，郭三桥举家从香港步行返回肇庆，此后在家乡制砚授徒，直至辞世。（图180、181）

郭汉彬。生于1956年。传承家艺,擅长雕刻云龙、山水、仿古图案。1983年开有"河旁端砚厂"。代表作有《群龙争珠砚》《松舍春色砚》。(图182)

郭桂华。生于1961年。传承家艺,在传统砚形、纹饰上有所创新,独具风格。其刻制的鼓形、琴形、钟形等仿古砚取材讲究,古朴端方,圆润厚重,刀法精细,线条流畅工整。(图183)

图181　郭三桥作品

十一　端砚世家

图182　郭汉彬《群龙争珠砚》

图183　郭桂华《鼓砚》

　　郭成辉。生于1957年。17岁初中毕业就开始跟父亲郭坤林学习刻砚，后随父亲的徒弟程泗和堂兄弟郭斌学艺。擅刻仿古、山水、花鸟砚，作品形制古朴，典雅端庄，线条工整，雕刻精致。代表作有《富余吉庆砚》、《九子连环砚》等。《太平有象砚》为肇庆市博物馆收藏。2000年开设"郭氏砚堂"。珍藏先祖传下来的砚谱300多张，许多砚谱造型典雅、刻工精湛，有宫廷砚的风格。（图184、185）

　　郭丽珍。女，生于1970年。1990年毕业于肇庆市第四中学文书美术专业，同年学刻砚，师从程泗、郭跻。擅长雕刻山水、花鸟和人物题材，尤其是仕女、观音、八仙和孩童等人物。代表作《欢乐满园砚》2002年在北京全国文房四宝艺术博览会名师名砚精品大赛中获金奖，《春到大观园砚》2003年在北京第三届中国文房四宝名师名砚精品大赛中获金奖。《观音收金鱼砚》为肇庆市博物馆收藏。（图186）

图184　郭成辉《古琴砚》

十一　端砚世家

图185　郭成辉《太平有象砚》

图 186　郭丽珍《观音收金鱼砚》

郭瑞芬。女,生于 1970 年,郭二桥之孙女。1986 年就读肇庆市第四中学。同年学刻砚,师从胞兄郭桂华,秉承祖传技艺,擅制方形、圆形砚式,雕刻鱼水、仿古、云龙图案,工艺细腻、雕刻精美。2000 年与丈夫杨智麟在宾日村开设耕石轩制砚工作室。代表作《瑞狮闹九霄砚》2008 年在第四届中国(深圳)国际文化产业博览会中获得中国工艺美术"文化创意奖"银奖。同年,《力争上游砚》在大连第七届中国工艺美术精品暨古典家具展中获得中国工艺美术"中艺杯"铜奖。2003 年获黄岗镇政府授予"三八"女能手称号。现为工艺美术师。(图 187)

郭丽容。女,生于 1971 年。毕业于肇庆市第四中学。1990 年学刻砚,师从郭跻、郭桂华,擅长雕刻家传的仿古砚。代表作有《四海升平砚》、《卷书砚》。(图 188)

图 187　郭瑞芬《福禄寿金砚》

图 188　郭丽容《趣荷砚》

白石村应日坊程氏

程氏祖先原籍河南，宋宣义郎程昂，字中立，号卓轩，靖康元年（1126）因避金人之难，由河南辗转入岭表，居南雄珠玑巷。咸淳二年（1266）其曾孙程思圣来肇庆，定居城西之桂林塘心布（今属睦岗镇），遂为肇庆程氏鼻祖。其次子珩字惠显，生7子奠山、奕山、定山、迪山、乐山、昆山、厚山。元至正二十七年（1367）经兵燹后皆弃祖屋，散居各地，其中乐山、昆山居于肇庆城北毓秀坊，后乐山之裔程士桂于清康熙年间始迁黄岗应日坊，至今传承14代。

程氏从事制砚的11代有程德才、程尹才、程焕林、程广林、程子林、程次林、程卓林、程沛林等。第12代有程顺带、程根带、程东带、程北带（程泗）、程连带、程洪带等。第13代有程柱镜、程柱文（程文）、程柱明、程柱其、程柱培、程柱开、程坤洪、程坤堂（程八）、程坤明、程坤元、程坤成等。第14代有程振刚、程振良、程振军、程振作、程振展、程振业、程海峰、程柱良、程柱权、程仲豪、程柱洪、程柱良、程丽霞、程丽婵等。（图189、190）

主要传承人：

程泗（1922~2007）。又名北带，别名振宇，字伯符。13岁开始随民间砚雕名匠郭桥学艺雕砚，后到广州谋生，期间从事过象牙、红木、檀木扇等雕刻艺术。1958年，从广州回到白石村，与罗星培、罗均培、罗耀被聘请到肇庆市文教社当师傅，制作端砚、象牙、红木产品。1978年任端溪名砚厂副厂长。1980年获国家轻工部颁发的"工艺美术师"称号。

程泗是肇庆市唯一一位能集红木、象牙、端砚雕刻于一身的民间艺术家。在砚艺的传承和创新方面颇有建树，把象牙雕刻和红木雕刻技法运用到端砚雕刻中。改良雕刻工具，独创单刃刀技法，更有利于雕刻平时双刃刀无法接触到的角落。刻工细腻，题材广泛，山水、人物、瑞兽、花鸟、鱼虫无所不能，尤其在人物雕刻方面，开创现代人物砚雕之先河。代表作有《西游记系列砚》《笑佛系列砚》《观音大仕系列砚》《罗汉系列砚》和《八仙系列砚》等。其中《西游记系列砚》主要有《五行山砚》、《沙僧斗蜘蛛精

十一　端砚世家

民

俗

考

应日坊程氏族谱（一）

（鸣凤世系）

世
十七世
十八世
十九世
二十世
廿一世
廿二世
廿三世
廿四世
廿五世
廿六世
廿七世
廿八世
廿九世

鸣凤

明盛　明恩

家珍　家琰

举达　举尧　举进

之达　之铨　之顺　之式　之国

殿平

富辈　富平

福海　福照　福贵　福娣　福发　福胜　福元

松发　伟发　明发　广发　源发　荣发　鸿发　尹才　德才

均祥　炳祥　启祥　吉祥　晓东　国祥　瑞祥　治安　子林　广林　焕林

占全　占球　占垦　明帝　南帝　连帝　北帝　东帝　根帝　顺帝

柱华　柱开　柱培　柱其　启元　程文　程镜

振军　振江　振良

图189　应日坊程氏族谱（鸣凤世系）

应日坊程氏族谱（二）

（祥凤世系）

祥凤
├ 明相
│ ├ 广臣
│ └ 帝臣
├ 明吉
│ └ 擢兴
└ 明兆
   ├ 擢章
   │ └ 万威
   │   ├ 谦京
   │   │ └ 宗球
   │   │   ├ 齐带
   │   │   ├ 杜带
   │   │   │ └ 泰常
   │   │   │   └ 耀庭
   │   │   └ 福带
   │   └ 达京
   ├ 擢文
   │ └ 万载
   │   └ 连京
   │   ├ 宗扬
   │   │ └ 文昭
   │   │   └ 泰初
   │   │   └ 耀泉
   │   │   ├ 沛林
   │   │   │ └ 均成
   │   │   │   └ 柱雄
   │   │   ├ 庆林
   │   │   └ 焯林
   │   │   └ 均洪
   │   │   └ 南煐
   │   ├ 宗茂
   │   │ └ 遂昭
   │   │   └ 泰祺
   │   │   └ 耀辉
   │   ├ 宗光
   │   │ └ 念昭
   │   │   └ 泰禧
   │   │   ├ 耀佳
   │   │   ├ 耀庭
   │   │   └ 耀鉴
   │   │   └ 炽林
   │   │   ├ 均元
   │   │   │ ├ 柱权
   │   │   │ └ 柱良
   │   │   ├ 均明
   │   │   │ ├ 柱中
   │   │   │ └ 柱勇
   │   │   └ 均棠
   │   │   └ 海峰
   │   ├ 宗仁
   │   │ └ 絜昭
   │   └ 宗贤
   │   ├ 三章
   │   └ 二章
   ├ 擢奇
   └ 擢政
      └ 万戴
         └ 惠芳
            ├ 宗林
            │ └ 宏昭
            └ 宗桂

十七世
十八世
十九世
二十世
廿一世
廿二世
廿三世
廿四世
廿五世
廿六世
廿七世
廿八世

图190　应日坊程氏族谱(祥凤世系)

十一　端砚世家

砚》、《大圣求饶砚》、《百仙贺寿砚》、《孙悟空过火焰山砚》、《唐僧救大圣砚》、《取经途中砚》、《三打白骨精砚》、《哪吒闹东海砚》等。

程泗在厂内开办红木、象牙、端砚雕刻培训班,带徒授艺,培养了不少技术能手。同时常利用节假日回到乡下传授砚艺。其中族人程文,是程氏端砚技艺的继承人,现为中国非物质文化遗产代表项目"端砚制作技艺"代表性传承人。经程文再传徒弟达500人之众。

图191　程泗

程泗几十年中留下过百方作品,并整理记录了大量有关端砚的历史资料,由其子女整理成《程泗论端砚》一书,其中详细记录砚坑的位置、特征、石品,还涉及端砚的历史、民风习俗等内容,是研究端砚文化的珍贵资料。2004年被中国文房四宝协会、肇庆市端砚业发展指导委员会和肇庆市端州区人民政府授予"肇庆市端砚事业贡献奖"。2007年因病去世,享年86岁。(图191、192、193、194、195、196)

图192　程泗《孙大圣过火焰山砚》

图 193　程泗《罗汉砚》

图 194　程泗《大仕收金鱼砚》

图 195　程泗《福降人间砚》

图 196　程泗《伏狮罗汉砚》

程文。生于1950年。12岁拜叔父程泗为师学砚雕技艺。继承了程氏砚刻平雕、浮雕、高浮雕和线雕等技艺，成为行内高手。1975年，担任肇庆市端砚厂的产品收发兼质量总检，并负责产品的样板设计、制作及艺术创新等任务。同年，受厂委托开班授徒，共计培训70多人次，为端砚厂后期的生产打下基础。1975至1980年间，先后在宾日端砚厂和肇庆地区工艺公司开班授

图197　程文

徒，其中程良、杨卓忠、朱国良等是其中的佼佼者。

　　程文完整地继承了传统的制砚工艺，对各种刀具如圆、平、尖、铲、斜刀及正、侧、逆、切、刮、削、剔等刀法运用自如。擅长雕刻传统砚式。作品题材广泛，山水、人物、花鸟鱼虫、瓜果树木、亭台楼阁无不涉及。采用高浮刀、平刀、浅刀、大写意、镂空刀刻等灰雕、砖雕、木雕等技法。风格粗犷雄劲，淳朴厚重，奔放跌宕，灵动飘逸，造型古朴、构图简洁，疏密有致，线条大胆夸张。代表作《九龙御天砚》2006年11月在上海市第十届中国上海工艺美术大师精品奖中获国家级金奖，《大海藏宝砚》2008年9月在广州市中国收藏家喜爱作品大赛中获收藏家喜爱金奖。

　　2007年程文被列为中国非物质文化遗产代表项目"端砚制作技艺"代表性传承人。现为中国文房四宝协会端砚鉴定委员会专家、广东省工艺美术协会副会长、肇庆端砚协会副会长、高级工艺美术师、肇庆市制砚名师、肇庆市端砚技术标准专家库专家。（图197、198、199、200）

　　程均棠。又名程八，生于1950年。1966年在肇庆市第四中学读书，

图198　程文《大海藏宝砚》

图199　程文《浪——旭日东升》

图200　程文《芭蕉砚》

同年师从采石师傅梁二北学艺,曾开采麻子坑、宋坑、绿端、白线岩、浦田青花等砚坑。同时拜程焯林为师学习砚雕技艺。秉承传统,因石造型,擅长用浅雕、浮雕、线刻技法制作传统砚式。其古琴、箕形等仿古端砚古朴雅致。雕刻工艺多以浅刀为主,线条细腻,自然流畅,做工精巧。1985年开设程八砚坊。主要徒弟有梁金凌、黄超洪、梁炽洪等。现为肇庆市非物质文化遗产代表项目"端砚制作技艺"代表性传承人,工艺美术师。(图201)

十一　端砚世家

图201　程八《古琴砚》

图202　程启元《观潮砚》

程启元。生于1955年。
毕业于黄岗中心学校。14岁
开始学习雕砚，师从程文，擅
长以浅雕、平雕、深刀浮雕技
法雕刻山水、花鸟鱼虫图
案。16岁在肇庆市端砚厂担
任端砚研究所设计与研制工
作。1994年开办"程氏砚
斋"。代表作《观潮砚》2005年11月在广州市第三届广东省工艺美术精品
展中获银奖，《孔明观象砚》2007年在上海市第九届工艺美术大师精品博
览会暨中国工艺美术优秀作品评选活动中获金奖。

2004年获肇庆市人民政府授予"肇庆市制砚名师"称号。现为工艺
美术师、广东省工艺美术协会理事、肇庆端砚协会理事、肇庆市端砚技术
标准专家库专家。(图202)

程柱开。生于 1962 年。程泗子。1980 年在肇庆市端溪名砚厂工作。自小受砚乡文化的熏陶和父亲的教导，对砚雕艺术产生浓厚的兴趣，并随制砚名家刘演良、陈洪新学艺，博采众长。擅雕云蝠、山水、鱼虫题材。代表作有《平步青云砚》《深山晚照砚》。《太阳系轨迹砚》获广东省科技创新一等奖，为庆祝建国 60 周年创作的《四海升平砚》获广东省工艺美术大师精品展金奖。现为工艺美术师、广东省工艺美术协会理事、肇庆市端砚协会理事、肇庆市博物馆端砚鉴定专家。(图 203)

图 203　程柱开《引福归堂砚》

程振良。艺名程良，生于 1972 年。自幼受到家庭的熏陶，13 岁学习制砚技艺，师从程泗、程文。善于采用半雕、线雕、主体浮雕、镂空通雕技法雕刻山水、人物、花鸟题材，作品古朴、典雅、浑厚，创意新颖，构图严谨，刀法简练，意境深远。代表作《砚源砚》获 2004 年中国端砚文化节金奖，《嫦娥奔月砚》获 2005 年第三届广东省工艺美术精品展金奖，奥运套砚《圆之梦·水之韵砚》2008 年在上海市第十届中国(上海)工艺美术大师精品评选活动中获金奖。《兰亭砚》为肇庆市博物馆收藏。

图 204　程振良《春雨砚》

十一　端砚世家

图205　程振良《鸟巢砚》

　　2008年被肇庆市人民政府授予"肇庆市第八批专业技术拔尖人才"称号。现为中国文房四宝制砚大师、广东省工艺美术大师、肇庆市制砚名师、中国文房四宝协会常务理事、广东省工艺美术协会常务理事、高级工艺美术师、肇庆市端砚协会理事、肇庆市端砚技术标准专家库专家。(图204、205)

白石村惠福坊蔡氏

　　蔡氏家族明朝迁黄岗惠福坊。制砚传承12代,可查制砚4代,至清代已成为有一定影响的制砚世家。第1代有蔡九和蔡光宝,第2代有永安、定安、少安、志安、蔡济、蔡泉安、蔡三济。第3代有飞洪、植洪、展洪、恩洪、岳洪、日洪、旭洪、伟洪、志洪、三洪、四洪,桂洪、国洪。第4代有炳权、树权、建权、艺权、浩权。蔡家擅长雕刻云龙、云蝠、松鹤、梅雀图案等,以浅浮雕为主。所雕刻的云龙宛转盘旋、灵动飘逸、栩栩如生,素有"蔡家龙"之称。

　　主要传承人:

　　蔡九(1918~2002年)。蔡家砚雕技艺传承人。以深、浅刀法雕刻云龙、云蝠、梅雀等题材见长。曾到端溪名砚厂传艺授徒,在肇庆市端砚厂担任管理员,负责端砚生产质量和验收工作。2004年被中国文房四宝协会、肇庆市端砚业发展指导委员会和肇庆市端州区人民政府授予"肇庆市端砚事

图206　蔡三洪《携琴访友砚》

业贡献奖"。

蔡全安（1921~2009）。继承蔡家技法，刻工精湛，擅以深、浅刀法雕刻云龙、云蝠、梅雀等题材。所雕云龙气势宏大。曾在白石村和郊区端砚厂雕刻端砚。上世纪60年代与名中医、书法家、诗人梁剑波结为世交，为梁制砚多方。

蔡三洪。生于1962年。1980年开始随堂叔蔡永安学艺。擅雕云龙、云蝠、松鹤、梅雀等图案。上世纪70年代曾在下黄岗乡大队端砚厂、白石砚厂刻砚。1983年创办"白石宏溪端砚厂"。代表作《日照松云间砚》2006年在北京文房四宝会中获金奖，《戏龙砚》2008年在深圳国际文博会中获金奖。现为工艺美术师、肇庆市端砚协会理事。（图206）

白石村大德坊梁氏

据梁氏崇星堂《遗嘱立部》记载，梁氏太祖为德盛公，至今传承24代。传至14代广有，15代维汉，16代德高，17代连彩、逢彩。逢彩生于清乾隆庚戌（1790），终于咸丰丁巳（1857），曾为黄岗村端砚业百子会值事。18代有昌寿、昌洪、昌源、昌澧四兄弟。19代有梁钊、梁材。20代有梁燿南、梁燿二。21代有梁北泉。22代有梁少芳、梁少文、梁少煊。23代有梁焕明、梁海明、梁巨明、梁志明、梁伟明、梁佩阳、梁佩灵、梁佩清、梁明江、梁志江。（图207）

民
俗
考

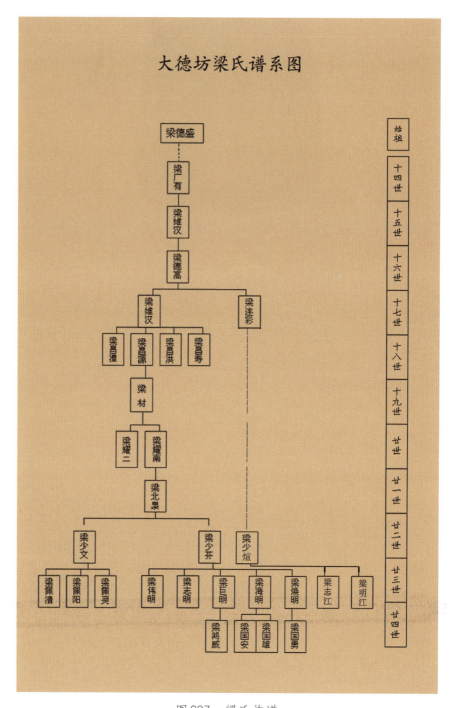

大德坊梁氏谱系图

图207　梁氏族谱

图208　作者(中)与梁氏十兄弟在清代张之洞碑前合影。由左往右：梁佩灵、梁志明、梁巨明、梁明江、梁焕明、梁佩阳、梁海明、梁明光、梁伟明、梁佩清

相传梁氏先祖梁奕南是宋代知名的砚雕高手，以雕刻花卉飞禽见称于宋代的《古今砚谱》。其《一月三十日喜砚》，时值白银三千余两，传说元大都的九门提督萨都刺家中的端砚就是梁奕南、黄土柏二人所制的精品。传至清代同治光绪年间的梁材、梁耀南，也是名传遐迩的琢砚高手。梁氏砚艺传承分两支。其中一支由梁逢彩传至清代梁耀南再传其子梁北泉，梁北泉有两子，梁少芬(已故)和梁少文。梁少芬有五子：梁焕明、梁海明、梁巨明、梁志明、梁伟明；梁少文有三子：梁佩灵、梁佩阳、梁佩清；另一支由清代乾隆年间的梁连彩传至民国梁少煊(已故)。梁少煊有两子：梁明江、梁志江。梁氏家族十兄弟出生于建国后，最大的是梁焕明，出生于1953年，最小的是梁志江，出生于1971年，均受父辈的熏陶，和端砚结下不解之缘。(图208)

梁氏十兄弟秉承祖训，继承家艺，致力于端砚技艺的传承、创新，同

十一　端砚世家

时，开设端砚厂，诚信经营，先后创办8间端砚厂。其中梁佩灵、梁佩阳、梁佩清三兄弟继承父业创办了三间"大德利端砚厂"。梁焕明创办"华兴端砚厂"，梁海明创办"艺兴端砚厂"，梁巨明创办"肇庆市雕刻工艺端砚厂"，梁志明创办"博艺端砚厂"，梁伟明创办"国砚斋"端砚厂。梁明江、梁志江兄弟设有家庭砚坊，自产自销。梁氏兄弟产品畅销北京、上海、南京等大城市和日本、韩国等地。

梁氏砚艺以浅浮雕和深雕为主，题材多为云龙、山水、花鸟，也擅长制仿古砚。在继承家传砚艺的同时，不断吸收其他砚雕世家的技法和题材，融入现代端砚艺术因素，形成自己的艺术风格。

主要传承人：

梁焕明。生于1953年。自小喜爱雕凿，继承家传的技艺。1968年，到白石村生产队办的端砚厂当学徒，很快成为年轻的制砚良工。在端砚厂雕刻评比中常常名列前茅。同时，随生产队长到北岭山、羚羊峡、斧柯山等坑口学习砚石开采、品鉴的技术。

1977年被生产队选派到广东省外贸出口公司修补旧砚，两年间，经他鉴赏过的古砚几万方，修补过的端砚有数千方。期间更得到中国文物鉴定委员会委员、广东省文物鉴定专家、著名的古端砚鉴赏家曾土金先生的悉心指导，为他制作仿古砚奠定了根基。加上他的祖父是制作仿古砚的专家，对祖父留下来的古砚和砚谱都曾经潜心揣摩，传承了仿古砚的方法技巧，成为在端砚业界独树一帜的仿古制砚高手。经他仿制的古砚，神采、形质、气韵都酷似真品。仿制《苏轼星砚》、《阮元云龙砚》、《凤池砚》等为肇庆市博物馆收藏。

梁焕明独创一刀阳、一刀阴的"梁氏两刀法"，线条细如发丝，精美细腻，挺健端秀，不论夔龙纹、凤纹、山水、走兽、双钩纹、回纹、万字纹、缠枝纹都富有物象的质感和表现力。代表作《金眼猴王砚》、《九龙献珠砚》、《云彩霞雾砚》、《荷塘夜色砚》、《平步青云砚》、《明月西楼砚》等先后获得国家级、省级大展中的金、银奖。其中《金眼猴王砚》为广东省民间工艺馆收藏。

图 209　梁焕明《仿宋抄手砚》。仿宋抄手砚(正面),2004 年肇庆市人民政府举办"宋文化系列活动"期间,梁焕明仿制肇庆宋墓出土的宋坑抄手砚无偿捐献给肇庆市人民政府。原物在高要宋墓出土,现藏于广东省博物馆

图 210　梁焕明《猴王砚》

梁焕明 2009 年被评为中国文房四宝制砚艺术大师、广东省工艺美术大师,系中国制砚委员会副主任、中国端砚鉴定委员会鉴定专家、中国文房四宝协会常务理事、广东省工艺美术协会常务理事、肇庆端砚协会副会长、肇庆博物馆古端砚鉴定专家。(图 209、210)

梁佩阳。1964 年生。从小随师辈到砚坑采石,制作端砚,创办"大德利端砚厂"。将古诗词意境融入山水砚的创作中,代表作品《平步青云砚》获第一届端砚文化节金奖,《三顾茅庐砚》获第四届中国(深圳)文化艺术创艺金奖。获肇庆市人民政府颁发"肇庆市端砚事业贡献奖",肇庆市第八届专业技术"拔尖人才"称号。2009 年被评为中国文房四宝制砚艺术大师、广东省工艺美术大师、中国文房四宝协会副会长、中国端砚鉴定委员会成员、肇庆市政协常委、肇庆市端砚协会副会长。(图 211)

端砚

民俗考

图211　梁佩阳《夜游赤壁砚》

白石村文星坊李氏

李氏先祖李衢享原籍广西省桂林府平乐县,贡生出身。明永乐十二年(1412)任阳春知县,后调任肇庆府。离任后落户高要县黄岗乡文星坊,至今传20世。李氏谱载,第8代李公肇"少习诗书,长有壮志,待人接物称不愧焉",李公畅"行事端方处人有道"。11代李成球"赋性循良,和睦乡里,友于兄弟,勤俭持家,其待人接物有先民之遗风焉。"17代李燿章,生于清咸丰十一年(1861),卒于民国十二年(1923),享年63岁。在广州天成路开设广泰云石铺,经营端砚、石刻、磨刀石等。十八代李元尧生于光绪二十二年(1896),卒于民国五十三年(1964),享年68岁。为黄岗学校创校人之一、首位校长。新中国成立后,李氏族制砚的有李顺元、李顺清、李顺庆、李汉强、李汉炎、李润兴等。这是家族传承中颇为特殊的一个家族,先仕后商,并兼教育,新中国建国后,其家族后人才进入端砚制作业。(图212)

主要传承人:

李顺庆(1913~1983)。从小随惠福坊的砚雕师傅学艺,擅长雕刻传统砚。解放后,将端砚送到江门销售。因为石质好,工艺精,价格适宜,深受欢迎,后来接受江门工艺公司委托直接生产出口。1958年筹建白石石场,组织村民生产端砚,主管端砚生产事务。1973年,被借调到广东省进出口公司专门负责端砚的把关鉴定工作。

图212　李氏家族合影,摄于1935年

李顺元。生于1952年。1965年小学毕业在白石端砚厂刻砚,1968年跟李细妹和李顺庆学艺,1969年开采过麻子坑。70年代初开采梅花坑、宋坑、白线岩等砚石。以雕刻传统砚式题材见

图213　李顺元作品

长。1989年创办艺荣端砚厂。代表作有《砚田长留子孙耕砚》等。(图213)

李汉强(1957~2007)。1970年小学毕业后回到白石生产队石场(今梁氏祠堂)制作端砚盒,1973年当学徒,学习制砚。历任白石村小组组长、白石村村长、黄岗一村村委会副主任、肇庆端砚协会副会长。2001年策划端砚文化村建设,为端砚事业发展做了大量工作,2007年积劳成疾,因病去世。(图214)

李润兴。生于1956年。12岁开始学艺,18岁掌握传统制砚技法,擅长龙凤、云蝠、山水花鸟题材。刻工精细,立体感强。接手父亲李志权创立的权氏端砚工艺有限公司后,经营成为广东省工艺品进出口集团公司

图214　李汉强作品

图215　李润兴作品

的定点生产厂。从1987年起,权氏端砚工艺有限公司连续十年被广东省工商行政管理局评为"重合同,守信用"单位。上世纪90年代末东南亚金融危机后,"权氏端砚"在日本市场萎缩,辗转北京、沈阳、天津、上海、成都等地开端砚展销会。其作品多为政府机关、企业、收藏家及国际友人收藏。(图215)

东禺坊陈氏

陈氏祖先迁入黄岗年代不详,可查历史有4代。据传清代麻子坑的发现者陈麻子是陈氏先祖,其后人陈长毛于清代在肇庆城区开设"陈玉斋"端砚店铺。陈氏传人有陈卓庭,第3代陈鼎新,第4代陈润堂、陈金明等。

主要传承人:

陈金明。生于1963年。1980年高中毕业,随父亲学艺,后师从老艺人陈润堂。擅长以深刀浅刻花鸟瑞兽。1989年开办民间精砚邨,2000年创作的《崇禧倒映砚》获肇庆市旅游纪念品设计大赛优胜奖,现被深圳博物馆收藏。《腾龙砚》获2006年第四届中国文房四宝、名师名砚精品大赛金奖。

现为高级工艺美术师、肇庆市制砚名师、广东省工艺美术协会常务理事、肇庆市端砚协会理事、肇庆市端砚技术标准专家库专家。(图216)

东禺坊梁氏

据梁氏后人说,梁氏先祖宋代落籍黄岗,其部族枝叶繁茂,世居黄岗东禺坊,成为本地大家族,称为"东禺梁"。共有八房支,除其中一房迁出外,其余七房均居于东禺,多从事采石制砚行业。祖上梁念忠就是"张之洞开采老坑以备贡品事碑"中所提及的"梁念忠"。他为维护村民利益向两广总督张之洞递状请愿,使老坑

图216 陈金明《九龙宝鼎砚》

得以重开。梁氏族人重礼教,村风淳朴,邻里和睦。明清时期,族人在村南建有梁氏宗祠。解放后,梁氏族人部分划归白石村应日坊。梁氏主要传人有应日坊梁妹和两个儿子梁金凌、梁二凌及东禺梁华宝(1929~2008)、梁星带等。

主要传承人:

梁金凌。生于1958年。1979年,高中毕业随采石师傅李金华到北岭山采石。1981年师从白石村端砚厂程八,开始学习雕砚技艺。1986年创办"中艺名砚"端砚厂。2008年12月结业于清华大学高级艺术研修班。其作品选材广泛,肇庆风景名胜、历史典故、吉祥祈福题材都有精品面世。雕刻技法娴熟、刀法细腻,深雕、浮雕、线刻交错运用。代表作有《端州八景图砚》、《鼎湖风景砚》、《阿房宫砚》、《富贵平安砚》等。《张之洞贡事碑砚》获肇庆市首届端砚文化节金奖。2008年设计创作的《龙迎奥运砚》和《华夏风韵砚》被奥组委选为第29届奥林匹克运动会纪念礼品。2010年上海举办世博会,他与相关部门磋商,就联合参与文房四宝类"世博会特许商品"的设计制作事宜达成共识。其创作的《和谐砚》被选为2010年

图217　梁金凌《龙迎奥运砚》

上海世博会定制的特许商品。(图217)

梁金凌现为中国文房四宝制砚艺术大师、广东省工艺美术大师、高级工艺美术师。2004年获肇庆市人民政府颁发"端砚事业贡献奖"。2007年被国家人事部授予"全国轻工行业劳动模范"称号。2008年被肇庆市端州区授予"拔尖人才"称号。

梁星带。生于1959年。1976年开始跟长辈梁南到北岭宋坑和羚羊山白线岩等处采石,同时跟父辈学艺,雕刻端砚。1980年村小组从白石村请来制砚师傅罗亚(鉴培)和梁世九来传雕花技艺。梁星带随师学雕花,以雕刻龙凤、梅雀、瓜果砚见长。他热心于民间文化的传承和收集,记录了不少端砚采石歌谣和民间符咒,珍藏着家传有关端砚行会和砚乡历史的实物,并陆续将之捐献给肇庆市博物馆,为端砚历史文化的保护和研究提供了珍贵的资料。

宾日坊诸姓

有杨、朱、区、岑、林等姓聚居,世代以采石、制作砚台、磨刀石等石制品为生。其中杨氏是黄岗宾日坊的大宗族,先祖盘公于宋代迁入宾日坊,现传17代。明代有胡姓落籍宾日坊,后入本坊大姓,改姓杨,故始祖为胡杨公,改姓繁衍十几代。朱氏始祖于宋咸淳年间,自南雄迁广东高明县。明代迁肇庆城郊稔塘村,清康熙八年第10世孙朱仲升迁黄岗村宾日社立藉,传13世。据族谱载,仲升娶宾日社杨尚明之女为妻,遂入籍落户。朱氏世代子孙以采石制砚和生产磨刀石、碑石为业,子孙繁庶。主要采石传人有朱吉轩等,制砚传人有朱国良等。区氏明代由佛山迁入肇庆宾日社,至今传10代。其中第5代区应运在佛山开刀石行,兼营端砚。岑氏自佛山迁高要县,清康熙年间迁居于黄岗宾日,至今已传12代。林氏明代迁入宾日坊,可查历史有4代。主要传人有林亚沛、林星照、林洁培等。

宾日村是采石技艺主要的传承地,采石制砚祖师五丁神牌最早供奉在该村的杨氏祠堂,有关开采砚石的传说故事、行话背语、歌谣谚语、民间信仰等多在这一区域广为流传。历代采石能人辈出,也有不少制砚艺人。新中国成立后开办的国营、集体端砚厂所聘请的采石师傅多来自宾日村。

主要传承人:

杨桂添。生于1910年。1965年在北岭榄坑、伍坑、陈坑采石。1966年参与创办宾日村端砚厂,至1981年负责该厂的管理工作。在"文革"期间设法保护五丁祖师牌,使见证端砚历史的重要文物得以幸存。

杨岳章(汉明)。生于1938年。黄岗三都小学毕业。16岁跟随杨绍泉学艺。曾开采北岭山榄坑、外坑、陈坑、伍坑、肥婆岭、竹篙岭等地砚坑十余个。早期主要在宾日石场采石,石场承包后,采石卖石璞给端砚工艺厂和个体端砚厂。上世纪60年代后,曾被调到黄岗人民公社当水利员。上世纪80年代,又重操旧业,采石雕制斗方、单打和趟池等售卖。(图218、219)

图218 2006年9月29日在杨岳章家采访。左起杨岳章、林柱培、岑镜、本书作者、林洁培

图219 2007年夏,作者在宾日村采访朱吉轩(中)、杨岳章(左)

端砚

民俗考

图220　杨焯忠作品

杨三九。生于1938年。自小随父亲上山采石制砚，成年后在肇庆市端溪名砚厂负责砚坑管理工作。带领工人在北岭山宋坑、斧柯山老坑、麻子坑、羚山白线岩等地开岩采石，期间回到厂里从事砚石维料工作，采石经验丰富。1990年受国家轻工业部表彰。

杨德球。生于1964年。1982年随父亲杨三九和老艺人到老坑、坑仔岩、宋坑、白线岩等地采石。同年开始师从刻砚师傅杨振华学刻砚。擅长雕刻云龙、山水、松竹梅图案。代表作《端溪采石图砚》、《日月砚》2002年在肇庆第一届端砚作品评选中获优秀奖。现为肇庆端砚协会副会长。

杨焯忠。又名杨卓，生于1964年。1981年跟随杨桂添采石。1983高中毕业后随程文学艺。擅长以历史故事为创作题材，作品意境雄浑，人物刻画生动传神。1998年开设"华龙雕刻工艺厂"。代表作《归砚》获广东省工艺美术精品展评金奖，《步步高升砚》获第八届中国工艺美术优秀作品评比金奖，《策杖寻僧砚》获广东省工艺美术精品展评银奖。

杨焯忠现为肇庆市端砚制作技艺传承人、工艺美术师，肇庆市制砚名师，肇庆市端砚协会理事、肇庆市端砚技术标准专家库专家。（图220）

杨智麟。生于1966年。少年随父亲杨岳章上山采石，后跟堂哥杨桂麟学刻砚，又师从李坚志学习砚雕技艺。擅长雕刻仿古、花卉、云龙、人物等图案，以浅雕等技法见长。2000年开设"耕石轩"制砚工作室。代表作有《旭日东升砚》、《福禄同春砚》、《羲之赏鹅砚》、《九龙祥云砚》、《苇渡江砚》等。2007年《极目江山砚》在杭州第八届工艺美术大师暨工艺美术精

品博览会中,获得中国工艺美术
"百花杯"金奖,《瑞狮闹霄砚》在
第四届中国(深圳)文化产业博
览会中获得中国工艺美术"文化
创意奖"银奖。现为广东省工艺
美术大师、工艺美术师、广东省
工艺美术协会理事、肇庆市端砚
协会理事。2004年获中共肇庆
市委、市人民政府授予肇庆市申
报"中国砚都"工作先进工作
者。(图221)

图221　杨智麟《九龙祥云砚》

　　朱国良。生于1960年。
1977年高中毕业后,进入宾日村
端砚厂当学徒,后师从白石村砚
雕师傅程文学艺,擅长雕刻传统
山水、云龙砚。作品随形而琢,
自然古朴。代表作有《七星岩全
景砚》《神龙戏珠砚》。《星月同
辉砚》在肇庆市第二届端砚文化
艺术节上获得金奖。(图222)

图222　朱国良作品

十一　端砚世家

　　林洁培。生于1944年。15岁上山采石。1970年被肇庆市郊区端砚厂
(后来改称肇庆市端砚厂)招聘进厂,1971年被评定为一级技术工,这是当
时采石技术最高的级别。历任采石工区各坑岩负责人。1979年至1987年
到斧柯山麻子坑附近山坑、北岭山、羚羊峡、桃溪、沙浦等地寻找到砚石资
源,所开砚石岩洞30余个。上世纪70年代中期指挥开采麻子坑水岩。

泰宁坊诸姓

泰宁坊有马、梁、黄、伦等姓聚居。相传唐代黄岗砚工马其祥以刻器皿图像著名,能刻琵琶、觱篥、胡茄、唢呐之类的乐品图案,所刻的砚台每件都比同时期砚工所制的价格高一至两倍。当时3文开元通宝可买米1斗,他的砚台每件刻工约为15文,即用五斗白米才可换他一件端砚。马其祥的堂兄弟马二喁也是技艺高超的砚工。马二喁是他的乳名,其书名叫马驰。曾被举茂才(秀才),后舍功名以雕砚为业。由于他是学人,所雕的砚台多有铭文,常把秦汉瓦当、鼎铭刻于砚台上,并在铭文旁边刻上工整的楷书译文,被时人称为奇货。宋人笔记中把马二喁讹称为"马义衢",将他刻制的砚叫作"义衢砚"、"马异居"、"异车砚"、"异碌砚"(见《古今砚谱》)。现马氏先祖于宋代自河南开封祥符县入粤,始居于新会县。至12世祖马瑛落户黄岗,成为黄岗马氏始祖,至今传7代。其中第4代马志豪采石制砚,曾到广州、香港等地销售端砚和磨刀石,清末,召集族人募款筹建马氏宗祠。

梁氏宋代落户肇庆。据92岁老人梁少忠回忆,新中国成立前梁氏采石制砚的有梁云佳和梁保全。其中梁保全的八爷曾在肇庆城中路开有店铺"厚玉斋",经营端砚和白石公仔、茶杯、茶壶等用品。

宋代有以雕刻动物著称的黄士柏,是黄岗东厢乡二图九甲(今黄岗白石村人)。另有梁奕南以雕刻动物飞禽见称于宋代的《古今砚谱》,善巧用石眼,刻成孔雀翎或骊龙珠等。传说元大都的九门提督萨都剌家中的端砚就是梁奕南、黄士柏二人所制的精品。历史上泰宁坊以农耕为主,采石制砚的艺人为数不多,新中国成立后主要制砚传承人有:

马卓佳。生于1952年。1975年在肇庆市端砚厂工作,致力于砚艺的传承与创新研究。1983年创办华佳石刻工艺厂,一直注重端砚艺术理论的学习和砚雕实践,集众家之长,继承传统雕刻技艺,挖掘和探索新题材。所雕端砚选料上乘,雕刻精益求精。1988年制作巨型《四海升平砚》,由日本日中友好文房四宝研究会所收藏,《肇庆文史》、《西江报》、《粤港信息报》《羊城晚报》等均有报道。其作品在全国、省市端砚参展评奖中,多次获得金、银、铜等奖项。《月是故乡明砚》《云龙砚》为肇庆市博物馆收藏。(图223)

马国荣。生于1975年。1996年开始从事端砚制作,师承父亲马卓佳。擅制传统山水、云龙砚。代表作《望子成龙砚》获中国收藏家喜爱的工艺美术大师作品评选金奖。《鲤鱼跳龙门》在中国(深圳)第五届国际文化产业博览交易会上获"中国工艺美术文化创意奖"金奖。现为广东省工艺美术协会会员、工艺美术师、肇庆市工艺美术学会理事。(图224)

马国富。生于1977年。1997年跟父亲马卓佳学艺。擅刻人物山水砚。代表作《观星图》在第十八届全国文房四宝艺术博览会上获金奖,《赤壁之战》在第九届全国书法篆刻博览会评比中获优秀奖。现为工艺美术师、肇庆端砚协会会员。(图225)

图223 马卓佳《云龙砚》

图224 马国荣作品

十一 端砚世家

图225 马国富作品

图226　马志东《龙戏宝珠砚》

马志东。生于1969年。以雕刻云龙、山水、花鸟题材见长，代表作《平步青云砚》获首届肇庆市端砚评选金奖，《霸王试剑石砚》获2004年肇庆市端砚评选金奖。2004年创办端韵堂。现为工艺美术师、肇庆市制砚名师、端砚技术标准专家库专家。(图226)

梁满雄。生于1970年。早期创作题材以传统云龙和山水为主。近年不断探索创新，将美术绘画技法应用于端砚设计。作品简朴自然、雕工洗练。1992年制作的大型《锦绣中华砚》和《锦绣山河砚》获同行高度评价，开始在端砚界崭露头角。1999年协助中国工艺美术大师黎铿制作《中华九龙宝砚》送呈人民大会堂收藏。代表作有《邀同星月听梵音砚》、《双龙教子砚》等。《雨霁龙飞砚》为肇庆市博物馆收藏。现为广东省工艺美术大师、肇庆市制砚名师、广东省工艺美术协会常务理事、高级工艺美术师、肇庆市端砚协会理事、肇庆市端砚技术标准专家库专家。(图227、图228)

图227　梁满雄《双龙教子砚》

图228　2008年夏，作者在泰宁社调查家族制砚历史

梁炽洪。生于1972年。后与黄超洪一起拜白石村砚雕师傅程八为师。2003年与黄超洪创办"绮砚楼"。擅云龙、山水，多以典故、神话入砚，代表作有《三国隆中对砚》等。(图229)

图229　梁炽洪《鱼跃龙门砚》

黄超洪。生于1968年。1985年高中毕业到黄岗端砚厂当雕刻工人，后又到佛山雕刻红木仿古家具，描摹古家具金画，后拜其姑丈白石村砚雕师傅程八(程均棠)学艺。2003年，与梁炽洪在泰宁二村开办"绮砚楼"。擅刻云龙、山水、花鸟图案，多取典故、神话为题材。代表作有《八仙过海砚》等。(图230)

伦少国。生于1973年。他巧用端石花纹创作山水、花鸟、人物。作品构图新颖富有新意，代表作《高节砚》、《鼎湖揽胜砚》均获第四届中国文房四宝名师名砚精品大赛金奖，《升砚》获第五届文房四宝名师名砚精品

图230　黄超洪《将进酒砚》

图231　伦少国《嫦娥奔月砚》

大赛金奖。现为工艺美术师、肇庆市端砚协会理事、肇庆市端砚制砚名师、肇庆市技术标准专家库专家。(图231)

2、师徒传承

民国时期，由于船坚炮利的外敌入侵，鸦片战争、八国联军之害，中国成为积贫积弱的半封建半殖民地国家，文运难兴。民国之后，八年抗战，加上连年内战，端砚业发展基本停顿，许多砚雕艺人只能转业谋生，只有少数艺人制作端砚维持生计，端砚技艺在狭小空隙中艰难传承。建国后，国家十分重视保护传统工艺，保护老艺人，国家、省、市有关部门授予艺人荣誉称号，给予津贴，鼓励他们带徒授艺。1958年人民政府组织端砚艺人成立"石刻生产小组"，1959年与"文教用品生产社"合并。当年12月朱德视察肇庆，了解端砚业的现状后指示要重开砚坑。1960年"文教用品生产社"转为地方国营，1961年体制下放又转为合作工厂，改称"肇庆市工艺厂"，同年重开坑仔岩，1962年重开麻子坑，1972年经国务院批准，拨款重开老坑，同时市郊端砚厂、宾日端砚厂、白石端砚厂等集体端砚厂也组织采石艺人寻找砚石资源，开坑采石，至此端砚名坑石材基本齐全。1978

年邓小平出访日本,中日邦交正常化促进我国工艺美术品的出口,端砚的需求大增,成为肇庆出口创汇的主要产品。1980年国家实行经济体制改革,设立专门生产和经营端砚产品的"肇庆市端溪名砚厂",一直到上世纪90年代中期端砚出口外销达到历史最高水平。

端砚业的兴旺带动端砚技艺的传承和发展。端溪名砚厂早期聘请白石村的罗星培、罗均培、罗耀和程泗当雕刻师傅。60年代,招收了一批青年艺徒学习刻砚艺术。老艺人带徒授艺,采取三年学徒制。进入70年代,青年艺人的艺术水平已日趋成熟,熟练掌握端砚的雕刻技巧,开始进行独立设计、创作工作。从此采石制砚技艺打破千年传承规制,在家庭传承的同时出现学徒制传授技艺,学徒也从以农民为主向城镇有文化的年轻人转移,许多人成为砚雕技术骨干。

60年代初罗星培(已故)、罗均培(已故)带出黎铿、蔡飞鸿、谢肇尜、麦健醒(已故)等第一批学徒。60年代中主要有覃美峦、孔繁星、(梁凤霞、张美燕、付玉贞,曾月兰)。1970年有温士泉、冼志豪、冯绍谋、(欧永健)、刘金兰等。1971年有梁庆昌等。1972年有陈洪新、关红惠、麦锐添、潘国昌、林志成等。1980年有张庆明、黄伟雄、陆达元等(注:以上姓名除带括号者外,现还在制砚行业工作)。他们当中的一些艺人被评为国家级和省级工艺美术大师。

主要师承代表人:

黎铿。生于1945年,广东省台山市人。1963年9月进入肇庆工艺厂(后改称端溪名砚厂)师从罗星培、罗均培兄弟学艺,曾任端溪名砚厂厂长。1979年起当选为中国工艺美术学会理事、常务理事,肇庆市工艺美术学会副理事长。1988年获国家轻工部授予"中国工艺美术大师"称号,1991年被国务院授予有突出贡献专家称号,2004年获肇庆市人民政府颁发"肇庆市端砚事业贡献奖",2007年被评为"当代岭南文化名人",2008年获"亚太地区手工业大师"称号。(图232)

他是新中国成立以来承前启后,成绩斐然的端砚大师。在继承罗家

端硯

民
俗
考

图232　黎铿

传统砚雕技艺的基础上,广泛研习各家技法,融会贯通,大胆创新,将地方山水文化题材溶汇到端砚艺术中,在砚雕题材和技法上有新的突破。代表作《百鸟鸣春砚》被北京故宫博物院收藏,《星湖春晓砚》获轻工业部科技进步一等奖,《周总理诗词砚》被选作邓小平出访日本的礼品,《七星岩古今名刻》巨砚获第八届中国工艺美术百花奖一等奖,《七星迎珠砚》被肇庆市政府选赠香港特别行政区政府收藏,《南粤花开砚》被省政府选为礼品赠与外国经济顾问,《盛世龙腾砚》被中共广东省委选为礼品送给朝鲜领导人金正日。1999年为庆祝建国50周年而设计及雕刻的《中华九龙宝砚》为人民大会堂珍藏。2008年创作的《中华图腾砚》被选为胡锦涛主席出访日本的礼品。发表多篇理论文章。培养了大批技术人才,其中许多人成为国家级、省级工艺美术大师。(图233、234、235)

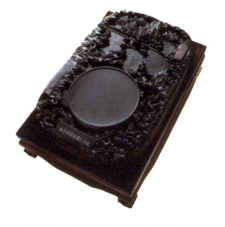

图233　黎铿《七星迎珠砚》

图234　黎铿《南粤花开砚》

图 235　黎铿《星湖春晓砚》

张庆明。生于 1958 年，肇庆市人。2006 年 12 月被评为中国工艺美术大师，中国文房四宝协会会员、广东省工艺美术大师联谊会副会长、广东省工艺美术协会常务理事、肇庆市端砚协会理事、肇庆市端砚技术标准专家库专家。

图 236　张庆明

1980 年在端溪名砚厂从事端砚雕刻创作设计工作。其作品集历史传记、绘画、书法、篆刻等于一体，突出了文人砚的艺术内涵与文化品位。擅长高浮雕、浮雕、浅雕、薄意雕、浅刻及文字篆刻等。善于利用石材的自然特性、纹理、石色，天工和人工相融。作品造型端庄古朴，构思独特，布局巧妙，疏密有致，图案刻工精细，人物刻划传神，线条流畅自然。篆刻技艺、刻字手法运用娴熟。主要作品有：《书林撷英砚》、《兰亭残迹砚》、《历代名家碑帖佳作砚》、《李白醉意砚》、《三字经砚》、《洞天福地砚》、《中国四大名著砚》、《端砚春秋砚》、《端石砚赋砚》等。其中代表作《花好月圆砚》获第三届中国工艺美术大师作品暨国际艺术精品博览会金奖、《文房四宝

图237　张庆明《七星岩千年诗廊》

砚》获中国文房四宝名师名砚精品大赛金奖。《日月砚》被中山大学收藏，《石窟砚》被广东省工艺美术珍品馆收藏，《三希堂法帖砚》等被肇庆市博物馆收藏。曾获肇庆市人民政府颁发"肇庆市端砚事业贡献奖"、"中国构建和谐社会特别贡献人物奖"。（图236、237）

陈洪新。1956年生，肇庆市怀集县人。师从黎铿、冼志豪。现为广东省工艺美术大师。

1972年高中毕业分配到端溪名砚厂当学徒，师从冼志豪学习端砚雕刻、设计技艺。自学国画、书法。端砚创作巧用砚石的纹理，随形赋艺，刀法简练，力求简朴、率真，书画、篆刻、诗词等元素的结合使作品具有浓郁的文学气息。

1978年，其代表作《七星岩歌断碑砚》被选作国家领导人邓小平出访日本国的高级礼品。1987年，《十二生肖小砚台》入选全国工艺美术作品展，并获全国优秀旅游纪念品一等奖。参与巨砚《七星岩古今名刻砚》、《九龙戏宝砚》的图纸设计和部分雕刻工作，这两方端砚分别由广东省工艺美术珍品馆和肇庆市人民政府收藏。为庆祝建国50周年、人民大会堂建成40周年而创作的《中华九龙宝砚》的三枚图章由他篆写、雕刻，该砚由人民大会堂收藏。（图238）

刘金兰。女，生于1953年，肇庆市人。高级工艺美术师、广东省工艺美术大师、肇庆市端砚技术标准专家库专家、肇庆制砚名师。曾被授予全国技术能手、肇庆市职工劳动模范、肇庆市巾帼系列活动先进个人等荣誉称号。

1970年初中毕业后进入肇庆市端溪名砚厂，以刻传统花鸟、瑞兽题材为主，风格平实而不张扬，以精致细腻见长。早期作品《荷叶金鱼砚》和《荷叶螺丝砚》受到同行的好评。代表作《高风亮节砚》获肇庆市妇女改革创新三等奖，《九龙戏珠砚》获肇庆市"四新产品"二等奖。1996年，参与黎铿主持设计和指导制作的巨型《九龙戏宝砚》雕刻，运用高浮雕技法雕刻9条形态各异，栩栩如生的蛟龙和八仙法宝，该砚是当代端砚代表作品之一，现由肇庆市博物馆珍藏。1997年香港回归前夕，参与大型《七星迎珠砚》的雕刻工作，该砚被肇庆市政府选为赠送给香港政府庆回归的纪念品。（图239）

图238　陈洪新《紫气东来砚》

图239　刘金兰作品

覃美峦。女，生于1946年，广西省贵港市人，壮族。1966年进入肇庆市工艺厂学艺，师承老艺人罗星培、罗均培，并得到程泗的悉心指导。擅以历史典故进行创作，成名作有《岳母刺字砚》、《木兰从军砚》等。其设计制作的端砚曾参加中国出口交易会展览和北京、上海或省工艺品展览会展出。不少作品成为我国领导人出国访问的礼品，其中1978年《云龙吐珠砚》被选为邓小平出访日本的礼品。1980年设计制作的《鹊桥仙砚》获肇庆市工艺美术作品展优秀奖。1982年独立创作的《星湖风光套砚》

在广东省工艺美学会代表大会作品观摩评比中获奖。曾获全国"三八红旗手","广东省三八红旗手","肇庆市三八红旗手"等称号。(图240)

关红惠。女,生于1955年,肇庆市人。广东省工艺美术大师、高级工艺美术师、肇庆制砚名师、肇庆市端砚技术标准专家库专家。

1972年至2003年在肇庆市端溪名砚厂(原肇庆市工艺厂)从事端砚设计雕刻工作,师承中国工艺美术大师黎铿。擅长花鸟、鱼虫雕刻,刻工

图240　覃美峦《慈航砚》

细腻、线条柔和,其所雕的金鱼形态非常逼真,栩栩如生。代表作《长城套砚》获中国工艺美术"百花奖"二等奖。《艺海龙腾砚》获广东省工艺美术协会作品一等奖。《娱乐升平砚》获第三届广东省工艺美术精品展金奖。《鱼乐图砚》获第三届中国深圳国际文化产业博览交易会2007年中国工艺美术创意金奖。(图241)

冯绍谋。生于1953年,肇庆市人。工艺美术师。擅长雕刻松鹤、云龙等传统题材。曾任肇庆市端溪名砚厂副厂长。其作品《松鹤砚》被选为

图241　关红惠《春满端州砚》

邓小平、邓颖超等领导人出国访问的礼品。《石趣砚》获广东省旅游纪念品金奖,由广东省民间工艺馆收藏。《云蝠砚》获肇庆市工艺美术作品展览优秀作品奖。(图242)

梁庆昌。生于1954年,肇庆市人。工艺美术师。1971年入端溪名砚厂师从黎铿学艺,担任过原端溪名砚厂办公室主任、副厂长。1979年被团中央授予全国新长征突击手和省市新长征突击手称号。

擅长雕刻山水、人物题材,作品古朴大方、刀法精细。曾参加全国、省、市、港澳台等地区和日本、马来西亚的端砚展览,在赴日本展览期间作现场雕刻表演。作品《如意吉祥砚》于1978年选为邓小平访日礼品。《凤舞迎春砚》送京展出。1985年7月创作《硕果累累砚》、《欣欣向荣砚》获中国轻工部颁发中国工艺美术百花奖优秀创作设计二等奖。1989年,在黎铿大师的带领下,与陈洪新、张庆明共同雕刻的巨砚《七星岩古今名刻砚》获第八届中国工艺美术百花奖一等奖。代表作还有《举杯邀月砚》、《达摩坐禅砚》、《嫦娥奔月砚》等。(图243)

图242　冯绍谋《云龙戏宝珠砚》　　　　图243　梁庆昌《举杯邀月砚》

3、艺学百家（自由发展）

端砚业的兴旺吸引了一些从事其他行业的群体加入。这部分人有的是黄岗一带与端砚世家有关系的后人，有的是端州区内的居民。他们按社会需求，或务农，或就业，或参军，由于端砚业的繁荣发展和个人爱好，涉足端砚业。他们社会阅历丰富，有固定职业，也有一定文化知识，业余时间设计制作端砚。有的高中毕业后到端砚厂打工学艺，后来又自立门户，办端砚厂、端砚作坊或工作室，自产自销。有的原本从事其他行业，如园艺、木雕、石雕等，后来转到端砚业。还有一些有较高技艺的外地雕刻艺人迁到黄岗入行。这个群体有个共同的特点：有较高的文化水平，广交文化艺术界朋友，思想解放，视野开阔，善于吸收其他艺术元素，通过多种渠道和形式学习各家技艺，勇于开拓创新。其中的代表人物有梁子峰、赵桂炎、李志强、莫伟坤、吴顺明、柳新祥、莫汉东、梁鉴棠、张玉强、陈日荣等。

梁子峰。生于1948年，肇庆市黄岗镇东禺村人。现为中国文房四宝协会会员，肇庆市美术家协会展览部部长兼常务理事，端州区政协委员，端州区文联副主席、肇庆市端砚协会理事。（图244）

由于其祖母居住在白石村，自小耳濡目染，对端砚雕刻产生浓厚兴趣。1966年高中毕业后回乡，随父辈学习端砚雕刻。1969年参军，成为军中美术创作人员。1976年复员到肇庆市端州区文化馆工作。长期以来坚持从事书画和砚雕艺术，多幅美术和砚雕作品入选北京空军、北京军区、广东省、全国展览。从1986年起，潜心雕刻端砚。在继承前人的龙、凤、雀、梅等砚艺范畴的基础上，

图244　梁子峰

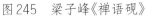

图245　梁子峰《禅语砚》　　　　图246　梁子峰《大漠风砚》

创作了一系列富有新意的作品,并融合了诗、书、画、印的技艺。代表作有根据《清明上河图》和中国四大名著进行创作的《清明上河图砚》、《红楼梦境砚》、《三顾茅庐砚》、《水浒三侠砚》、《唐僧师徒取经砚》、《禅语砚》、《敦煌千佛洞砚》、《钟馗夜游图砚》、《山不在高砚》等。2004年获肇庆市人民政府颁发"肇庆市端砚事业贡献奖"。《红楼梦境砚》入选文化部"中国红楼梦艺术展"并获优秀奖,《佛光砚》、《禅语砚》获中日文化交流金奖。(图245、246)

赵桂炎。1953年生,广东高要市人。广东省工艺美术大师、高级工艺美术师、肇庆市制砚名师、肇庆市端砚技术标准专家库专家、肇庆市工艺美术协会副会长兼秘书长。曾获全国优秀工艺美术专业技术人员、肇庆市专业技术拔尖人才和肇庆市优秀人才称号。

毕业于广东美术学院肇庆分校雕塑专业,曾到广东省工艺美术研究所、中央工艺美术学院进修装饰雕塑专业。擅长以现代雕塑造型理念融入端砚创作中。代表作《畅游砚》获第三届广东省工艺美术精品展金奖,《火太阳砚》获第十五届全国文房四宝博览会金奖,《方圆砚》获第八届中国工艺美术大师精品博览会中国工艺美术传统艺术金奖。《丝路驼声》被中国工艺美术馆收藏。(图247)

李志强。1959年生,肇庆市人。中国文房四宝制砚艺术大师、广东

十一　端砚世家

图247　赵桂炎《湖砚》　　　　　图248　李志强《砚田》

省工艺美术协会常务理事、肇庆市端砚协会副会长、端砚鉴定委员会端砚鉴定专家、肇庆市民间工艺协会副会长、肇庆市奇石根艺盆景协会副会长。2008年12月结业于清华大学高级艺术研修班。2004年被肇庆市人民政府授予"肇庆市端砚事业贡献奖"，2009年被广东省民间文艺家协会评为第三批广东省民间文化杰出传承人。

早期经营园艺，从上世纪80年代起从事端砚设计、雕刻工作。1989年创建七星名砚工艺厂。热心书画收藏，端砚创作体现传统书画意蕴。2000年设计和参与雕刻的《端溪龙皇巨端砚》入载《大世界基尼斯之最》。2002年《故乡山水砚》和《仙女散花砚》分别获中国文房四宝名师大赛的金、银奖。2006年《七星人间砚》获第四届文房四宝名师名砚精品大赛金奖，2008年《壮丽河山砚》在中国砚都肇庆端州——端砚精品展上获银奖。（图248）

莫伟坤。1970年生，肇庆市人。中国文房四宝制砚艺术大师、肇庆市端砚制砚名师、中国文房四宝协会会员、广东省工艺美术协会常务理事、肇庆市端砚协会副会长、肇庆市端砚技术标准专家库专家。2008年12月结业于清华大学高级艺术研修班。

1987年起从事端砚行业工作，1993年创办宝砚堂。代表作《群仙会砚》在2007中国（深圳）第三届国际文化产业博览交易会获"中国工艺美术文化创意"金奖。《月下追韩信砚》获第九届全国书法篆刻暨端砚精品展金奖。编著有个人作品专集《宝砚堂端砚作品精选》。(图249)

图249　莫伟坤《神驹砚》

吴顺明。1969年生,广东高要市人。中国文房四宝制砚艺术大师、中国文房四宝协会会员、肇庆市端砚协会理事。2008年12月结业于清华大学高级艺术研修班。

1985年在高要金渡端砚厂当学徒,1996年创办端艺名砚厂。作品题材广泛,山水、人物、花鸟皆有涉及,技法娴熟。作品《山水砚》获2006年第十八届全国文房四宝艺术博览会评比金奖。《气壮山河砚》获广东省传统工艺美术精品大展金奖。《映月清风砚》在2008年中国收藏家喜爱的工艺美术大师和精英选活动中获金奖。(图250)

柳新祥。祖籍江苏省泰兴市,1959年生于扬州。中国文房四宝制砚艺术大师,广东省工艺美术大师、高级工艺美术师,肇庆市制砚名师,肇庆市博物馆古端砚鉴定专家组成员。2008年12月结业于清华大学高级艺术研修班。

十一　端砚世家

图250　吴顺明《月下琴韵砚》

高中毕业后在当地拜师学习木雕、石雕制作工艺，1975年后到北京从事古砚的修复仿制和古砚资料收集整理工作。1983年受肇庆一家端砚厂聘请，担任端砚设计，并在端砚故乡定居。1994年创办新利端砚厂。其端砚作品融入我国北方砚雕艺术和江浙地区砚雕艺术风格。在国家级文房四宝博览会上、工艺大师作品评比大赛中获金银奖20多个，一批优秀作品被博物馆、收藏家永久收藏。代表作品有：《中华圣贤经砚》、《披云胜景砚》、《平湖秋月砚》、《中华神韵—鸟巢砚》、《中华神韵—水立方砚》等。在国家、省市级报刊及网络上发表砚文化研讨文章30多篇。培养出一批端砚技术人才。(图251)

莫汉东。生于1969年，广东高要人。广东省工艺美术大师、广东省工艺美术协会理事、肇庆市制砚名师、工艺美术师、肇庆市端砚技术标准专家库专家。以浅雕、深雕技法雕刻木棉、菊花、牡丹等花卉见长，作品秀雅圆润。

代表作《百花吐艳砚》获中国工艺美术文化创意奖金奖，《春之声砚》获中国工艺美术精品展金奖，《欣欣向荣砚》获第三届广东省工艺美术精品展金奖。(图252)

梁鉴棠。生于1965年，肇庆市黄岗镇白石村惠福坊人。广东省工艺美术大师、工艺美术师，广东省工艺美术协会理事。擅长运用石色创作动物、山水，作品富有生活气息。尤其在俏色雕刻上

图251　柳新祥《千禧迎春砚》

图252　莫汉东《春枝声砚》

富有创意。端砚的设计雕刻独辟
蹊径,利用绘画技法,采用工意结
合手法巧构形象,不求形似,重在
神韵。其《金猪迎春砚》把奇石的
意韵揉入端砚的制作中,极富农
村生活气息,获深圳中国工艺美
术文化创意银奖。2007年第九届
中国工艺美术大师精品博览会
上,其《吉庆满堂砚》获金奖,《盛
世腾龙砚》获创新艺术金奖。(图
253)

图253　梁鉴棠《五虎上将砚》

张玉强。生于1969年,广东
省高要市人。广东省工艺美术大
师、工艺美术师。擅长雕刻云龙、
山水、花鸟。代表作《荔枝红了》、
《如日中天广州新世纪》在2004年
被广州市政府选为广州申办2010
年亚运会出访礼物,获"支持广州
申亚贡献奖"。《九龙戏珠砚》获

图254　张玉强《君临天下砚》

2006年第四届中国文房四宝名师名砚精品大赛金奖。2006年在广州市
荔湾博物馆举办"张玉强端砚精品展"。(图254)

陈日荣。生于1937年,广东省顺德市人。联合国教科文组织一级民
间工艺美术家、世界教科文卫组织专家成员、肇庆市端砚协会顾问。擅长
以传统文化元素融入砚雕创作,以诗、书、画、印、谜融于一砚。他于1987
年在肇庆市端砚厂师从白石村艺人罗仲、程文学习传统端砚制作技法。
同时,从事端砚史的研究,收集整理了大量有关端砚的史料,编著出版《宝
砚风华录》、《中华砚典》等书籍。代表作《万钱谜砚》、《百福宋研砚》、《万

图255　陈日荣《万钱谜砚》

钱谜砚》1996年入选世界吉尼斯纪录。2004年获肇庆市人民政府颁发
"肇庆市端砚事业贡献奖"。(图255)

4、文人制砚

肇庆有不少造诣很高的文化学者和书艺画家关注端砚事业,融汇中
国传统书画艺术和木雕、玉雕、石雕等工艺门类的理论,把文学艺术诗情
画意,书画艺术的意象意境运用到端砚设计中,作品富有新意,风格独特,
成为砚雕艺术的新流派。其中代表人物有刘演良、梁弘健、陈伟刚等。

刘演良。祖籍广东肇庆,1934年生于广州。曾任中国文房四宝协会
副会长、2009年评为中国文房四宝制砚艺术大师,现为中国文房四宝协
会高级顾问、中国工艺美术协会理事、中国书法家协会会员、高级工艺美
术师、端砚协会名誉会长、中国端砚鉴定委员会专家,肇庆市博物馆端砚
鉴定专家。在1988年全国工艺美术艺人制作设计人员代表大会上,被授
予全国优秀创作设计人员称号。(图256)

1961年于华南师范大学中文系毕业后在佛山师范学院任教,不久调
回肇庆。1963年至1998年先后在肇庆工艺厂从事创作设计、理论研究,
在肇庆市工艺美术工艺公司任经理、工艺美术设计师。其端砚作品继承
传统又突破传统,追求天人合一的艺术境界,特别是现代山水题材创作开
创了新的风气。作品设计形制规整大气,构图繁简得当,疏密有致,诗词

歌赋之意象、金石篆刻与砚石的结合，营造了高远、深邃的意境和飘洒超逸的观感，古朴典雅，独树一帜，被称誉为独具个性的"刘家山水"砚，深受国内外收藏家和用砚人的珍爱，在东南亚国家和地区享有盛名。代表作品有《晓风残月砚》《山村雨霁砚》《小桥流水人家砚》等。《端溪四海昇平砚》为日本国宝珠山大观音寺收藏。《端溪万圣朝拜砚》为香港青松观（道家）收藏。《端溪石趣砚》为广东民间艺术馆收藏。《树有风声读书声砚》为肇庆市博物馆收藏。

曾多次在广州、深圳等地举办端砚展览，并应邀出访日本、加拿大、新加坡、马来西亚和我国香港、澳门、台湾等地区举办个人端砚、书画作品展览，受聘为多个国外文化艺术部门的顾问。著述甚丰，著有《端溪名砚》《端溪砚》《端砚全书》、《端砚的鉴别和欣赏》及日文版《新说端溪砚》《欢迎进入端砚世界》等，颇得砚界及文化界好评。（图257、258）

图256　刘演良先生

图257　刘演良《山带夕阳红砚》

图258　刘演良《阿房宫砚》

图259　梁弘健

图260　梁弘健《黄河竞渡砚》

梁弘健。1954年出生，广东省肇庆市人。中国文房四宝制砚艺术大师、中国文房四宝协会副会长、高级工艺美术师、端砚鉴赏专家、广东省美术家协会会员、肇庆市端砚协会副会长、肇庆市美术家协会副主席、肇庆市画院艺术委员会主任。(图259)

其父梁剑波先生是著名老中医，精通诗词书画，嗜好端砚。受家庭传统熏陶，梁弘健自小酷爱绘画，先后师从岭南画派大师黎雄才和肇庆师专美术系创立者徐振铎、广东著名山水画家李国华学国画。1979年考入肇庆师范专科学校（现肇庆学院）美术系学习油画。毕业留校任教。先后在四川西南师范大学美术学院、广州美术学院、美国洛杉矶加州大学、中国艺术研究院和清华美术学院进修学习及学术研究。国画山水作品入选全国美展、省美展。

其砚作吸收西洋画艺术的精髓，富有文人趣味，是"文人砚"的倡导者。创作了大量的人物砚、昆虫砚、山水砚。著有《砚艺语录》、《文人砚的审美观》等文章在《中国文房四宝》杂志、中国艺术研究院《国画教学》刊登。端砚作品曾获国家级大展大赛金、银奖。代表作有《菏塘蜻蜓砚》、《黄河竞渡砚》、《夏雨荷塘听蛙声砚》、

《六祖说梅砚》等。(图260)

陈伟刚。生于1963年,广东省肇庆市人。广州美术学院中国画系山水画专业研究班结业。工艺美术师、中国国画家协会理事、广东省美术家协会会员、肇庆市画院副秘书长、端州印社副社长。

擅作国画,以山水见长。作品入选全国和省市美术作品展览。所雕梅花、竹节、蘑菇、佛手、荷叶乃至古钟、古钱等砚均精巧奇妙,富有生活情趣和浓郁的文人气息。代表作有《远古的回音砚》、《秋荷砚》、《蘑菇砚》、《梅花砚》等。2001年至2004年其作品《竹根砚》、《凤纹砚》、《荷叶砚》等在北京嘉德国际拍卖会上拍卖获得成功,被艺术界人士和收藏家收藏。2007年出版《陈伟刚作品集——心研》。(图261、图262)

图261　陈伟刚《远古的回音砚》

图262　陈伟刚作品

十二　历代民间端砚

民间端砚与所谓的宫廷砚、文人砚不同,它是民间艺人按照传统以及市场的需求设计制作的砚台,风格自然纯朴。

笔者在田野调查的时候发现肇庆有大量古代端砚存世,除了肇庆市各个博物馆的馆藏外,古玩爱好者购藏和制砚艺人家传、散落民间的古端砚数量多达数千方。其来源包括传世、考古出土和西江河出水的,年代齐全,形制丰富,纹饰多种多样,但鲜见有镌刻铭文、石质极佳和精工雕刻者。此处将这部分端砚一并叙述。

民间端砚在形制、纹饰和雕工技法等方面都不断演变和发展,形成各具时代特点和浓郁地方特色的风格。①

(一)唐代民间端砚

(618—907)

肇庆所见唐代民间端砚共10余方,其中端州古砚鉴藏家谢明收藏并著录于《谢明谈古端砚》一书的有6方。从这几方唐砚的石材看,除了谢明先生所推断的龙岩、下岩砚石外,还有几方砚台的石质、石色都有所不同,有的类宋坑,有的类羚羊峡坑口砚石。可见唐代端砚坑口除了古人著

---

① 除注明收藏者外,其它古砚均为肇庆市博物馆藏品。

述所说的"龙岩"、"下岩"外，还有许多坑口因为产量稀少而不为当时的文人所重视，故前人不予著录。

这几方唐端砚的形制有圆首两足箕形、平首两足箕形、平底箕形、两足屐形、三足屐形、三足辟雍形、长方石渠形、长方双池抄手形。其中以箕形砚为多，这与唐代其他砚种一样是当时流行的砚式。

图263　唐　端溪箕形砚(谢志峰捐赠)

这一时期民间端砚形制突出的特点是注重实用功能，突出砚材发墨快的实用特性，墨池大、储墨多。如早期的箕形砚，砚额圆首，墨池深洼。(图263)

稍后的箕形砚额演变为平首，墨池成折角平面形，手法大

图264　唐　屐形砚(宝儿藏)

刀阔斧，简洁明快(图264)。这一时期讲究石质纯净、石色统一。通体雕琢精致，底部挖空，留两个梯形方足，砚首着地，使砚台成三足鼎立之势，更为平稳。

从砚形制看，箕形砚饱满、简朴、线条流畅，富有张力，打磨精细，体现了雄浑大气、简朴而有变化的风格。屐形砚、辟雍砚等也体现同一特征。(图265)

装饰体现在砚面和砚底的处理上。砚面的装饰重于线条的刻画，有单线、双线、直线、弧线（内弧和外弧）、圆线、粗线、细线等，线条圆润流畅，挺拔而富有张力，明显受到书法和国画线条审美的影响。墨池简洁而多

十二　历代民间端砚

图265　晚唐　箕形砚(西江出水,宝儿藏)

图266　唐　箕形砚(西江
出水,梁弘健藏)

变,有深洼形、折角形,有渠状圆形、方形(此类砚式砚工称为走水砚),还
有月池、单池、双池(图266)等。砚面有纹饰的极为少见,目前所见一方
晚唐箕形砚,墨池上下部位折面均刻有水波纹,线条自然流利。砚底装饰
有平底和有足两类。平底如长方形双池砚,有足的有箕形、辟雍、屐形等
砚式,砚足有两足、三足或四足,有梯形方足和圆足之分。唐代端砚的雕
刻工艺简洁明快,刀法利索,砚体、线、面打磨平整润滑,打磨技法已非常
娴熟、精到。

　　唐代民间端砚总体风格是质朴自然,纹饰简洁,讲究实用。这与唐代

陶瓷等工艺品的造型朴素、浑厚质朴的风格一致。民间端砚在造型上是以生活所见的箕形、屐形为主，纹饰线条为主，偶然出现的水纹、卷草纹等，富有生活气息。

（二）宋代民间端砚

（960—1279）

宋代，端砚适应文人墨客实用与欣赏、收藏的需要，雕刻工艺得到快速的发展。端砚石的开采量大大增加，下岩继续开采、坑仔岩、宋坑、梅花坑、绿端等砚材相继面世。这一时期石质以幼嫩、纹理细腻、坚实且滋润，发墨不损毫为上。砚石的石品花纹更加丰富，民间形成品评砚石纹理的名称俗语，如冰纹、青花、玫瑰紫、青花、火捺、天青、蕉叶白、鱼脑冻、冰纹冻、天青冻以及石眼等等。

各种质地的砚石和绚丽多彩的石品花纹给砚工的创作提供了丰富的想象力和广阔的空间。砚工根据市场的需求和石材特点制作形态各异的砚形砚式。在古砚谱中记载有50多种，惜多已在历史更迭中淹没，今所见实物归纳为两大类。一类是抄手砚（太史砚），为宋代流行砚式；另一类为特型砚，包括辟雍、八棱砚、长方形、圆形、椭圆形、砚砖、砚板、风字形、荷叶形、瓜形、竹节形、瓦形、圭形、腰鼓形、屐形、钟形、斧形、鹅形、蝉形等。

宋代民间端砚的纹饰比唐代丰富，所见有牡丹花纹、山茶花纹、荷叶纹、太极图纹、涵星纹、莲瓣纹、几何图纹、云头纹、鸳鸯纹、屐形纹、山崖纹、水波纹等。这些纹饰雕刻在砚额、池头，极少出现在砚边、砚侧和砚底，同时出现镶嵌石眼的工艺。

从实物看，砚工似乎并不热衷于对流行砚式的装饰，其装饰较常见的是对砚池，砚堂做平面布局排列和形式设计，形成某种特殊的图案，以取得装饰的效果，如单池（一字池）、双池、瓶式等。抄手砚其貌不扬的造型，似乎是砚工为了强调端砚与众不同的天然纹理的欣赏,而非人工雕琢的附加装饰。也有一种原因是这种砚式在社会上普遍使用,砚工为了提高工效而不重视装饰。

相反,砚工对特型砚式的装饰倾注了极大的热情,显而易见的是对审美观赏性的追求,这很大程度上受到官式砚设计和士大夫阶层的影响。

宋代文献记载端砚已经被朝廷列为贡品,有官砚式样,其设计图样多由皇家审定。宋朝历代君王酷爱绘画艺术,宋徽宗赵佶、宋高宗赵构等都是艺术家,他们对端砚的爱好也是空前的。皇家还设有专门制砚的外造办。皇帝的个人爱好和艺术口味也影响着端砚的美感特色。米芾记载宋仁宗时期,其审美追求是"意求浑厚"。此类审美追求导致砚台厚度显著增加。这对民间端砚的造型设计的影响是砚的体形变高,显现厚实典雅的风格。

文人士大夫阶层对民间端砚设计影响最为广泛。宋代鉴藏之风兴起,凡是礼乐之器、古砚之式、花果虫鱼、日月列星、山水、仙佛都是文人绘画所赋的题材和收藏清赏的兴物,文人阶层对端砚的钟爱由书写工具向欣赏鉴藏转变,对砚式、石品等均赋予个人喜爱,追求个性特色。他们不满足砚工的设计,而主动参与到端砚的设计、甚至雕刻中来,和砚工一起创造了丰富的砚式。

宋代,随着自然主义审美观点的兴起和流行,出现所谓的"天砚"、"天池"者,仅取佳石表面磨光,完全不加斧凿痕迹,甚至墨池、墨堂都不要,只以天然纹理为欣赏对象,即苏东坡倡导的"不加斧凿以为砚,后人寻岩石自然平整者效之"的天然砚。这种砚砚工称为"平板砚"、"砚砖"、"砚板",一直流行后世。

宋代文人阶层对民间端砚设计的影响还有一个重要的思想,是提出"制品尚象"说,认为古人造器不完全是为了器物实用,而"皆有所取象",即所制器要有象征性,这是精神寄托的需要,也是欣赏的需要。民间砚工在设计中试图迎合消费者(文人)的需求也创作了同类的样式和纹饰。

宋代民间端砚的审美水平受到文人阶层的影响而有所提高,但还不是设计水准的提高。统治阶层和文人士大夫对砚台浑厚典雅审美风尚的追求成为社会的潮流,砚工对这类砚台争相仿作,大量作品流传于世。在首都博物馆、北京故宫博物院、台北故宫博物院所藏宋代端砚的比较中,我们不难发现民间端砚有相同样式,但往往欠缺了官砚和文人砚的雅气神韵,而多了世俗气。宋代文人对这种"俗气"时有批评之声,也正是文人的批评促使砚工在制作技艺上不断创新进步。

宋代民间端砚雕刻技法是深雕、浮雕和线刻结合使用。其砚额的主体部分一般采取深刀雕刻,适当穿插浅刀,时以细刻点缀,粗中有细,主题突出。运刀简练,刻工浑厚,如山茶花、牡丹花池以深刀雕琢,简练利落,总体显得大方、古朴、雅致。同时出现在砚底"筑眼柱"的工艺。砚工利用梅花坑、宋坑等多石眼砚石的特征,在选材时保留砚面的纯净,石眼位于砚背。砚工在挖砚背时刻意以柱状留出石眼,因为石眼分布不在一个平面,砚工在铲雕时要小心谨慎,发现一颗石眼就要刻一条垂直砚背的眼柱,形状相同,深浅不一,疏密有致,恍如朗月星空,给人无限遐想。这种砚台文人称之为"丛星砚",砚工称之为"筑眼柱砚"。这种砚式应该是文人的创意,后广为历代砚工所模仿。宋代砚工还发明了镶嵌石眼的工艺,或为星星,或为鸟兽眼睛,或为月亮等,强化了端砚艺术性和欣赏性。

1973年在高要县察步宋代夫妇合葬墓出土的抄手砚(广东省博物馆藏),砚面平正庄重,墨池窄而小,形如汉字的"一"字,砚尾为抄手处,线条简练,砚堂及两蚌厚实,砚堂下部保留了直径1.2厘米的石眼一颗,石眼色绿带黄,有瞳,晕作五层。砚底为抄手,还附饰七个长短不一的圆柱,寓作北斗七星。从圆柱面不规则的刻线判断,柱面应有镶贴的石眼,后剥落。宋代民间端砚不论产量、技术水平和艺术质量方面都取得引人注目的成就,特别是重视装饰和观赏作用以及象征性的倾向,对明清端砚雕刻工艺产生了深远的影响。

端砚

民
俗
考

图267 宋末元初 风字砚

图268 北宋 双屐砚

图269 宋 山茶花池砚

其形制特点表现为水平投影图轮廓外形呈出为风字形,首窄尾阔。砚首、左右侧边及砚尾中至少有一者为弧形。(图267)

"屐"者,鞋也。以鞋形琢砚,最早出现在五代至初宋,并一直流行至明清。古屐砚的形制,除了单屐砚外,还有双屐砚和夫妻双屐砚。

单屐砚是指形态狭长、砚体作单只鞋屐样式的砚。双屐砚是在砚面分左右雕成两方鞋屐样式的砚台,各有砚堂和砚池。夫妻双屐砚是宋代双屐砚传至明代的一个新砚式。雕在砚面左右的两方屐样砚呈一长一短,左边代表男方的为一只长屐,右边代表女方为一只短屐,多为石质较好的精致小砚,有夫妻同偕(鞋)到老的吉祥寓意。而古屐砚品式,古人皆寓以"千里之行,始于足下"、"不积跬步,无以至千里",以脚踏实地,奋发向前的精神互勉。(图268)

"玉台"即镜台。镜形砚最早见于唐代,至宋已有菱花形、圆形、椭圆形、长方形等,统称"玉台砚"。圆形与菱花形玉台砚,典雅中透着妩媚俏丽，当属闺阁用砚。

　　肇庆博物馆馆藏一方宋代古端玉台砚，直径16.7厘米，厚3.4厘米。平底，砚面亦极其平整。砚额深雕一朵侧面剪影的山茶花为砚池，花瓣斜削成注，瓣瓣清晰，简朴洗练，生动优美。该砚最特殊的地方，是以侧面剪影的朵花图案深刻为砚池，和池中每片花瓣斜削深注的用刀。(图269)

　　砚面向人前的砚堂下侧透过砚背斜向砚额的下侧挖空，以便于用手抄进砚底提拿移动，轻巧灵便，后人便称之为抄手砚。抄手砚的砚面，有的一端高一端低如斜坡状，有的平直至砚池。砚背挖空后两侧形成的两墙足，也有高有低，其中高至5厘米以上的称作太史砚。规整厚重的风格原本体现的是文人理学观和皇室审美追求。(图270、271)

图270　宋　抄手砚

图271　宋　鸳鸯荷叶砚

(三)元代民间端砚

(1271—1368)

　　元代端砚石开采有严格的控制，产量锐减，传世较稀，本地所见仅十余方。元代民间端砚的造型和纹饰基本上是沿用宋代的路子继续发展。形制亦没有创新，形体比宋代厚重，有抄手形、斧形、钟形、圆形等。但纹饰有新的表现手法，如蛟龙纹、鱼龙纹、云头纹、海浪纹、海涛仙山、如意池、虹池、海棠池、狮子戏球纹等。尤以海浪纹特点明显，在细线条描绘的海水中以粗实线、浮雕的技法表现波浪，海水翻腾却没有浪花，形成特色鲜明的元代海浪纹。肇庆市博物馆藏的一方蛟龙砚，（图272）浅刻流动祥云，鱼龙形态完整，深雕细刻，龙首鱼尾，作回首翘望状，尾端摆动，身躯成S形，衬托水纹繁而不乱，刻画精细，刻工犀利，粗中见细，整体层次感强，主体突出，有明显元代民间雕刻特征。

元代民间端砚的雕刻工艺以深雕为主，立体感强，风格古朴粗犷浑厚（图273），但在制作技艺和艺术精致程度上不如宋代。（图274、275、276、277、278）

图272　元　蛟龙砚

图273　元末明初　云龙砚（谢明藏）

图274　元末明初　云纹砚

图275　元　长方如意池砚

图276 元末明初 圆形砚

图278 元 蝉形砚(谢志峰捐赠)

图277 元 蝉形砚(谢志峰捐赠)

(四)明代民间端砚

（1368—1644）

明代端溪名坑砚石的开采比较齐全,老坑(水岩)洞已挖进至东南侧大西洞,东北侧水归洞,不少优质水岩砚石被开采出来。宣德岩、旧坑、龙岩、汲浭、黄圃三石、新坑、后历、小湘、唐窦、黄坑、蚌坑、铁坑六处、中岩新坑、下岩(重开称下岩新坑)、朝天岩、梅花坑、黄坑、老鼠坑、屏风岩(屏风背,又叫黄竹根)、梨花根等等砚坑相继开坑采石。丰富的砚石资源和社会需求的增加,促进了端砚生产和工艺的进步。

明代许多中原和广西等地的能工巧匠迁居黄岗,从事端砚生产行业。他们一方面继承传统技艺,另一方面受到中原文化的熏陶,思想开放,富有创新意识,为端砚业带来新的气象,在端砚的形制、纹饰乃至雕刻方面既继承传统又有所突破,出现端庄敦厚、简约质朴和清雅秀丽、活泼自然这两种截然不同的特征。有的继续宋代儒家传统,推崇庄严、中和、雍容;有的强调自我的个性表现,直抒胸襟,自然、活泼、清丽。前者以方正为贵,所见端砚中以井田砚、石渠砚、抄手砚、太史砚、兰亭砚、长方砚等为主流;后者有八棱砚、琴式砚、钟形、斧形、鼓形、椭圆形和葫芦瓜形、荷叶形、蕉叶形、竹节形、鱼形、螺蚌形、佛手形、山崖形和各式杂形、瓜果形等砚式。另外大量出现自然形态的砚台,称为"随形砚",是砚工在宋代"天砚"的基础上创制的一种形制,在原石形状的基础上因石构图,随形赋艺,稍加雕凿,或为荷叶、竹节,或为佛手、仙桃、秋叶,不一而足。前朝弃而不用的自然石皮,视为瑕疵的虫蛀、黄龙等纹理,也被巧妙运用到设计中,给人一种自然天成,生意盎然的感觉。

明代民间端砚的纹饰题材十分丰富,诸如花鸟、鱼虫、走兽、山水、人物(包括仙佛)、博古(图纹、器皿)等,其中又以云龙、螭龙、夔龙、蛟龙、鱼龙、云蝠、卷云、龙凤、双凤、麒麟、辟邪、螃蟹、竹节、荷叶、松树、仙桃、灵芝、秋叶、棉豆、玉兰、太平有象等居多。端砚纹饰一方面呈现程式化、图案化,一方面出现重视自我设计,个性张扬,随形无定。所雕题材比宋代赋予了更多的象征意义,有表示吉祥、如意、喜庆、贺寿、祝福,或表示镇邪、引福,或表示清高、气节等等。

明代的民间端砚在纹饰处理上还出现"俏色"表现技法。砚工利用天然砚石的石形、石边皮丰富的色彩和砚石中的纹理、石品花纹等等,稍加雕凿点缀,表现天然景象。如利用金黄色石皮雕镂就像夕阳余晖,充满诗情画意。或作山石或树干,用虫蛀作岩洞(穴),用石眼作"珠",设计"双龙戏珠",作"星星"或"月亮",或作动物的"眼"。

明代民间端砚雕刻手法也较多变,有延续宋代雕刻的线刻、浅雕、深雕技法,还开始出现镂空雕。(图279)在物象的表现手法上更为夸张,出现局部的特写画面。如龙的雕刻多为神龙见首,龙身隐藏于云纹海浪之中。往往在海浪或祥云中以深浮雕技法凸现狰狞龙首,给人强烈的视觉冲击感。(图280)砚台纹饰祥云缠绕或在松竹或在梅花之间,至砚额深凹为墨池,祥云流动线条自然,给人豁然开阔之感。(图281)

　　明代民间端砚总体特征是砚台形体较大,古雅大方,端方厚重,简洁清雅。雕刻技艺比唐宋有所改进,但不注重细部刻画,块面刀工处理不够精致与精巧,砚背打磨不够平滑,有的甚至尚留刀刻凿痕,显得粗犷大气,进入清代后即为精雕细刻之风格所替代。(图282、283、284、285、286、287、288、289、290、291)

图279　明　富贵长寿砚

图280　明　海龙纹砚

图281　明　岁寒三友砚。松竹梅三种植物刻在砚上就是所谓的"岁寒三友图",古人常以之象征节操清高

图282　明　宝月荷香砚。形似一片略为翻卷的莲叶,砚池浮雕一螃蟹。莲与"连"同音,螃蟹称"花甲",故寓意科场考试连中头名

端硯

民
俗
考

图283　明　琴式砚(谢志峰捐赠)

图284　明　刘海戏金蟾砚

图285　明　双螭龙如意池砚

图286　明　鲤鱼戏水砚

图287　明　瓜果砚

图288　明　门字砚

图289　明　抄手砚　　　图290　明　麒麟砚　　　图291　明　云纹孖形抄手砚

（五）清代民间端砚

（1644—1911）

　　清代是端砚空前繁荣的时代，康熙、雍正、乾隆年间为全盛时期。上至皇帝、官宦贵族，下至文人士大夫，都在追求端溪名坑砚石。这一时期，开采的砚坑数不胜数，仅据文献记载有70多处，实际数量还要多得多，不论是砚材的种类还是质量都大大超过了明朝。清代老坑在康熙、雍正、乾隆、嘉庆、道光、光绪等朝均由官方组织继续开坑采石，老坑的大西洞、水归洞石质石品愈出愈奇，石质细润软嫩、刚中带柔，还有蕉叶白、冰纹冻、金线、银线、鱼脑冻、天青冻、胭脂晕火捺、玫瑰紫青花、微尘青花及石眼等石品纹理。乾隆年间开坑采石的高档名坑麻子坑，石色丰富多彩。清代新增的名砚还有朝天岩、古塔岩、典水梅花坑、北岭梅花坑、宋坑中的陈坑、伍坑、北岭绿端和羚山白线岩、二格青等。此外，斧柯山东麓有老苏坑、龙尾坑、大坑头、虎尾坑。这些砚坑的开采，丰富了清代砚坑的材质，为砚工的创作提供了更大空间。

清代端砚的造型丰富多样，各具匠心，因石构图，随形雕刻，追求气韵，自然界的草木花果、鸟兽虫鱼、日月风云、山川海洋等无不成为它反映的对象。除了仿古的方形、圆形、菱形等规整砚式之外，大部分为随形砚，强调佳石不琢，以方正古雅为美。所见清代民间端砚形制有龟背、瓜瓞、八棱、蕉叶、荷花、钟形、琴形、圭璧、走水、瓶形、卷书、双池、长方平板砚和随形砚等。

清代民间端砚装饰题材广泛，内容丰富，按纹饰类型及内容的不同可分为植物类、动物类、动植物混合类、自然山水类、仿古类、人物典故类等。一、植物类：棉豆、瓜藤、瓜叶、荷花、玉兰花、牡丹花、苍松翠柏等等；二、动物类：鹿、马、蜂、猴、牛、松鼠、蝙蝠、蜘蛛、白鹤等等；三、动植物混合类：花鸟、草虫鸣蝉、瓜瓞双蝶等等；四、自然山水类：五岳图、山石松云、太阳、月亮、云海纹、卷浪纹等等；五、仿古类：云纹、回纹、弦纹、几何纹、饕餮纹、螭龙纹、龙凤纹、方格纹、鼓钉纹、兽面纹、云蝠纹、云蝠腾龙、云龙猛虎、双龙戏珠，卷草瑞兽等等；六、器物类：布袋、绳带、琴套等等；七、人物典故类：太白醉酒、刘海戏金蟾等。

肇庆市博物馆收藏清代民间端砚的纹饰有：云龙、丹凤朝阳、笛纹、蝠鹿、瓜瓞、龟背纹、海龙、荷花、莲藕、玉兰花、蛟龙吐水、井田、夔凤、龙鱼、鸟兽、瓶纹、琴纹、日月合璧、树形纹、太白醉酒、星象、太极、双凤、梅雀、双鹰浴日、云蝠、五蝠捧寿、云蝠卷书、福禄寿喜、双蝠临门、双燕报春、三羊开泰、宝瓶莲花、卧牛、蜘蛛荷叶、席纹，还有表现端溪砚坑位置的砚坑图砚等等。

清代民间端砚纹饰即使是同类题材也因形的变化、组合的不同而成为系列。常见的有龙纹系列、云纹系列、梅花系列、荷花系列、瓜果系列等。例如龙纹系列有云龙吐珠、蛟龙吐水、双龙戏水、苍龙教子、鱼化龙、龙凤呈祥、云蝠腾龙、云龙猛虎等。云纹也是民间经典的纹饰，表现形式有单独出现的流云、朵云、腾云、塔香云、螺丝纹、木耳云、猪鼻云等。也有和动物植物瑞兽组合出现的，如云龙、云蝠、云鹤、云凤、丛星流云等。

清代民间端砚的装饰图案,大部分是图必有意,意必吉祥,最多的是通过动植物等的谐音、喻义等方式寄寓砚工美好愿望和祝福等意义。

谐音,即用谐音的方式,表达某种象征意义。如鱼形砚,以"鱼"与"余"同音,取连年有余之意。"福"多用蝙蝠来表达,"蝠"与"福"谐音,寓意多福多寿。砚额或砚缘雕饰云蝠纹,砚堂为圆形,寓意"福临池",两只蝙蝠围绕一寿字,意为"双蝠拱寿"。以"鹿"与"禄"的谐音表示对仕途升迁的期望。瓶式砚以象饰耳,"瓶"与"平"谐音,寓"平安有象"之意,期望太平。"二甲传胪",以横行的两只螃蟹与芦苇构图,也有雕刻成两只鸭子嬉游于荷塘芦苇丛中的画面。以"鸭""甲"谐音、"芦""胪"谐音寓意状元及第。

喻义,有"明喻"、"暗喻"、"借喻"等类型。表现祈子主题的多采暗喻情恋、婚嫁和生子的图案来表示,如龙凤呈祥、二龙戏珠、狮子滚绣球、鱼戏莲等。暗喻生子继嗣内容的图案则有瓜瓞绵绵、葫芦万代、麒麟送子、榴生贵子、榴开百子等。还有借象征物来表现对生命的渴望,如龟鹿、鹤、松柏、桃子寓长寿之意,以鹿、鹤组成图案称"鹿鹤同寿",鹤与松树组成的图案称"松鹤延年"。八仙为民间神话传说中的人物,相传他们每年都要奔赴蟠桃大会为王母娘娘祝寿,因而"八仙祝寿"的图案也成为健康长寿的象征。骑在马上的猴子与飞舞的蜂组成图案,"猴"与"侯"谐音,寓意"马上封侯"。此外还有竹代表气节高洁、人品高贵,牡丹花寓意富贵等。

清代民间端砚雕刻工艺受到社会各阶层审美趣味的影响,在追求优良石质、名贵石品的同时,讲究雕工的精致细腻。常用线雕、浅浮雕、深浮雕和镂空雕技法,在线、面的处理,图案组合衔接上均力求精雕细刻。规矩方圆、线如直尺、圆似满月,制作工艺精致,尤其是对花果枝叶脉络的雕刻刀工纤巧(如圭璧荷花砚)。构图繁简得当,疏密有致,即使砚额或砚背图案复杂,雕刻精细,但由于砚面有大面积的墨池和砚堂,并没有给人杂乱堆砌的感觉。清后期,刀工味道渐失,雕刻工艺趋向粗糙和呆滞。

清代端砚的雕刻工艺和广东刺绣、陶瓷、木雕等工艺美术品一样呈现

315

区域特点,出现以北京为代表的"京作"、江苏为代表的"苏作"和广州为代表的"广作"风格。端州民间端砚从总体来说,以砚材多、石质佳、造型巧、工艺精、寓意好的典型特色成为"广作"砚雕风格的代表。(图292、293、294、295、296、297、298、299、300、301)

图292　清　斗方圆池带盖砚(董衍璇藏)

图293　清　圭璧荷叶砚(董衍璇藏)

图294　清　随形砚

图 295　清　单凤朝阳砚

图 296　清　蝠鹿砚

图 297　清　端州砚工程柱光铭平板砚（谢志峰捐赠）

图 298　清　蕉叶砚（谢志峰捐赠）

图 299　清　云蝠纹卷书砚

图 300　清　麒麟吐玉书砚（董衍璇藏）

图 301　清　云蝠砚

（六）民国民间端砚

（1912—1949）

清末至民国期间，由于鸦片战争、八国联军之害，加上之后八年抗战，连年内战，端砚业更是一片萧条，许多砚工改行务农，或沦落他乡谋生，只有少数家庭作坊坚守祖业勉强维生。

这一时期老坑、坑仔岩、麻子坑等名坑砚石停采，佳石奇缺。砚材以中低档石材为主，如北岭山榄坑、大榄、外坑、黄坑、陈坑、伍坑、五指弹琴、九尾坑、东冈坑、大冲坑、彩带宋坑（当地人称被带宋坑，又叫被布岩），羚羊峡北铁窟坑、大坑、白线岩、二格青、有冻岩，沙浦桃溪的大坑头、青山坑、七星坑、大岗坑等。

民国端砚的造型趋于单调，以实用为主，所见有长方形的淌池、方形的斗方砚、圆形的墨海、墨盒和钟形、随形瓜果砚等，砚工统称之为"大路货"。这类砚台主要是学生和民间各个行业书写所用，纹饰题材也较为简单，有鸳鸯戏莲、麒麟望月、瓜瓞、荷叶、如意、叶纹等，雕刻趋于粗糙，刻工随意，少有精雕之作。技艺水平体现在基本砚形上，例如带盖斗方砚，要求砚体方正线条挺直，棱角分明，角度准确，顶盖和砚体吻合自然，这是检验砚工技艺高低的标准之一。民国斗方砚传世较多，制作上都体现了规整划一、线条挺拔流畅的特点。还有其他没有雕花的方形、随形等"光身砚"皆保留着传统砚形制作技艺的精华，为新中国建国后端砚技艺的传承发展起到重要的作用。（图302、303、304、305、306、307、308）

图302　民国　钟形砚　　　　图303　民国　瓜瓞砚

图304　民国　鸳鸯戏莲纹墨盒

图305　民国　瓜纹学生墨盒

民
俗
考

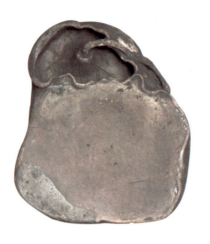

图 306　民国　荷叶形砚

图 307　民国　叶纹瓜池砚

图 308　民国　双如意长方砚

附录　历代端砚砚坑表

表1

年　代	坑　名	位　置	开创者
唐	龙岩,宋代采竭	斧柯山上岩(坑仔岩)转山背后	民间相传为砚工梁龙(绰号聋佬)所开
	下岩(旧坑),宋庆历年间采竭	斧柯山端溪东侧	
宋	宋坑,又称将军坑,包括盘古坑、陈坑、伍坑、蕉园坑等	北岭一带	
	坑仔岩,又名康子岩,岩仔坑,有下岩、中岩、上岩。其中上岩又分土地岩、梅树岩、中岩三个岩口	斧柯山	民间相传,为砚工康岩仔所开
	半边岩诸岩(大秋风、小秋风、兽头、狮子、桃花、河头、新坑、黄坑等)、黄坑	斧柯山麓	
	蚌坑,又称野石,多大璞巨材	斧柯山麓涧谷中	
	小湘石	小湘峡	
	白端	七星岩	
	绿端	北岭山	
	茶园将军坑(即羚羊峡北梅花坑)、绿端坑、蕉园坑、锦云坑	羚羊峡北	
元	无开坑记载		
明	新坑、后沥、小湘、塘窦、黄坑、蚌坑、铁坑六处、中岩新坑、下岩新坑、朝天岩(二辉坑)、梅花坑、飞鼠岩	斧柯山	

321

表2

民俗考

年　代	坑　名	位　置	开创者
明	宋公坑	北岭盘古坑之西	太监宋某所开
	宣德岩	斧柯山	知府王莹所开
	水岩(也叫水坑)	斧柯山端溪之南	民间相传,水岩为下黄岗村砚工杨阿水所开
	北岸坑(阿婆坑、白婆坟)、大坑头、竹根坑、金鸡坑、黄鱼坑、朝京岩、青石坑、铁窟坑	羚羊峡北岸	民间相传,阿婆坑为沙浦苏村人白阿婆所开
清	老坑,明代称水岩、水坑,内有大西洞、小西洞、正洞、东洞	斧柯山端溪之南	
	梅花坑(典水梅花)	羚羊峡口典水村	
	新坑	斧柯山坑仔岩之下	
	文殊坑、虎坑(砂皮洞)、黄坑、飞鼠岩、坑尾	羚羊峡南	
	麻子坑	斧柯山	相传为黄岗东禹坊陈麻子所开
	青花坑、瓦昴洞、杉蓬岩、松树根、龙尾青、朝天洞、石峰洞诸坑	斧柯山坑仔岩至麻子坑之间	
	老荔坑	斧柯山沙浦	
	大坑头	斧柯山老荔坑对面	
	上田坑、下田坑、铁稳坑、金狮子、龙仔角	斧柯山望夫山之北	
	七稳根坑	羚羊山口	
	东冈坑(又出绿石和红石,皆可为砚)	北岭之西东冈山	

表3

年　代	坑　名	位　置	开创者
清	蟾蜍坑	东冈山之北	
	九龙坑(梅花坑)	七星岩之西出米洞之后希冈下	
	黄龙坑	高要峡之南,即羚羊峡北岸,即高峡山	
	黄冈(流坑石)洞中产绿端(绿豆石)	七星岩背	
	将军坑(小将军坑)、黄山岩、小榄坑、梅花坑	北岭山	
	锦文坑		
	上蕉园(相公坑)		
	下蕉园	鼎湖山麓	
	龙尾坑	北岭	
	蒲田坑		
	大坑头	羚羊峡南	
	果盒络岩		
	黄蚓矢岩		
	虎尾岩		
	白蚁窝岩		
	藤菜花岩		
	拱蓬、洞仔、狮子岩、软石泽岩、硬石泽岩、打棉蕉岩、结白岩、青点岩、菱角肉岩、龙尾青岩、砂皮洞、文殊坑		

附录　历代端砚砚坑表

表4

324

民

俗

考

年　代	坑　名	位　置	开创者
清	龙瓜岩、七棆根岩、朝敬岩、白线岩	羚羊峡北	
	蕉园坑,包括铁炉坑、大马坑、佛子坑、铁西坑(又叫黑面神)	北岭山东段	
	苏坑	沙浦	
	水岩为正洞、东洞、西洞统名老坑	斧柯山	
	重开水岩大西洞,新降水岩小西洞		知府广玉所开
	蟾蜍岩	北岭	
	龙爪岩	峡北	
	庙尾坑(以溪坑北有砚坑庙得名),后之化为猫尾坑	斧柯山在塔岩之西	
民国｜建国后	标尾岩	斧柯山	1940年黄岗惠福坊罗延辉所开
	榄坑、大榄、外坑、金饰坑、黄坑、陈坑、伍坑、五指弹琴、竹高岭、大桥、乌西埗、禾叉坑、九尾坑、东冈坑、大冲坑、彩带宋坑(当地人称被带宋坑,又叫被布岩)	北岭山	
	铁窟坑、大坑、白线岩	羚羊峡北	
	沙浦石,解放前叫冲头石或山尾石,包括大坑头(蕉白石)、磨刀坑、青花岩、老岩、大西洞、青山坑、七星坑、大岗坑、阴冷坑、新磅坑	沙浦桃溪之东,沙浦石现统称为斧柯东	

主要参考书目

1 . 宋苏易简《文房四谱·砚谱》

2 . 宋米芾《砚史》

3 . 宋叶樾《端溪砚谱》

4 . 清计楠《端溪砚坑考》

5 . 清《古今图书集成》

6 . 清钱以垲《岭海见闻》

7 . 清朱栋《砚小史》

8 . 清吴兰修《端溪砚史》

9 . 清屈大均《广东新语》,现存清康熙三十九年木天阁刻本,中华书局据此校排,1983年出版。

10 . 乌丙安《中国民俗学》,辽宁大学出版社1985年版

11 . 陶立璠《民俗学概论》,中央民族学院出版社1987年版

12 . 丘均主编《肇庆民间故事》,广东人民出版社1989年版

13 . 曾特主编《历代名人端砚诗歌铭文选》,广东高等教育出版社1991年版

14 . 刘演良《端砚全书》,八龙书屋(香港)1994年版

15 . 钟敬文主编《民俗学概论》,上海文艺出版社1998年版

16 . 李泽厚《美学三书》,安徽文艺出版社1999年版

17．《端溪砚考集成》，江苏古籍出版社1999年版

18．洪再新编著《中国美术史》，中国美术学院出版社2000年版

19．李龙生编《中国工艺美术史》，安徽美术出版社2000年版

20．乌丙安《民俗学原理》，辽宁教育出版社2001年版

21．班昆编绘《中国传统图案大观》，人民美术出版社2002年版

22．田晓岫编著《中国民俗学概论》华夏出版社2002年版

23．黄涛《语言民俗与中国文化》，人民出版社2002年版

24．江帆《生态民俗学》，黑龙江人民出版社2003年版

25．凌井生《中国端砚——石质与鉴赏》，地质出版社2003年版

26．顾希佳《社会民俗学》，黑龙江人民出版社2003年版

27．陈炎《中国审美文化史》，山东画报出版社2003年版

28．董晓萍《田野民俗志》，北京师范大学出版社2003年版

29．叶春生《岭南俗文学简史》，广东高等教育出版社2003年版

30．吴中杰主编《中国古代审美文化论》，上海古籍出版社2003年版

31．杜文和《守望砚田》，书海出版社2004年版

32．刘伟铿《地域文化研究》，广西民族出版社2004年版

33．刘守华、陈建宪主编《民间文学教程》，华中师范大学出版社2005年版

34．王夏斐编著《中国传统文房四宝》，人民美术出版社2005年版

35．《端砚大观》，红旗出版社2005年版

36．张荣芳《秦汉史与岭南文化论稿》，中华书局2005年版

37．倪建林、张抒编著《中国工艺文献选编》，山东教育出版社2005版

38．林继富、王丹著《解释民俗学》，华中师范大学出版社2006年版

39．翁剑青《形式与意蕴》，北京大学出版社2006年版

40．柯杨《民间歌谣》，中国社会出版社2006年版

41．王文章主编《非物质文化遗产概论》，文化艺术出版社2006年版

42．蒯大申、祁红《中国人的民俗世界》，安徽文艺出版社2006年版

端砚

民俗考

43．赵汝珍编著《古玩指南——文玩》，万卷出版公司2006年版

44．房学嘉《客家民俗》，华南理工大学出版社2006年版

45．赵丙祥编著《民居习俗》，中国社会出版社2006年版

46．孙建君编著《中国民间美术鉴赏》，西南师范大学出版社2006年版

47．徐华铛编著《中国传统木雕》，人民美术出版社，2006年版

48．〔英〕C.A.S.威廉斯著，李宏、徐燕霞译《中国艺术象征词典》，湖南科学技术出版社2006年版

49．方中天编著《中国民俗文化禁忌》，百花洲出版社2006年版

50．肇庆市地方志办编《肇庆历代诗词选萃》，岭南美术出版社2007年版

51．山曼《中国民俗通志》（生产志），山东教育出版社2007年版

52．全汉升《中国行会制度史》，百花文艺出版社2007年版

53．寻胜兰《源与流——传统文化与现代设计》，江西美术出版社2007年版

54．王文源编著《财源广进——传统行业旺财习俗》，中国工人出版社2008年版

55．郑巨欣主编《民俗艺术研究》，中国美术学院出版社2008年版

56．张士闪、耿波《中国艺术民俗学》，山东人民出版社2008年版

57．钟敬文主编《中国民俗学》，山东人民出版社2008年版

主要参考书目

后　记

　　10年前为筹办"端砚春秋"陈列,我在陈日荣老先生的陪伴下,骑着自行车第一次走进端砚起源地端州黄岗镇,在鳞次栉比的砚厂逐家登门访问,借砚书,找标本,征集陈列品……从此,对这传承一千多年的工艺品产生了浓厚的兴趣,开始对端砚行业进行断断续续的研究。

　　2004年初夏,我到中山大学拜会叶春生教授,谈话间叶教授说起我的家乡雷州有一些神秘的民间风俗,如穿令、过火海、翻刺床等令人不可思议。他当时提出一个问题,就是端砚石材开采十分艰难,可能也有其独具特色的土风习俗,这些非物质文化值得好好研究。当时我正参与肇庆学院组织的"端砚制作技艺申报世界非物质文化遗产前期研究"课题,主要调查的是行业状况和制砚工艺师,而对民间制砚艺人和相关民俗并不留意。但从叶教授的谈话中,我隐约感觉到制砚艺人是个被历代遗忘的特殊群体,古今少有文字记录,他们的生产生活方式,相关民风民俗更鲜见记载,这不禁令我产生一探究竟的念头。

　　当我带着诸多疑问踏进这方孕育着千年端砚的土地,当砚村里的老艺人第一次向外人说起代代流传的行话,讲述他们祖辈的奇闻逸事时,我惊喜地发现这里竟然是个充满神奇瑰异、多姿多彩的世界,这里传承千年而被人们忽视、淡忘的原生态文化竟然还在顽强的悄然延续!这令我兴奋不已。同时我又发现相当部分口耳相传的民俗事象,正随着老艺人的离世而快速消亡,于是我萌生一个想法,要把自己所闻所见尽可能详尽地、抢救性地记录下来。由此，我开始了长达五年的田野调查工作。我把70岁以上的老人列为重点采访对象，每次都列好提纲，带着录音笔、相机、笔记本，披星戴月地穿行在黄岗的阡街陌巷。一次次发现的兴奋，一次次收获的惊喜，让我着迷，一到节假日就流连在村间乡道，成了砚工家的常客。宾日村杨岳章老人健谈、记性好，向我讲述了无数端砚传奇，并不顾腿疾带着我走访村里的杨桂添、岑镜、朱吉轩等老艺人，收集了丰富的资料；艺人林洁培年过半百，会神秘的符咒，还能说会道，能吟能唱，许多采石歌谣是根据他的传唱整理而成；宾日村许多老人还向我提供了端砚祖师伍丁以及拜师节的相关习俗资料；东禺村的梁星带是性情中人，豪爽豁达，经白石村世家传人梁焕明介绍相识，才第一次见面，他就把几代珍藏，别人出高价也不卖的端砚行会长生簿、地契和黄岗村史料、他记录的符咒、采石歌等无偿馈赠与我；另外白石村罗世良、罗沛鸿，泰宁村梁少忠、马伍等10多位老人也提供了不少线索和资料。

令人遗憾的是，在这短短的五年里，一些老艺人先后驾鹤西去。令我略感宽慰的是，他们口述的珍贵的文化遗产有幸得以记录保留。五个春夏秋冬，我收集、整理文字数十万，图片数千帧。今日梳理付梓，首先要感谢孙德副市长为拙著拨发了专项研究和出版经费；感谢陈义副秘书长的鼓励、支持，尤其是欧荣生局长的关心厚爱，使我对完成写作倍添信心；感谢李玮老师，正是他的建议和催促，才使拙著能够怀胎分娩，他通览全书初稿并反复审改校对，其扶掖后进之古道热肠令人感动；感谢李护暖老师拨冗指导，一丝不苟，细心正误，刘演良、覃志端、骆礼刚、陈大同、凌井生等诸位专家学者，亦为拙著提出了富有建设性的宝贵意见；特别感谢叶春生教授、刘演良大师慨然撰序，文物出版社苏士澍社长和广东省中国文物鉴藏家协会会长谢志峰先生欣然题写书名；感谢崔陟老师，正是他的热情帮助，使拙著的编辑出版得以顺利完成；前任馆长萧健玲研究员一直以来的栽培、指导，使我获益良多；郭光德、谢政、李荣华、卫绍泉、谢敬文等高朋的意见使我深受启发；感谢提供图文、实物资料的黎铿、张庆明、陈洪新

329

后
记

端

砚

民

俗

考

等制砚名家以及梁焕明、程八、程柱开、李汉强(已故)、李汝雄、郭成辉、郭桂华、杨智麟、杨德球、罗伟雄、罗建泉、杨焯忠、陈金明、梁满雄、程豪、李润兴等端砚世家后人;还要感谢为我提供图片资料的肇庆市端砚协会、西江图片社以及帮助整理录音图片材料的程茵、廖肇云、朱国标、周静、许玉华、谭锋、吴宇航、邱晓静等各位同仁;我的儿女一鸣、一菲参加校对文字、拍照并提了很好的建议,甚感欣慰。夫人小慧和亲友们一直给我关心、支持与鼓励,在此一并表示衷心的感谢!

端砚民俗流传千年,在历史的长河中流散、湮没,如今收集整理,困难重重。拙著从调查到面世的时间跨度较长,其原因是实物资料少、调查范围广,涉及学科多,加上我学识所限,只好边调查边整理,边学习边写作,故不足和纰漏之处在所难免,有待专家学者指正。拙著内容基本上以民国为下限,只有端砚技艺传承这一部分内容由远及近,贯穿至今。由于篇幅有限,有些世家传人和工艺师难以一一介绍,留在今后补充。今年刚好是我参加文博工作20年,此书就作为我交给文博事业的一份答卷,鞭策自己继续努力前行。

陈　羽

2009年12月28日